Burton on Burton

在好莱坞图谋不轨

伯顿谈伯顿

（插图修订版）

［美］蒂姆·伯顿（Tim Burton） 口述

［英］马克·索尔兹伯里（Mark Salisbury） 整理

胡旭申 译

北京联合出版公司
Beijing United Publishing Co.,Ltd.

谨以本书献给我天空中的钻石
劳拉和米洛

目 录

初版序言

1989 年冬天，我正在（加拿大）不列颠哥伦比亚省的温哥华拍一部电视剧，当时我正处于一种非常艰难的状况中：被合同束缚着，像流水线一样拍片子，扮演一个处于边缘的法西斯分子（校园卧底警察……天哪！）。我的命运似乎就是注定要在像《公路天使》（*CHiPs*）和《乔安妮爱恰奇》（*Joanie Loves Chachi*）这样的电视剧里打拼了，我只有寥寥几个选择：尽我所能地熬过这段时期，这样损失最小；争取尽快被解雇，这样损失会大一点；辞工吃官司，不光赔上自己的一大笔钱，还有我的孩子、孩子的孩子的钱（这个选项，我预感会让我的余生都处在很严峻的危机中无法摆脱，还会殃及未来几代的小德普们）。所以我真是进退不得，从律师提供的极具说服力的建议来看，第三个选项根本想都别想。而第二个选项，我试了一把，但他们根本不上钩。最后，我只好接受第一个选择，竭尽全力过下去。

所谓损失最小很快就成了一种潜在的自我毁灭。我对自己和身处这段自投罗网、业已失控的"刑期"感觉很糟糕，前经纪人还说这是免于失业的妙方。我停滞不前，只能接拍广告来填充时间。语无伦次地念叨一些编剧写的、我绝对不会去阅读的台词（这样我就不会知道这些剧本里可能会有些什么毒药），被当作一个年轻的共和党人，被灌输一些美国观念，行尸走肉一般。电视剧男神、万人迷、青春偶像、青春猛男。任人摆布，搓扁揉圆，涂脂抹粉，矫揉造作！！！被钉在一盒装了轮子的麦片上，在单向的碰撞轨道上以每小时 300 多米的速度撞向一堆古老的"膳魔师"①保温瓶和饭盒。新玩意儿男孩,电视品牌男孩。在噩梦里被作践折磨,却又无法逃脱。

然后有一天,新经纪人给了我一个剧本,一件上帝的礼物。故事讲的是一个剪刀手男孩——一个郊区小镇上遭人排斥的天真家伙。我很快读完了剧本,哭得像个婴儿。写剧本的人太有才华了,把我给惊呆了,他构思出这个美丽的故事还把它写了出来,我立刻又把剧本看了一遍。这个故事深深地打动了我,那些富有冲击力的人生场景因之而涌进我的脑子——小时候养过的狗狗们,我神经兮兮又笨头笨脑的青春期,只有婴儿和狗身上才会保留的无条件的爱。这故事太吸引人了,深深迷住了我。

为此我读了儿童故事、神话传说、儿童心理书籍,《格氏解剖学》(*Gray's Anatomy*),所有书,每个故事……但是,现实提醒我,我是个电视明星,没有哪个思路正常的导演会请我去演这个角色。我没有演过什么有深度的作品来证明自己可以把握这类角色。怎么才能说服这个导演相信我就是爱德华,我对这个角色吃得很透呢?在我看来,这是不可能的。我被安排了一次会面,要去见这位导演,蒂姆·伯顿。我做了一些准备,看了他的其他电影——《阴间大法师》(*Beetlejuice*, 1988)、《蝙蝠侠》(*Batman*,1989)、《荒唐小混蛋奇遇记》(*Pee-wee's Big Adventure*,1985)。这个家伙身上显而易见的天赋和魔法般的才华吓到了我,我更加坚信他绝不会要我来演这个角色了,我为一直把自己视作爱德华感到很囧。在经纪人(谢谢你,特蕾西)数次的软磨硬泡之后,我最后还是被她逼着去跟伯顿见了面。

我飞到洛杉矶,直接去了温德姆贝尔时代酒店(Wyndham Bel Age Hotel)的咖啡屋,准备在那儿约见蒂姆和他的制片人丹尼斯·迪·诺

---

① Thermos,1904 年创立于德国的保温瓶品牌。——编注

4

维（Denise Di Novi）。我走进店里，不停抽烟，紧张地四下寻找在屋子里哪一个会是这位潜伏着的天才（以前我从没见过他的样子），然后嗖的一下，我看到他坐在分隔用餐区一排盆栽植物的后面，正喝着咖啡。我们打了招呼，然后我坐下来开始跟他聊……有点——嗯，我后面会解释。

我看到一个肤色苍白的人，神情憔悴，眼神忧伤，头发乱糟糟的状况不像是昨晚在枕头上翻来覆去睡不着能够制造出的。要是梳子有腿的话，看一眼他的头发能跑得比杰西·欧文斯（Jesse Owens）[1]还快。一簇朝东翘着，几缕向西歪着，还带着一个旋，然后其他部分毫无章法地各自往南北生长。我记得当时第一个念头是"快去睡一觉吧"，但我当然不能这么说。然后，一个念头像一把两吨的大锤一样击中我的眉心。他的双手——几乎不受控制地在空中比画着，一直紧张地轻敲着桌子，一说话就不自在（我们俩的共同点），大大的眼睛，瞪着别人不知道的某个地方，充满好奇，看什么都没个够。这个异常敏感的人正是剪刀手爱德华本人。

我们一起喝了大约三四壶咖啡，以我们特有的磕磕绊绊的方式聊着破碎的句子，但还算能听懂对方说什么，最后用一个握手和"很高兴认识你"结束了会面。我离开咖啡屋，在咖啡因的作用下精神亢奋，神经质地啃着咖啡勺，像一只狂躁的狗。我明确无误地感觉事情更加糟糕了，因为我们如此坦诚，在彼此身上看到诸多相通之处。我们都能欣赏乳牛奶精异样的美，树脂葡萄的耀眼美丽，天鹅绒质地的猫王画像中复杂而原始的力量——这种认知方式已经超越了新奇，是对那些"特立独行"的人的深深致敬。我相信如果给我机会的话，我们可

---

[1] 20世纪30年代美国短跑名将。——译注（全书脚注若非特别说明，皆为译注，下文不再一一说明。）

以合作得很好，我会很积极地去表现他所想要的爱德华的艺术形象。但是我的机会，最多也只能说是微乎其微。还有比我更有名气的演员，他们不光光是被动列入候选名单，还在主动地明争暗抢、呼天抢地地乞求得到这个角色。只有一个导演认为值得让我冒险一试，就是爱挑战禁忌的电影制片人约翰·沃特斯（John Waters），一个蒂姆和我都非常尊敬和欣赏的人，约翰曾经在《哭泣宝贝》（*Cry-Baby*，1990）里给过机会让我去颠覆我的"定型"角色。但是蒂姆会看到我身上让他愿意为之冒险的东西吗？真希望他能。

我等了几个礼拜，没有听到任何有利的消息，等待的时候我还一直研究着剧本。这已经不仅仅是我想不想这么做，而是停不停得下来的问题，不是为了任何野心、贪婪、表演突破和票房吸金，是因为这个故事已经驻扎在我的心里了，它拒绝离开。我能怎么办？就在我打算说服自己接受我永远都是电视明星这个事实的时候，电话响了。

"喂？"我接起电话。

"约翰尼，你是剪刀手爱德华了。"一个声音简洁地说道。

"什么？"另一个声音溜出我的嘴巴。

"你是剪刀手爱德华了。"

我放下电话，念叨着这几个字，然后冲所有遇到的人念叨。我真他妈的不敢相信。他违抗了制片公司找一个有票房号召力的大明星的强烈意愿，选择了我，孤注一掷把角色给了我。我立刻变得虔诚、积极，就像神的干预发生在我身上了。这个角色对我来说不仅是一次职业生涯的推进，它意味着自由，创造、试验、学习和抹掉一些东西的自由。这个怪异却极富才华的年轻人，拿青春来制作古怪的动画片，在伯班克①的

---

① 位于美国加利福尼亚州洛杉矶县中部的城市，被称为"世界媒体之都"，美国全国广播公司、华特迪士尼公司、美国广播公司、尼克国际儿童频道和华纳兄弟娱乐公司等许多媒体与娱乐公司的总部或重要部门都设在这里。——编注

上图：蒂姆·伯顿和约翰尼·德普在《剪刀手爱德华》片场

下图：蒂姆·伯顿、约翰尼·德普和萨拉·杰茜卡·帕凯尔（Sarah Jessica Parker）在《艾德·伍德》片场

地盘上蹦跶，觉得自己是个怪胎（这点我后来才知道），现在把我从庸庸碌碌的天杀的电视剧世界中拯救了出来。我觉得他就像纳尔逊·曼德拉（Nelson Mandela），让我在令人厌倦的"好莱坞怪胎"的成见中重现生机，让那些成见再也不能束缚我获得自己真正想要的东西。

　　大体上，我要把我有幸拥有的绝大部分成功归功于那次和蒂姆非常、非常另类的约会。因为如果遇见的不是他，我想我可能已经选了第三个选项一走了之，放弃那个该死的电视剧，因为我貌似还有那么一点正直。我也相信正是因为蒂姆对我的信任，好莱坞才紧跟他的步调，对我敞开了大门，就像在玩一个模仿游戏。

　　后来我和蒂姆又合作了《艾德·伍德》（Ed Wood）。这个创意是他坐在好莱坞福尔摩沙咖啡馆（Formosa Café）的酒吧和我谈起的。不到十分钟，我就被说服接演这个角色了。对我来说，蒂姆希望做什么电影都没有区别——我都愿意，随时待命。因为我毫无保留地信任他——他的远见，他的品位，他的幽默感，他的心灵和头脑。对我来说，他是个真正的天才，相信我，我不会把这个词用在很多人身上。你不能把他做的事情贴上什么归类标签。那不能说是魔术，因为这个词暗示了小花招。也不能用技巧这个词，那似乎是可以研习的。他有的是我们难得一见的天赋。用电影人来称呼他是远远不够的，"天才"这样稀有的头衔更适合——不仅仅在电影范围内，还有绘画、摄影、思维、见解和创意方面。

　　当我被邀请为这本书写一篇序时，我选择的切入点，是在被他解救那个时刻我对自己真实的感受：一个失败者，一个被遗弃的人，又一块被好莱坞啃完就扔掉的骨头。

　　写一个你非常在乎和尊敬又情比金坚的朋友真的非常困难，解释我们作为演员和导演之间的工作关系也是同样的难。我只能说，对于我，蒂姆只要三言两语，歪着脑袋，以他特有的样子斜着眼睛看我，我就知道他想从表演里得到些什么，而我也总是尽我所能把他要的奉献给他。我对蒂姆的这些感觉必须写到纸上才行，因为要是当着他的面说，他很可能像个小妖精一样咯咯笑，然后用眼神狠狠打击我。他是一个艺术家，一个天才，一个怪咖，一个疯狂的、杰出的、勇敢的、超级有趣的、离经叛道的也是最忠诚的朋友。我欠他很大一笔人情，对他的尊敬远远超过我所能表达出来的程度。他就是他，而且毫无疑问，还是地球上模仿小萨米·戴维斯（Sammy Davis Jr.）[①]模仿得最好的人。

我从来没见过谁能这么明显地和这个世界格格不入，同时却又和谐融洽。这就是他。

约翰尼·德普

1994 年 9 月于纽约

---

① 20 世纪 60 年代著名摇摆乐歌手。

修订版序言

　　告别我那个一闪而过的、电视明星或者随便叫什么的生涯已经很久了，印象里那几乎是垂死挣扎的几年：你想象一下，迷惘的年轻人正危险地以飞一般的速度奔向昙花一现的悲摧结局。或者，想得积极一点，就当是接受更多的教育，在短期内还有不错的收入。当所谓电视演员没有被电影圈的人热情地收进他们反复无常的名单文件里时，无论抱着哪种想法，那都是段可怕的经历。幸运的是，我比别人更坚决地——甚至可以说更奋不顾身地——要从表面上升实则堕落的电视生涯里逃离出来，然而机会却看似永无可能降临，直到遇到了约翰·沃特斯的垂青，之后蒂姆·伯顿凭着足够强大的勇气和远见给我机会，让我尝试按照自己的意愿重筑事业基础。好了，还是不要扯太远……这些上次已经说过了。

　　我坐在这儿，在键盘前弯着腰，在一台破旧电脑上噼里啪啦不停打着字，其实电脑根本不懂我，我也不懂它，尤其当头颅里盘旋着无数的念头，都是关于如何对我与老伙伴蒂姆之间的关系说出点新东西来这么私人的事情的时候。对我而言，他还是差不多十一年前我曾写过的那个人，虽然其间各种各样的美妙经历像繁花般洒向我们，彻底改变了曾经的和现在的我们——或者，至少是展示在公众面前的那个我们。是啊，瞧，我和蒂姆都当爹了。哇！谁曾想到，我们的后代会一起荡秋千，分享玩具车、玩具怪兽，甚至还有可能交叉传染水痘？这可是我从没想到过的一段旅程。

看着蒂姆作为父亲的那股骄傲劲儿，我的泪水像决堤般控制不住，因为所有情绪一样，那股劲儿就流露在他眼神中。蒂姆的双眼总是闪闪发光：不用怀疑，那双眼睛总是会闪烁着各种各样的情绪——烦恼、悲伤、疲倦。而如今，老伙伴蒂姆的眼神变成了两道激光！那双富有穿透力、总带着笑意、透着满足的眼睛里带着所有往昔的沉重，但却又因对灿烂未来的希望而闪耀。以前可不是这样，他曾经是这样一个人，可算是拥有一切——或者在外界看来是这样。可他内心并不完整，或者可以说，在某种空虚中消耗着生命。这种反差很奇怪，相信我……我懂。

观察蒂姆和他儿子比利在一起时的样子是我一个巨大的乐趣。他们之间有一种超越了语言的显而易见的关联，我觉得就好像在看着蒂姆遇见了儿童型号的自己，准备好把以往所有的错误都纠正，把所有的正确都重演。我看到的蒂姆一直在等着蜕变，一个被我们熟悉和喜爱，但并不完整的人通过绽放更圆满更成熟的快乐而重生。这犹如某种奇迹，我有幸近距离目睹了这一切。如今这个男人作为蒂姆、海伦娜、比利三人组的一个部分，获得了新生，变得更好，还拥有彻底完整的人生。好吧，这些说得已经够了，我会放下纸巾盒继续往下写，好吗？继续继续……

2003 年 8 月，我在蒙特利尔拍一部名叫《秘窗》（*Secret Window*）的片子时接到蒂姆打来的电话，问我下周是否可以去趟纽约，吃个晚饭顺便讨论下新片。没有班底、没有片名、没有故事、没有剧本——没有任何确定的细节。而一如既往的，面对这类情形，我说很乐意前往，"到时候见"，然后就照办了。我到了餐厅，看见蒂姆把自己藏在角落的雅座里，把玩着啤酒，半边身体处在灯光阴影中。我坐下，我们互相问候"家里人怎么样"，享受第一次交换这种问候的美妙，随后立即把话题转移到手头的新项目。威利·旺卡，我的角色。

我大吃一惊，起初是被罗尔德·达尔（Roald Dahl）的经典小说《查理和巧克力工厂》（*Charlie and the Chocolate Factory*）会有一个蒂姆版本的可能性惊掉了下巴，但是当他明确地问我是否有兴趣扮演旺卡这一角色时，我感到了忐忑。现在，对于任何成长于 70 年代或 80 年代的孩子来说，由吉恩·怀尔德（Gene Wilder）出演的第一部电影版《查理和巧克力工厂》[①] 的上映都是当年的一个节日。（他演出了一个很精彩的旺卡）所以，我内心中那个"小孩子"因为我被选中出演新旺卡乐昏了头。但我心里还有一个"悲剧演员"非常非常清醒地知道，每个演员和他们的妈妈，还有妈妈的兄弟的叔叔的第三个表弟的宠物蜥蜴的金鱼，也会为了一小口鱼食互相攻击——或者，最好的情况是以更文明的方式开心地把对方轻轻推搡开——他们正使出浑身解数，来抢夺我最欣赏的人之一提供给我的机会。我也很明白，多年来蒂姆不得不忍受和很多制片公司进行过的很多场战役，来确保我能在那些合作过的电影里演出，而且各种感觉都提醒我，这次他依然可能需要为此掷下他的手套[②]。我不敢相信我有这样的幸运——直到现在都不敢相信。

我想我大概是在他说完一句半话时就脱口而出："我答应。""好吧，"他说，"考虑之后再通知我……""不，不用了……只要你叫我，我马上就来。"我们余下的晚餐包括不少食物，以及关于旺卡的奇思妙想，当然少不了交流偶然发生的换尿布的趣事，就像为人父的成年人通常会做的那样。我们走进夜色，握手拥抱，就像作为好伙伴的成年人通常会做的那样。然后我还交给他一套完整《摆摆舞》（*Wiggles*）[③]

---

① 上映时影片名字为《威利·旺卡和巧克力工厂》（*Willy Wonka & the Chocolate Factory*, 1971）。
② 古代欧洲提出决斗的仪式。
③ 20 世纪 90 年代诞生在澳大利亚，4 名幼教老师所组成的表演团体，专门表演学龄前幼儿歌曲。

的 DVD，就像成年人通常不应该做，但总归是会做，然后做过又否认的那样。我们道了别，之后我又溜达着回到白天的工作。几个月后，我发现自己在伦敦开始拍《查理和巧克力工厂》了。

我们吸纳了早期对于旺卡的讨论，做好了开拍的准备。关于这个离群索居的人和他加之于己的极端的孤独——以及其可能带来的影响——是个宽阔的表演平台。我和蒂姆在我们自己以往的经历中挖掘出了旺卡的很多方面：两个成年人煞有介事地争论着袋鼠船长和罗杰斯先生谁更棒，甚至参考了最优秀的游戏节目主持人中的两位，温克·马丁代尔（Wink Martindale）和恰克·沃拉利（Chuck Woolery）①，把他们的表演当作调料来为角色勾勒出最初的形象。我们浏览与角色相关的整个领域，最后像校园里十几岁的小伙伴一样又哭又笑地结束。有时我们甚至参考了地方性儿童节目主持人的领域，那些主持人有时可以看成是在表演滑稽戏，或者嘉年华上的小丑。我们大胆地对角色进行了些冒险的尝试，然后剔除了不必要的东西。这段记忆对我来说是个珍贵的礼物，我会一直珍藏。

与蒂姆一起拍片的经历和其他所有事一样棒。对我来说，这感觉就像我们的大脑插上了一根热乎乎的带电电线，任何时候都能制造出火花来。在一些场景拍摄中，我们发现某些时刻自己正在危险的高空中走细细的钢丝，试图发现我们能走多远才触到界限，而这又带来更多荒唐的想法和乐趣。

让我惊喜的是，在拍《查理和巧克力工厂》的过程中，他又邀请我在他同时开工的定格动画长片《僵尸新娘》（Corpse Bride）中扮演另一个角色。从这些电影项目的规模、场面和投入的级别来看，要是同时拍摄足以累趴一匹马，而伯顿游刃有余。他具有永不止步的劲头，

————————

① 都是儿童剧和动画片形象，详见《查理和巧克力工厂》一章。

有很多次我已经很难跟上他那用不完的精力和几乎是超人类的工作状态了。

总体来说，我们拍片很辛苦也玩得很开心。我们像疯狂的孩子看到什么都笑，没什么好笑的也笑，总能找到能让我们笑的地方。我们毫不忸怩地互相模仿彼此最喜欢的旧时艺人，像很棒的查尔斯·纳尔逊·赖利（Charles Nelson Reilly）、乔治·约塞尔（Georgie Jessel）、小萨米·戴维斯（他总是被拿来模仿）、托德·布朗宁（Tod Browning）的电影《畸形人》（*Freaks*，1932）里的施里茨等。名单可以一直列下去，没完没了，不过名字会变得越来越冷门，而我们的读者可能会抓狂。我们投入深度哲学探讨，像《迪恩·马丁吐槽大会》（*Dean Martin Roasts*）① 的嘉宾在节目录像时到底在不在现场——真的超级担心他们可能不在的情况。

他关于电影的所知是惊人的，极其冷僻的知识也多到可怕。譬如有次我们在工作时聊天，我偶尔提起我的女友凡妮莎说起过的几部灾难片，或者不如说烂片。说话间，蒂姆立刻变得异常活跃，双手在空中危险地挥舞着"之"字形，飞快地说出一串我以前从来没听说过的影片名单。我们圈定了两个令人激动的名字，那是蒂姆从他的私人图书馆里给我们搜出来的——《杀人蜂》（*The Swarm*，1978）和《绝命火山口》（*When Time Ran Out*，1980）。然后，他嘴里顺带着又蹦出几个稍微亲切点的名字，像《零怪兽》（*Monster Zero*，1965）或者《魔童村》（*Village of the Damned*，1960）。关键是，他对电影没有哪怕一点点的厌倦，对于拍电影他完全不会觉得疲惫或者乏味，每一次都像进行第一次探险那样的兴奋。

对我而言，和蒂姆一起工作的感觉就像回家。以冒险为砖搭建起

---

① 一档专门吐槽名人的电视节目。

家的房屋，但风险中又暗藏舒适，强烈的舒适。家里没装安全网，对任何人都不设防，这是家让你成长的方式。一个人唯一要依靠的就是信任，这是一切的关键。我深深地了解蒂姆对我的信任，这是老天对我的恩赐，可这并不代表我可以一直优哉游哉，一点都不怕令他失望。实际上，我心中第一重要的事就是不断想法儿演好那个角色。唯一能让我清醒的事情，就是我知道他对我有多么信任，我又是多么爱他，还有对他矢志不移的信任，以及对永不让他失望的强烈渴望。

关于他我还能多说些什么呢？他是哥们儿，是朋友，是我教子的父亲。他有独特又勇敢的灵魂，是我走遍天涯海角也要追随的一个人，而且我深深确信，为我，他同样也会这么做。

好了，要说的就是这些。

约翰尼·德普

2005 年 5 月于西印度群岛，多米尼加

修订版前言

　　自从本书第一版面世，差不多已经过了有十年，凭着一双点石成金的手，蒂姆·伯顿已经从一名怀揣梦想、目光高远的导演成了一个金字招牌；"伯顿式"（Burtonesque）已经成为一个特定的术语，用在那些拍片风格黑暗、前卫、怪异，或者三者结合的导演身上。这样的转变有其好处——个人在好莱坞影响力的提高——但也带来一些特有的麻烦，尤其是制片公司和观众对他及其作品的期望值已经比以前高了不少。而作为一个导演，他的做事方式始终跟随内心的感受，对他来说，让他投拍一部电影，在角色身上找到感情上的关联是必不可少的，他们可以是原创角色——长了锋利手指的天真无邪的剪刀手爱德华，改编自漫画的角色——戴着面具的义务警察蝙蝠侠，或者真实人物——《艾德·伍德》里的妄想狂导演。他首先要考虑的是与这些角色的联系，虽然有时这种联系很不明显。譬如剪刀手爱德华的形象，来自发于心灵深处的一声呐喊、一幅他少年时的画作，反映了他因为不能和周围人——尤其是他的家庭——交流而遭受的心灵折磨。他的其他很多作品也源自他在郊区的童年生活。

　　在20世纪50年代到60年代，伯顿居住在位于洛杉矶郊区，毗邻着华纳兄弟娱乐公司片场的小镇伯班克，度过了青少年时期。那时他从电影院大银幕上展现的阳光灿烂的外部世界中寻求慰藉，在跳跃的画面中寻找心理上的共鸣。他最爱的是怪兽电影，他的偶像是文森特·普赖斯（Vincent Price），后来他拍了定格动画短片《文森特》

（*Vincent*，1982）向偶像致敬，还在《剪刀手爱德华》里请偶像扮演了象征父亲的发明家。虽然他在这许多电影中重复再现的主题和画面，表面看起来似乎都是在向他年轻时汲取的那些灵感——如詹姆斯·惠尔（James Whale）在 1931 年拍的著名的《科学怪人》（*Frankenstein*）致敬，——但是实际上他所要表达的东西可能更加复杂。"电影呈现的画面含义并不是确定的，"他曾经说过，"而只是表现了一种感觉。"

伯顿电影里的角色通常是被曲解误会而游离于人群之外的人，背负着某种程度的双重性格，与主流大众格格不入，行走在属于他们的社会边缘，被接受但更多是被放任自流。从很多角度看，这都像是他在角色的形象中注入了自己身上的矛盾。尽管伯顿依然在好莱坞的权势人物名单上位居前列，作为一名导演，他的名字不但是吸引观众的保证，也是让制片公司为其项目开绿灯的保证，但在几乎所有其他事情上他都对好莱坞保持着敬而远之的距离。他的电影在全世界的票房收入可能已经超过了十亿美元，但是对他而言，完全融入好莱坞制片厂制度这件事就像奴隶要融入彻底的商业社会那样不可能做到，在这个制度中他依然像 20 世纪 80 年代为迪士尼打工的一名刚起步的动画师那样工作。虽然巨额投资需要顾虑，伯顿依然像以往一样坚持原创性与独此一家的创意风格。他可以支配好莱坞的钱，为他们拍出暑期票房大片和"主力大片"（tent-pole picture，指电影公司制作的那类具有支柱性、高关注度和营收保证的影片），但要以他自己的风格来拍，这才是让这些作品有趣迷人的原因。

当伯顿被宣布为新版《人猿星球》（*Planet of the Apes*）的导演时，即使在那些质疑他的动机、怀疑他的智慧能否胜任翻拍这部深受喜爱的经典巨制的人那里，也激起了同样程度的狂热兴奋。而伯顿对这种诱惑陷阱再清楚不过——"我知道我正在步入埋伏圈"——如二十世纪福克斯（Twentieth Century Fox）后来所宣称，他对这个题材的"重设"，最终结果就像一杯表面诱人的毒酒。原版的《人猿星球》于1968 年上映，当时的政治气候和时代背景——越南战争、在家庭和工作中都存在的种族冲突——和现在截然不同，这部电影因此同时具有一流的娱乐价值和为那个时代的社会做注脚的性质。回头看时，就会发现那和现在相比完全是另一个世界。在 2000 年，福克斯对影片的社会评论作用已不再有兴趣，他们想要的是拍成系列品牌赚钱。伯顿的电影项目不需要一个完整的剧本就获得了特许立项，投入制作，好快马加鞭赶上暑期档。伯顿在拍摄中的让步有目共睹，而最后完成的电影，除了一些典型的画面和风格上的亮点，譬如里克·贝克（Rick Baker）化装的恐怖效果，影片其余的部分即使对伯顿的死忠粉丝来说也带来一种巨大的失望。这个经历，正如他在书中与这部电影相关的章节里提到的，充满艰辛和忧虑，尤其在处理和制片公司关系的时候。私人感情上的关联对伯顿的电影必不可少，《人猿星球》也表达出几种熟悉的主题——逆转的结局和作为局外人的角色——还有就是与原版影片中的明星查尔顿·赫斯顿（Charlton Heston）一起工作的机会。但是，伯顿后来披露，他内心并不认可这部电影，他承认"一开始构思出来的比我实际拍出来的有意思多了"。

伯顿从《人猿星球》中恢复后拍了《大鱼》（*Big Fish*，2003），这是他最具主流色彩的电影，具有讽刺意味的是，也是他迄今最私人化的作品。《大鱼》剧本由编剧约翰·奥古斯特根据丹尼尔·华莱士（Daniel Wallace）的小说改编，这对伯顿来说是完美的素材，不光有自己的清晰故事线，还具有能够发挥他讲述寓言故事的敏锐天分的基础。更重要的是，伯顿设定的主线是一个儿子努力和进入弥留之际的父亲和解，这样的剧本给了他一个途径去纾解他经历自己父亲死亡时的感觉，父亲在 2000 年去世。《大鱼》的中心围绕着父子关系展开，爱德华·布鲁姆年轻时是旅行推销员，他总是在幻想故事里植入比现实更深刻的真实，他的儿子威尔长大后质疑这些神秘故事是父亲挖空心思编出来的，于是和父亲关系疏远，但他最后意识到这些故事其实揭示了一个更真实的男人。这是继《艾德·伍德》之后伯顿最好的剧本，电影成功混合了魔幻的狂想和细腻的感伤，展现了一个明亮、神秘、充满英雄主义的美国，一个居住着狼人和巨人、连体双胞胎和巨大鲶鱼的美国，一个浪漫和勇敢总能在最后获得成功的美国。正如彼得·特拉弗斯（Peter Travers）[①]在《滚石》（*Rolling Stone*）杂志上写到的："这个寓言电影中充满内在的张力，伯顿的成熟令人振奋，他给予了电影让人无法忘记的质感。当影片中的儿子学会用父亲的语言和他交谈，而同时把父亲看得更清楚时，《大鱼》展示出了一种在艺术上变革的力量。"

当伯顿签约执导罗尔德·达尔的经典儿童故事《查理和巧克力工厂》新版电影时，真让人有种天意如此、命中注定的感觉。伯顿的电影和达尔的书，这两个世界拥有同样显著的两种创造性天赋、邪恶的智慧和颠覆的倾向，伯顿在拍摄《飞天巨桃历险记》（*James and the Giant Peach*，1996）时就有过一次和达尔的碰撞。更令人激动的消息是这部电影是伯顿继《断头谷》（*Sleepy Hollow*，1999）之后第一次和约翰尼·德普重聚。伴随着他们不曾中断的友谊，他们合作拍出的作品对双方来说都是最出色的，尽管他们的组合无可避免地在某种程度上拉高了别人的期望，这让伯顿有点烦恼。"在你生涯的早期，需要为了把事情做成而奋斗，但同时也有种迷人的自由，因为没有被人期望带来的压力。"他这么说道，"当人们对你抱着某种期望时，要给他们惊喜就更困难了。"

但是这对组合再次携手后拍摄出来的作品不仅令人惊喜，而且无

---

① 当代著名影评人。

与伦比。就像德普在序言里和伯顿在书里相关章节中都提到的，为了创造属于他们的威利·旺卡，他们唤起了对儿时儿童电视节目主持人的共同记忆，创造成果惊人，超乎想象，甚至还带着一丝恐怖感——但这是个即使罗尔德·达尔本人在世，也会会心一笑的角色。伯顿版的《查理和巧克力工厂》是对达尔书中世界的一次极度忠实的改编，同时具有非常典型的伯顿式风格，各种明亮的色彩构成浓烈的迷幻感，迷人的设计感，还有令人喜悦的幻想。对于数以百万计的原著书迷，电影符合他们的所有想象——虽然是以他们想不到的方式。

虽然《圣诞夜惊魂》（*Nightmare Before Christmas*，1993）一开始上映的时候并不是一部皮克斯规格的热门大片，但随着时间推移，它成了很多人每年圣诞节的保留节目，还衍生出很多玩具和周边商品，畅销至今。之后伯顿一直在找另一个可以寄托他对定格动画，尤其是对雷·哈里豪森（Ray Harryhausen）^①电影之感情的项目，找了很久，直到他通过《僵尸新娘》塑造出了一个色调和风格永不过时的寓言故事。在这个被电脑动画统治的世界，伯顿坚持着手绘细节和手工创作，对于他，这些艺术才包含着真正的感情。"这是表现潜意识的不可言传的东西，所以我喜欢。"他这么说道，"你不能用语言形容它，它有点魔幻和神秘，还有可触感。我知道你能在电脑里制作出来，用电脑绘制的方式还能得到更多，但是手工的质感会给你一种感情的共鸣，至少对我是这样。我不知道这么做是不是因为我对它抱有怀旧的情感，但我真的相信它有这种作用。"

《僵尸新娘》的灵感来自 19 世纪的东欧诗歌，讲述了一个名叫维克托的紧张害羞的新郎，在和未婚妻维多利亚的婚礼前夜，无意中

---

① 著名定格动画大师、电影视觉特效大师，很多好莱坞著名导演都是他的崇拜者，2013 年去世。其专著《雷·哈里豪森的电影概念艺术》（*The Art of Ray Harryhausen*）已由后浪出版公司出版。

发现自己先一步和僵尸新娘结婚了，最后身陷亡灵之地。这其中有很多来自伯顿以往作品中的元素：故事的题材是《阴间大法师》和《断头谷》的回响，维克托的配音是约翰尼·德普，主角是典型伯顿式的，而两个世界的翻转——活人居住的世界比死人的更沉闷——更是看着觉得亲切和熟悉。而且维克托似乎是那个叫"文森特"的小男孩长大的样子，这点并不是巧合——他看起来长得很像伯顿。"我并不是特意要这样。"他说，"这个事实我当然也看出来了，好几次也对自己这么说了。你拍摄的任何电影都会试图带上你私人的色彩。"

致　谢

　　本书的初版在 1995 年面世，里面的访谈都发生在 1988 年到 1994 年之间，之后随着《断头谷》的上映，在 1999 年出版的修订版里加入了从当年 1 月到 4 月间的访谈中整理的内容。第二次修订版中增补的内容来自从 2001 年 1 月到 2005 年 3 月之间的访谈：有的是在《人猿星球》片场和后期制作期间进行的，有的是在《大鱼》后期制作期间进行的，还有的是在《查理和巧克力工厂》的片场进行的；有几个深度采访是 2005 年 1 月到 3 月之间在伦敦进行的，当时伯顿正在为《查理和巧克力工厂》和《僵尸新娘》做剪辑。

　　伯顿最让我感激不尽的一点是，这十多年来，他作为一个已经如此成功的人士，从采访第一天开始就为这本书提供支援，并且极富耐心地欣然投入到漫长的访谈中，慷慨地付出他的时间，他的想法，还有他的一些艺术杰作，非常感谢。

　　我也对他长期的助手，不可替代的德里克·弗雷（Derek Frey）表示衷心的谢意，他不知疲倦的热情无人可及，他的魅力就像他的高效一样夺目。弗雷，为你在安排访谈、核对细节、整理资料以及许多其他方面给予的帮助，向你致敬。

　　还有约翰尼·德普，感谢你贡献了又一篇非常私人视角的、极富感染力的推荐序，以及为本书内容提供了非常可爱动人也格外真诚的解说，这是无比宝贵的。你让我花了一点时间等待，但是，这是非常值得的……

本书写作期间，很多人给我提供了协助、指引和支持，其中有不少之前已经感谢过，但是在这一版里，我还想单独道出他们的名字：理查德·D·扎纳克（Richard D. Zanuck），感谢他美好的老派礼仪、盛情款待、精彩的好莱坞故事，还有在克拉瑞芝酒店（Claridges）招待的茶；永远迷人的萨拉·克拉克（Sarah Clark），她让我对《查理和巧克力工厂》片场的多次探访感到愉悦；彼得·芒廷（Peter Mountain），为他拍的封面照；艾莉森·阿巴特（Allison Abbate），我在《僵尸新娘》片场最亲切的东道主；还有克里斯蒂·戴博罗斯基（Christi Dembrowski），为了她对本书的不断推动并帮我筛选的信息……

还要感谢沃尔特·多诺休（Walter Donohue），费伯－费伯（Faber and Faber）出版社的睿智"老"人，感谢他灵活的交稿期限，以及许多其他帮助；理查德·T·凯利（Richard T. Kelly），感谢他在最艰难的时期的坚守；感谢艾琳·彼得森（Eileen Peterson）、海伦娜·邦汉·卡特（Helena Bonham Carter）、约翰·奥古斯特（John August）、亚历克斯·麦克道尔（Alex McDowell）、迈克·约翰逊（Mike Johnson）、费莉西蒂·达尔（Felicity Dahl）、凯西·海因策尔曼（Kathy Heintzelman），杰出的摄影指导曼努尔·卢贝兹基（Emmanuel Lubezki）、布伦达·贝瑞斯福德（Brenda Berrisford）以及杰恩·特罗特曼（Jayne Trotman）。

最后，为了无数个的理由，我的爱还有衷心的感激要献给永远那么美好的劳拉，你就是最棒的。

第一章

伯班克的童年和加州艺术学院

Childhood in Burbank—Cal Arts

——1958 年 8 月 25 日，蒂姆·伯顿出生在伯班克，他是比尔·伯顿和简的第一个儿子。父亲为伯班克公园和娱乐部工作，母亲则经营着一家叫作"猫加加"的礼品店，那里所有的商品都被印上了猫咪图案。他们还有另外一个小孩，比蒂姆小三岁的丹尼尔，后来成了艺术家。伯顿家的房子就坐落在伯班克机场的航线下面，蒂姆经常躺在自家花园里，注视着头顶飞过的飞机，目测它们的尾气排放时间。从十二岁到十六岁，他搬去和祖母住一起，祖母也住在伯班克，后来他搬进了她家车库楼上的一间小公寓，每天学校放学后在一家餐馆打工支付租金。因为位于洛杉矶市区内，伯班克从那时到现在都是好莱坞的一个据点。华纳兄弟、迪士尼、哥伦比亚和 NBC[①] 都在这里设有片场，但是从除此之外的任何角度看，伯班克都是一个典型的工人阶级聚居的美国郊区。这只是个平常的成长环境，但是，蒂姆·伯顿很小时就从中体会到了一种疏离感，后来他把这种感觉在《剪刀手爱德华》（*Edward Scissorhands*，1990）里描绘了出来。显然，那个居住在爱德华身处的异乡，从山顶城堡搬到粉彩画一样的乡村里的内向年轻人正是蒂姆·伯顿自己啊。据伯顿自己承认，作为一个孩子，他身上具有一定的破坏性。他会扯掉玩具士兵的脑袋，恐吓隔壁的小孩，骗小孩说外星人已经来了。他也喜欢把电影院当

---

① National Broadcasting Company，美国全国广播公司。

作避难所，或者坐在电视机前面观看恐怖电影。

如果你不是来自伯班克，你对它的想象就是被各大制片厂环绕的电影之都，但其实它以前充满了乡村味儿，现在也是。很有意思，伯班克周边的地方都不像乡下了，但是它还是那副老样子。我不知道为什么，它有个奇怪的屏蔽层。它可能是美国的随便什么地方。

作为一个孩子我非常内向。我认为自己和别人没有什么不同，做每个孩子爱做的事情：看电影，玩儿，画画。这些没什么不寻常的，不寻常的是那些你终其一生都想做下去的事情。我在学校里是个安静的小孩，对自己也没有真正的认知，我真记不大清楚了。我有点像活在水上云端，那段日子可不是我最好的时光。我没有在中学毕业舞会上哭，也没觉得这种情况会变得严重，我有过朋友，从没和别人闹翻过，但是没有真正去维系过友谊。我总有个感觉，人们总是因为某些我不知道的原因，急着离我而去，留下我一个人，好像我身上散发着"给我死远点"的气场。有段时间我像是要去演《脱线家族》（*The Brady Bunch Movie*）①，穿着大喇叭裤和棕色休闲外套。好在朋克音乐对我而言是个好东西，有益身心。我没有很多朋友，但是外面有足够多的奇妙的电影在放映，所以你可以长时期没有朋友陪伴，而每天有新的电影观赏，那对我来说就像是在和人交流。

伯班克原来有五六家影院，它们后来都逐步搬离了。因此当我还是少年时，有那么几年，城里没有一家影院。但是在曾经的那些影院，你能看到三部连放的电影，像《尖叫吧，博古拉》（*Scream Blacula Scream*，1973）②，《杰凯尔博士和海德姐姐》（*Dr Jekyll & Sister*

---

① 美国 20 世纪 70 年代的家庭喜剧。
② 黑人吸血鬼电影。

Hyde，1971）和《战龙哥斯拉之怪兽总进攻》（*Destroy All Monsters*，1968）。这些连放的精彩电影，构成了我在影院里度过的美好时光。有时我会独自去看，有时和隔壁的小伙伴一起，怎样都好。

　　不久前，我重回了卡特琳娜岛，自从我是个少年之后就没回过那里，之前老是去。那里有家叫作"阿瓦隆"的很不错的影院，四周装修得很有艺术性。我记得就是在那里看的《伊阿宋与阿尔戈英雄》（*Jason and the Argonauts*，1963）。电影本身和影院环境我都记得，因为它们互相映衬，影院的设计和电影画面，激发出一种神话般的感觉，犹如梦幻。这是我记得的第一部电影，当时我还不到十五岁。

　　有段时期，星期六下午电视里也会播些影片，像《不死之脑》（*The Brain That Wouldn't Die*，1962），里面的人把手臂扯掉，临死前用他血淋淋的残肢沿着墙壁滑过，而一个装在盘子里的头颅对他发出嘲笑。现在他们不会在电视里放这样的电影了。

雷·哈里豪森制片的《伊阿宋与阿尔戈英雄》里战斗的骷髅们

　　我一直喜爱魔怪和魔怪电影，从来没怕过，从记事起便喜欢上了。我父母都说我从来不胆小，什么都敢看，这些恐怖的东西对我很有吸引力。《金刚》（*King Kong*）、《科学怪人》、《哥斯拉》（*Godzilla*），还有《黑湖妖谭》（*Creature from the Black Lagoon*，1954），它们都很相似，不同的只是怪物的橡胶外套和造型。这些电影都具有一些标志性的东西。每个孩子都会对一些童话故事的场景有感觉，而我觉得大部分的魔怪都被误会了，他们的灵魂通常比他们周围的那些人类角色更真诚。

　　因为我从不阅读，所以这些魔怪电影可能就是我的童话故事了。对我来说，它们没什么不同。我的意思是童话故事也可能非常暴力，具有象征意味且吓人，更甚于《科学怪人》之类的电影，而这些电影的神秘和叙事又都很像童话故事。像格林童话这类的，可能和《不死之脑》这种电影更接近，比别的故事更具野性，充满诡异的象征主义。

暴怒中的哥斯拉

再长大一些，我想我对恐怖片的爱好，大概源于对当时 50 年代小家庭为主体的禁欲的官僚主义盛行的社会环境的叛逆——我不轻信事物被呈现出来的样子，一心探寻它们的真相。我一直喜欢童话和传说中的构想（idea），原因就是它们总是会象征着一些别的东西。那些故事是电影的基础，但不限于此，它们还滋长出演绎的空间。我喜欢从已知的事情里挖掘属于自己的灵感。所以我喜欢的不是某个特定的童话故事，而是它们的构想。

有一阵子我特别想成为演《哥斯拉》的那个演员。我爱看《哥斯拉》系列电影，尤其是能像这样惊天动地地发火真不错，因为我性格安静，不善言辞，观看这些电影就是我释放感受的方式。我觉得自己从一开始就非常反社会。我不了解任何小孩，也没有小孩，我不喜欢那句话，叫什么"活得像个孩子"，因为那样听起来像是智力发育迟缓。但是从什么时候开始你有了自己的想法，又是什么时候你的思想成形了？我想我毁灭社会的冲动形成得相当早。

几乎每部魔怪电影我都要去看，但只有文森特·普赖斯的电影对我来说有特别的意义。我在郊区长大，那里的气氛被认为友善而循规蹈矩（我的感受可不完全是这样），这些电影是某种确认我感觉的方式，我把在电影里的体验植入成长环境中。我想这也是我会对埃德加·爱伦·坡（Edgar Allen Poe）这么有感觉的原因。记得我更年幼一点的时候，房间里有两扇窗户，可以看到草坪的很棒的窗户，但是父母不知道为什么把它们填上了，只留给我一个缝隙大小的窗口，我要朝外看得先爬上桌子。到现在我都没问他们干吗要这么干，我应该问问的。于是我从这扇小窗联想到爱伦·坡的小说里被活埋的人。这就是我把身边环境和电影联系的方式。伯班克，成了一个有着神秘气氛的地方。

文森特·普赖斯是我能产生共鸣的演员。当你是个小孩，银幕上看到的事物会显得比现实中更夸张，你会发现属于自己的神话，

文森特·普赖斯

在心理上建立起跟它的联系。这些电影是属于角色的诗歌，这个历经磨难——大部分磨难是想象出来的——的传奇人物在我眼里，就等于别人眼里的加里·库珀（Gary Cooper）或者约翰·韦恩（John Wayne）。

我和一些朋友会拍一些超 8 毫米电影，有一部我们取名叫《艾戈医生岛》（*The Island of Doctor Agor*，1971）。我们拍的是一部狼人电影，一部关于疯狂医生的电影，以及一部使用了原始人模型的定格动画短片。影片拍得很烂，说明一开始你对动画真是什么都不懂呀。这些原始人有可移动的双腿——一条腿固定站姿，另一条用来行走——我们只是通过交换双腿位置来拍。那是你所能见到的最不流畅的动画。我以前喜欢所有的雷·哈里豪森电影——《伊阿宋与阿尔戈英雄》、《辛巴达七航妖岛》（*The 7th Voyage of Sinbad*，1958）——它们太不可思议了，我那时候是像小孩子那样地热爱着定格动画。等你更加成熟一些后，你才会意识到那些动画电影中令你神往的是其中包含的艺术性。

我读完了学校的课程，但是对它们没有什么兴趣，我们这一代是成长中只看电视不读书的一代，这可真不幸。我不喜欢读书，到现在都是。所以还有什么能比拍个小电影来拿到一个好分数更好的呢？记得有一次我们得读本书然后写出二十页的报告，但是我决定拍个叫《胡迪尼》（*Houdini*）① 的电影来代替。我自己用 8 毫米黑白电影胶片拍，很快拍好了。拍的时候我从铁轨边逃脱，跳进池塘，再次逃脱——都是些对胡迪尼魔术的幼稚模仿，但是做起来很好玩。我不做任何阅读，就在后院里蹦来蹦去，这样拿 A 真是太轻松了，而且当然比我去写报告拿到的分数要高。那时我才刚上初中，大概十三岁。然后在高中时又拍了一个关于心理学的电影。我只是给书拍了很多照片，然后按照艾利斯·库珀（Alice Cooper）的《欢迎来到我的噩梦》（*Welcome to My Nightmare*）② 那样以深刻的心理学的方式创作出来。记得结尾是用定格动画拍了一张懒人沙发在我睡觉时攻击了我。

　　那时我从没真正想过靠拍电影谋生，可能潜意识里有过，但是从没有认真想过当一个从业人员。我喜欢拍电影，靠着这个顺利毕业了。在环球电影公司成为现在这个样子之前，他们曾经有一个低调的巡演，记得那时我还小，我去街上看他们拍《吸血鬼》（*Dracula*）和《科学怪人》。那感觉很震撼，我觉得增强了其浪漫的那一面。我从未自觉地想过要去拍电影，那是我去迪士尼公司几年之后才有幸意识到的事。可能我不去想是出于自我保护，因为我不喜欢去发表宣言，比较喜欢以意识流的方式想事情。

　　——尽管他在学习上没显示出什么特殊天分，他的艺术才华倒是很快显山露水了。九年级时，伯班克举行了主题为禁止乱扔垃圾的社

---

① 剧名来自哈里·胡迪尼（Harry Houdini，1874—1926），著名魔术家，脱逃艺术大师。
② 著名作曲家和演员艾利斯·库珀的恐怖音乐剧，文森特·普赖斯也在其中出演。

区海报设计比赛，比赛为期两个月，得奖作品将被贴在垃圾车上做装饰。他在比赛中获得了平生第一个奖项，外加十美元奖金。在圣诞节和万圣节，他又通过给伯班克居民的窗户绘画和装饰赚到了钱，根据节令不同，他在窗户上画上雪景或者南瓜灯、蜘蛛和骷髅。

　　某种程度上我不是个专注的人，我容易亢奋和注意力不集中。但是有些事能帮助你集中注意力，让你感觉好一点。我在画画的时候，就会变得精神集中，以一种有趣的方式体验平静的感觉，这种感觉我永远不会忘记。我很喜欢画画，小时候在班上能画上一整天，棒极了。要是在幼儿园，所有的孩子都画得差不多，没有哪一个画得更好。但是长大些情况就有了变化，面对社会，压力就会降临在你身上。我记得在艺术学校，要画人体素描，那可不是容易的事。不同于小时候被鼓励自由表达，画出你所喜爱的东西，现在他们用社会上的标准要求你。他们说："别别别别，不能这么画，你得那样画。"记得有天我深受打击——因为我喜欢画画，但是不能按照要求画得好。另一天我在画素描时突然开窍，我想："去他的，我才不管我能不能画画，我就是喜欢画。"上帝知道，从那一刻开始我感到了前所未有的自由，我不再关心我画的是不是能符合别人认可的形式，也不再介意别人是不是喜欢。这种自由的感觉就像嗑了药一样。之前我每天都要反抗别人说的"不能这么做，这是没用的"，每天都活在挣扎里。这只是个能不能试着留住一点自由的问题。

　　——在 1976 年伯顿十八岁时，他得到了加州艺术学院（California Institute of the Arts）的奖学金，这个奖学金是华特·迪士尼（Walt Disney）设立的，在上一年迪士尼制片公司在加利福尼亚瓦伦西亚建立了这个学校，以此开展一个旨在培养未来动画师的计划。

　　高中时有位老师鼓励我学艺术，之后我就争取到了加州艺术学院的奖学金。在加州艺术学院我们拍摄超 8 毫米电影：我们拍了一部墨西哥魔怪电影和一部冲浪电影，仅仅因为好玩，但是动画——我那时就想说不定可以以此为职业。从《白雪公主》（*Snow White*）① 开始，迪士尼公司用的基本是同一批动画师，他们用一种非常从容的方式来培训新人。我是这个培训计划展开的第二个年头加入的，他们正在尝试把所有跃跃欲试的新人培养成合格的动画师。学习就像是在军队一样，我从没参过军，加入迪士尼培训计划的经历可能就是我有过的最接近军旅的经历。迪士尼派出的人来讲授迪士尼的理念。学校气氛不是特别严肃，这是我第一次和一群志趣相投的人在一起。他们都有相似的流浪汉似的外表，都因对《星际迷航》（*Star Trek*）或者类似玩意儿的狂热而被人嗤笑。

　　你接触的都是迪士尼自己的解说材料，所以你想知道白雪公主是怎么画出来的，得先知道裙子下的线条是怎么样的。来教你的是迪士尼的美术师、动画师、设计师，你学习的完全是迪士尼的画法。而且，现在的动画片依然沿用的是这一套方法，并没有改变，所以尽管一直很低调，迪士尼却是浪漫主义的典范，我敢说班上百分之九十的人都渴望为他们工作。

　　到了年底，每个人都要拍一个动画片段，类似样片，迪士尼的评审组会来评判。他们会看所有影片，对学生进行专门的分析，最后再从一年级到毕业班的所有学生里挑选人来为制片厂工作。但他们并不担心这个。要是有人显得特别有前途，就会被选上。所以一直有激烈的竞争和大量谁能被选上的猜测。当时的气氛挺紧张，每年总会发生

---

① 应该是指《白雪公主和七个小矮人》（*Snow White and the Seven Dwarfs*，1937），迪士尼第一部动画长片。

一些想不到的事情。我在那里待了三年，不确定能不能待到第四年，因为最后一年他们把给我的奖学金取消了，我几乎每天都往管理学生奖学金的办公室跑。这是个学习费用很高的学校，没有奖学金我可读不起。一年年过去，竞争越来越残酷，因为学生对作品越来越会花心思，虽然基本只是线稿检查（pencil test），但是都加上了音响和配乐。我最后一个作品叫作《芹菜怪物的茎》（*Stalk of the Celery Monster*），蠢兮兮的，但是被选上了。这一年过得可真是不宽裕，但是我很幸运，说实在的，可能因为他们真的很缺人吧。

第二章

迪士尼和《文森特》

Disney and *Vincent*

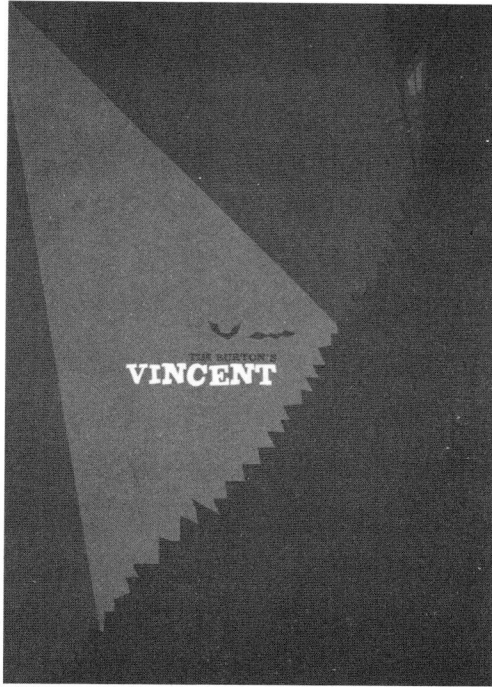

——伯顿在 1979 年加入了迪士尼，然后作为动画师跻身动画片《狐狸与猎狗》（*The Fox and the Hound*，1981）剧组。

　　迪士尼和我是个糟糕的组合。整整有一年，我处于生命里至今为止的最低潮。我在一个优秀的动画师格伦·吉恩（Glenn Kean）手下工作，他人很好，对我也好，常帮助我，是个技术精湛的动画师。但和他工作对我也是折磨，因为我要负责画所有可爱的小狐狸的画面，但是我

《狐狸与猎狗》

画不了迪士尼式的四条腿小狐狸，就是画不出来。我甚至仿迪士尼风格都仿不来。我画的看起来像是被车碾过的死狐狸。幸运的是我有很多远景可以画，但是这也不行，画的时候难受得就像身受中国古代的水刑。也许只是为了完成工作我才去画的。想象下我画一只可爱的、有着珊迪·邓肯（Sandy Duncan）声音的小狐狸画了三年，这完全不是能让你投入身心的工作。我没耐心画了，画不了——虽然这个工作本身很不错。

　　迪士尼奇怪的地方在于他们既想你成为一个艺术家，同时又要求你做一个没有自己个性的僵尸流水线工人，就像有个小人在你的脑子里指挥着两边同时做事。对此我抗拒情绪严重，不能真正地投入工作。我学会了手里攥着铅笔坐着睡觉，这很恶劣。有时候我能一晚上好好地睡上八到十个小时，然后去工作，在上午又睡上俩小时，下午又睡上俩小时，都是坐得直直的睡，所以一旦有人进来，会看到我手里拿着铅笔，准备工作。

　　那时我相当怪诞，我知道自己有问题，一直被说成是个怪胎。我可以坐在储藏室里很久都不出来，或者坐在桌子上，或者钻到桌子底下，或者做些稀奇古怪的事，譬如拔出自己的智齿，把血滴满整个走廊。但是我挺过来了，没有继续躲在储藏室里。我对工作抱着冷淡的态度，他们也不管我。我猜是我做了足够多的工作来留住饭碗。我只是在尽量迅速地把工作做完，反正无论怎样都搞不定，不管投入多少时间，可能不要投入太多反而更好。那个阶段我是挺古怪的，我有情绪上的问题。我不知道自己是谁。

　　因为我也画过另外一些类型的画，别人看到了就让我做另外的工作。迪士尼公司当时的情形比较奇怪，他们在拍像《金龟车大闹蒙特卡罗》（*Herbie Goes to Monte Carlo*，1977）这样的电影，而没有人知道进行得怎么样了。就像一个密封的世界，我在这个奇怪的"无组织"

的组织里面溜达了一圈。我开始尝试画不同的东西，为实景和动画结合的项目做概念图。

迪士尼在早期曾经专门雇人来提供创意，他的工作就是画画。动画师们喜欢他画的东西，他可以随便画任何想画的，比如一只带着眼珠子的手。我争取到了那个位置，作为一个概念美术师的工作很不错。因为可以随心所欲地画，整天闻着记号笔的气味，画画又变得有趣了。

我被安排担任动画片《黑神锅传奇》（*The Black Cauldron*，1985）的概念美术师，感觉好极了，因为我连续几个月都坐在房间里画我想的任何虚构怪物：巫师、家具，随便什么。但是，当电影开始临近实拍，他们把我塞给一个叫安德烈亚斯·德亚（Andreas Deja）的画师，他画技高超，可画风是老式的着重刻画角色的风格，和我的完全不一样。他们对我说："蒂姆，我们喜欢你这些创意，但我们更想要安德烈亚斯的。"我猜他们想我们组队创作。他坐在房间的一边，而我坐在另一边，活像《单身公寓》（*The Odd Couple*，1968）里同居那两人的友好版。

于是他开始做他的，我也开始我的。我没看过那部电影，他们也没有用我设计的任何一个概念。我在这段时期基本上耗光了十年之内能想到的所有创意，而没有哪怕一个被用上，真有点滑稽。我就像一个被禁锢了的公主。从另一面看，我过得不错，能想画什么就画什么。在这里工作就像处在一个完全封闭的世界，永远看不到一丝阳光进来，但总是有些事值得你投入，譬如短片《文森特》和《科学怪狗》（*Frankenweenie*，1984）。这些做的都是以前没有听说过的东西，所以我很幸运地能把每样东西都提升到一个新高度。

十多年前我给巴里·莱文森（Barry Levinson）的电影《玩具兵团》（*Toys*，1992）做概念图设计。是迪士尼的人分配给我的任务，

WHEN ANIMALS ARE
FRIGHTENED THEY JOIN
TOGETHER TO FORM A
LARGER CREATURE

（当动物们受到惊吓
时，它们组合在一起，
变成一个庞大的怪物。）

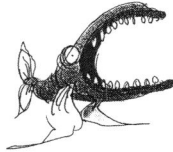

各种动物组合在一起变成一个庞大的怪物

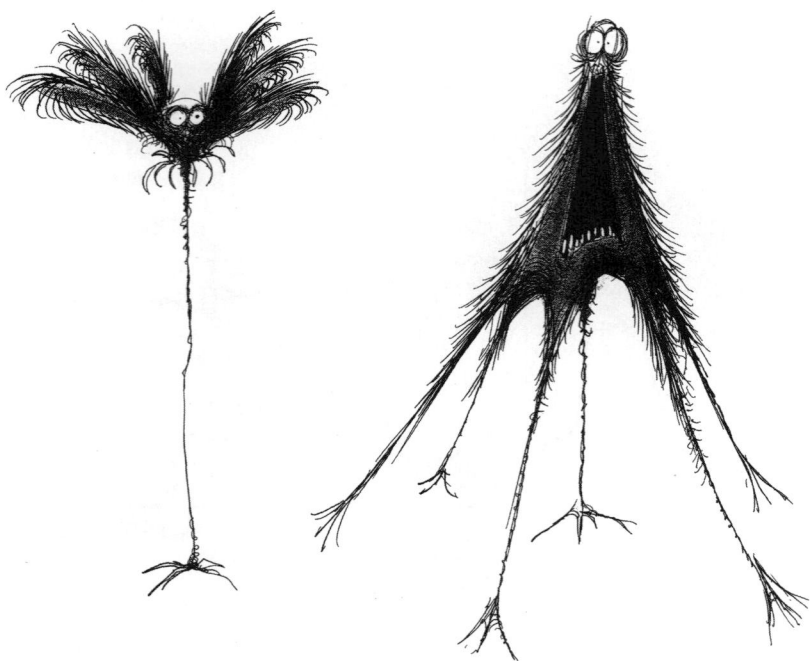

《黑神锅传奇》

我想他本人甚至现在都不知道我给他的电影出过力。那时仍有些从迪士尼旧日时光里留下的传统，仍有人会说"让我们再拍一部《幻想曲》（*Fantasia*，1940）①吧"，仍有那些从老式艺术学校出来的人在周围工作，他们不需要剧本，只要一对插科打诨的人在房间当中说"把路易·普里马（Louie Prima）②叫来，在这里演奏几段"。这样真酷。

　　我仍记得拍《电子世界争霸战》（*Tron*，1982）时的情形，当时我只是一个低级的助理动画师（in-betweener），有人用计算机在做一些只有现在的技术才能实现的事，有些现在都实现不了。这个公司就像处于青春期，仍然无法摆脱过去的影响，这是一个尴尬的时期。我记得第一次走进迪士尼，他们依然在谈论华特③，就像是一种奇怪的魔咒，譬如有人说："华特在就会这样做的。"别的人就会回："你怎么知道他会这么做？"在我看来，他们意识到他们需要迎接二十一世纪的降临，但是不清楚该做什么。他们当时拍的电影也都有这种尴尬。我的印象是，虽然公司正在被第三或者第四把手运营着——可那些有才能的人还是一把手，哪怕他们已经离开、退休或者去世。

　　——在做概念美术师期间，伯顿为自己在迪士尼的管理体制内找到了两个盟友，朱莉·希克森（Julie Hickson）和负责创意开发的主管汤姆·威尔希特（Tom Wilhite）。后者从他的画里开始看到了不同于典型迪士尼风格的独特天赋，认为这很值得栽培。于是在1982年，威尔希特给了伯顿6万美元的资金去制作《文森特》。这是一部定格动画短片，取材自伯顿写的一首押韵诗，风格类似他喜爱的儿童文学作家苏斯博士（Dr. Seuss）④的作品。

---

① "二战"之前迪士尼动画经典大片。
② 美国著名秀场演奏家。
③ 华特·迪士尼在 1966 年去世。
④ 美国最成功的儿童文学作家及漫画家。

　　我在这里工作了一年或一年半，也可能是两年——我对计算时间一直不太行。但是到为《黑神锅传奇》工作之前，我一直给名叫《不给糖就捣蛋》（*Trick or Treat*，1982）的动画片画概念。这个动画片我觉得连剧本都没有的，只有一些概念：鬼屋、孩子和万圣节。我写了这个《文森特》的故事，但是已经觉得腻了，想放手不再碰了。可是有几位同事很支持我，给了我一点钱，让我以做定格动画测试的名义去把它做出来。他们这么做真是太体贴了，为了不辜负他们，我又坚持了下去。

　　我最初把《文森特》当儿童故事来写，也准备朝这个方向改编。但是后来我得到了拍成定格电影的机会，这才是我想做的，做成三维形象，让故事显得更真实的想法吸引了我。更有真实感这点对我真的很重要。

　　——伯顿忙碌了两个月，做出一部五分钟的电影，和他一起工作的迪士尼同事有动画师里克·海因里希斯（Rick Heinrichs），定格动画师斯蒂文·齐奥多（Steven Chiodo）和摄影师维克托·阿布达洛夫（Victor Abdalov）。《文森特》具有明显的20世纪20年代德国表现主义黑白电影的风格，说的是七岁小男孩文森特·马尔洛伊，他头脑有些不正常，幻想自己是文森特·普赖斯。伯顿自己的童年被文森特·普赖斯和爱伦·坡的电影影响至深，现在文森特也想象自己是活在文森特·普赖斯和爱伦·坡的电影里，不停地在平庸的乡村现实生活和脑中的幻想世界之间穿梭，连他的狗都被他拿来做实验——这只狗将在他下一部电影《科学怪狗》里作为主人公再次出现——而当他的姨妈来访，他一边接待一边脑中浮现把她丢进熔蜡做成蜡像的场景。在电影结尾文森特在黑暗中躺在地板上，爱伦·坡的诗歌《乌鸦》（*The Raven*）同时响起。

《不给糖就捣蛋》

《不给糖就捣蛋》

　　文森特·普赖斯、埃德加·爱伦·坡、魔怪电影都仿佛在与我对话。你看着他们经历了那样的痛苦折磨——你感同身受——把这个过程当作放松和治疗，于是在你们之间建立起了联系。这就是我想通过《文森特》表达的。电影在文森特自己想象出的现实中游走。他认为并且

《文森特》中的"乌鸦"

相信自己是文森特·普赖斯，而你通过他的眼睛看这个世界，可以说是在幻想和现实中交替，最后在《乌鸦》的诗句中结束。迪士尼的人认为他是死了，但他只是躺在这儿。谁能说他真的已经死了，还是美丽地活在自己的梦幻小世界里？他们想要一个更为光明的结局，但是我无论从哪方面都没把它视为是悲观的。这很有意思，我认为留下想象空间才是鼓舞人心的。我老是看到那些牵强的幸福结局，某种程度上跟神经病似的。他们想让我把灯打亮，让他父亲进来说："让我们去看橄榄球比赛或者棒球比赛吧。"这是我第一次遇上幸福结局综合征。

　　我从来没把《文森特》的镜头和哪部具体的电影对应上过，没有真正来自那些爱伦·坡电影的镜头。与其纠结于那些画面，这部影片更关注的是成长与爱的讲述。有类似《恐怖蜡像馆》（*House of Wax*，1953）的东西，有关于活埋的内容，但我更关心的是如何尽量用定格动画拍摄。

《恐怖蜡像馆》

　　——凡是看过《文森特》的人，都能一眼看出脸色苍白、有着一头凌乱黑发的主角和他的创造者之间惊人的相似之处。

　　好吧，其实我从未有意识地想："我要画个像我自己的小人。"的确，他当然是来自我自己的感觉，这是肯定的。但是任何东西，包括被说成是商业化的，像《蝙蝠侠》，任何人们不会从中看到什么个性或者可取之处的东西，对我而言，也是在某种程度上融入了我自己的想法，哪怕只是一种感觉而已。你投入了那么多，做出的东西肯定会是你强烈认同的，《文森特》当然敏锐地传达出我所感受到的东西。人们会说："那就是你呀，蒂姆。"但我该怎么回答？我不喜欢去想具体的答案，我喜欢思考的是某种概念性的东西，非常小心地避免用过于理性的态度去分析。我认为电影是以自然而然的方式去表达的，这也是我争取做到的。要是想得太多那就不好了。但是《文森特》让我觉得

文森特

在"让影片自己说话"这点上做得真的很好，该是什么样就是什么样。这点在好莱坞很难做到，因为这里的人喜欢把什么都表现在明面儿上，不喜欢你留下开放的空间而不给出说明，但我很喜欢这样。

——这部电影的表现主义风格镜头和摄影让人回想起罗伯特·维内（Robert Wiene）的《卡里加利博士的小屋》（*Das Cabinet des Dr. Caligari*，1920）。

我当然看过这部电影的图片，在任何魔怪书里都会有类似的图片。但是我直到最近才看这部电影。我觉得我的影片来自苏斯博士①的启

①全名西奥多·苏斯·盖泽尔（Theodor Seuss Geisel），美国著名作家和漫画家。——编注

SO THEN HE AND HIS
HORRIBLE ZOMBIE DOG,
COULD GO SEARCHING FOR
VICTIMS IN THE DENSE
LONDON FOG.

（于是他和他可怕的僵尸狗，
在伦敦的浓雾中寻觅受
害者。）

浓雾中他可以独自留下，去回味他创造的恐惧。

《文森特》

AND WANDER DARK HALLWAYS
ALONE AND TORMENTED.
（徘徊在黑暗的走廊，孤独
又痛苦。）

《文森特》

《文森特》

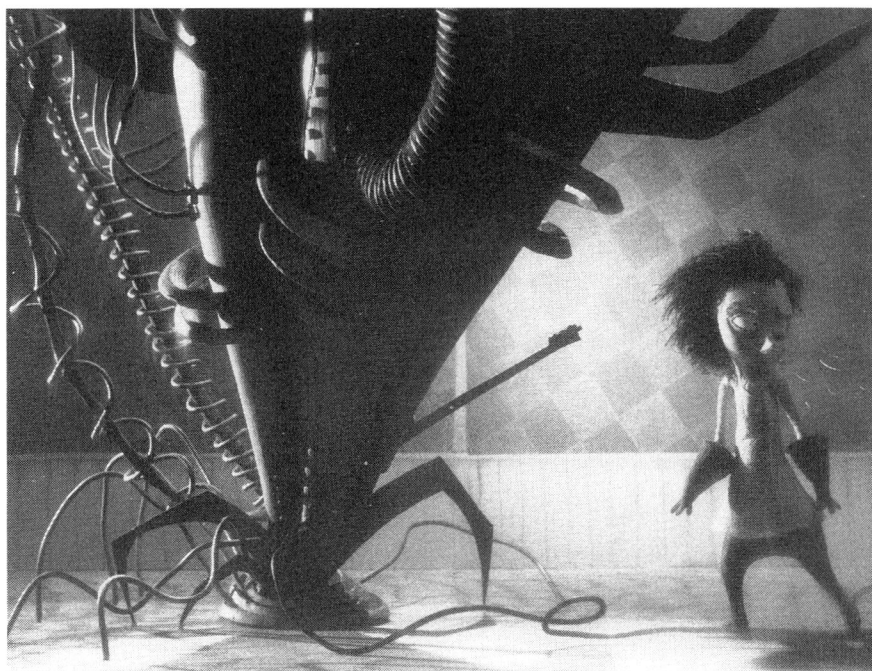

《文森特》

发更多些。只是凑巧两部电影都采用了黑白摄影，而文森特·普赖斯和哥特风格的加入产生了相似感。我从小就喜欢苏斯博士，能明确地体会他故事里的韵律。苏斯博士的书都棒极了：长短正好，节奏鲜明，情节具有颠覆性。他很不可思议，绝对是最伟大的。他可能拯救了一大批从来得不到别人理解的小孩子。

——《文森特》的旁白是伯顿的童年偶像文森特·普赖斯，这标志着这对导演和演员之间友谊的开始，这段感情一直持续到1993年普赖斯去世。

我们把分镜头脚本给了文森特·普赖斯并请他做旁白，这真不可思议。这可能会是影响我一生的最重要的事情之一。谁知道自己将来会发生什么？你从小到大都想着某人，有一天真的遇到了，要是这个人说："滚开，小孩，离我远点。"那我该怎么办。但他是这么美好，和他在电影里的样子一样有趣。他非常支持我。我一直觉得他对电影的理解非常准确，甚至胜于我。他理解像"哇，普赖斯先生，我是你头号粉丝"这样的话传达的不是一种简单的敬意。他理解这在心理上的意味，这使我惊讶的同时感觉很好，让我觉得有人理解我所做的，并且也由此接受我。

去和帮助你度过童年的人见面是个令人惶恐的事情，尤其你被他影响了，而要给他看的东西会把他对你的影响以某种小人书似的拙劣的方式展示出来时。但他很了不起，在你遇到过许多不上台面的人之后，这些事对你以后的发展在感情上非常重要。有些人只是很客气，而他是发自内心的。这再次展现了某些银幕上的人物能打动你的一个原因——他们就像身上散发光芒，带来的影响甚至已经超越了他们的角色自身。

——《文森特》只在洛杉矶的一家影院里公开放映了两周，作为马特·狄龙主演的青春片《手足情深》（Tex，1982）的开场短片。但在被迪士尼束之高阁之前，它已经在伦敦、芝加哥和西雅图的电影节上收获不少评论和表扬，在芝加哥电影节赢得两个奖，在法国安纳希电影节（Annecy Film Festival）则获得影评人奖。

迪士尼对《文森特》很满意，但他们不知道接下来该拿它怎么办，就像有人说："喂，我们眼下该操心什么，这个五分钟动画短片还是我们投了三千万的电影？"我为拍出它而感到很幸福，拍的过程中什么事都觉得顺畅，所以这很棒，看过的人反响也都很好。虽然影片有点怪异，但是迪士尼的人看起来还是挺喜欢的，不过同时也有点勉为其难。我认为他们不知道该拿它怎么办。没有真正针对五分钟动画短片的市场，这个公司正处于一个奇怪的变革时期，所以这部电影在他们要处理的事情之中优先级很低。另外，我甚至都不知道自己当时还是不是公司的员工。

第三章

《韩赛尔与格蕾特》《科学怪狗》和《阿拉丁神灯》

Hansel and Gretel、 Frankenweenie and Aladdin' Lamp

——依然是作为迪士尼的员工，伯顿接下来执导了一部真人短片，格林童话《韩赛尔与格蕾特》（*Hansel and Gretel*，1982）的东方版，投资 11.6 万美元，专门为当时刚开通的有线网迪士尼频道（The Disney Channel）而拍摄。执行制片朱莉·希克森写的剧本缺乏《文森特》感情上的深度，但也是对伯顿独特想象力的绝佳诠释，把原版的格林童话以一种多变的特有的伯顿式手法加以讲述，高潮部分是韩赛尔与格蕾特姐弟和由男人扮演的邪恶巫婆之间的功夫大战。

迪士尼频道刚开播，他们有一个童话剧系列，然后我有了个主意，全部用日本人来演《韩赛尔与格蕾特》，剧情上再来点改动。我画了一大堆画，他们也随我这么做。所有的东西都是基于绘画，尤其在拍摄早期。有个房间让我用来堆满画，我猜这样的安排某种程度上让他们觉得安心些。虽然在视觉上，图画不容易被想象成三维画面或者超越图画的别的形式，但是这样的工作方式，我猜可以让他们觉得我不是完全在发神经，而是能够做出点实在的东西吧。就像我说过的，公司那时有点像处于转型期的挣扎中。直到现在，我都不能想象我会在片厂的条件下完成这个剧本里的所有内容，这是前所未闻的。我是说假如现在，他们有了那样的新计划，片厂会支付账单，或者会投资办电影学校。我想，迪士尼现在测试有潜力的未来导演会通过给他们一个指定情境来拍的方式。但是当年没有真正的先例可以参考，我一直很清楚当时的处境是相当独一无二的。所以即使觉得做得不好，感觉其实还是挺不错的。

电影很忠实于童话故事，除了角色都是日本人扮演的。我一直对有日本感觉的设计很着迷。我看着《哥斯拉》这种电影长大，他们的设计感觉和色彩运用很吸引我，而且他们还会在影片中稍微加入一些武术元素。我喜欢武打片，如果你喜欢什么就会想要在电影里表现，我一直是这样的态度。我从来不预测或者考虑观众爱看什么。我总是这么想，你自己都不愿意看到的东西怎么指望别人想看呢？要是我想要去看的，别人也会想，至少我会去看，所以，至少有一个人是会欣赏它的。

《韩赛尔与格蕾特》

女巫之屋

——《韩赛尔与格蕾特》是伯顿第一次和真人演员一起合作，尽管是一个完全非专业的演员剧组。

完全是业余的，我比演员更不熟练。但是我很享受拍摄过程，并且从中学到了很多。如果你从来没和真人演员拍过电影，却觉得没有理由拍不好，完全可以搞定，那就太可笑了。这事儿看起来似乎很容易。但是其实有些事情想想是很抽象的，对我来说这是很好的学习经验。作为一个拍动画片的，我很早就开始不大和人们交流，我不是一个好的沟通者。我从来不会说很多——即使现在也是——但是以前情况更严重。我从来说不出完整的句子，我的思维快得就像和嘴在赛跑。这不像是做莎士比亚的戏剧，有现成的基础。我不太擅长把本来就很难表述的东西再描绘给人们听。我觉得每次我做到之后，就能比之前好上那么一点。显而易见的，这样的拍摄提供了一个让我必须去和很多人沟通的平台，对我来说有这种体验真是第一次。我曾经在拍那些超8毫米电影时有过类似经验，但这次完全不一样，这对我以后再做同样的工作有所帮助。拍《科学怪狗》时，我已经从《韩赛尔与格蕾特》中学会了很多如何和别人沟通的事情。

——尽管预算很低，伯顿还是雇人做了很多富有野心的特效，包括由他在《文森特》里的合作伙伴海因里希斯和齐奥多提供的定格动画和实景的视觉噱头（visual gag）。伯顿通过把韩赛尔与格蕾特父亲的职业从伐木工转换成玩具制造工，来肆意抒发他对玩具和小玩意儿的热爱——这在他之后的影片里都会作为一个特点呈现——银幕画面上布满了日本的变形金刚玩具。

我们用了前投影、定格等每一样人类已知的特效，但是特别、特别、特别的粗糙。这是一种尝试的伟大方式。自从小时候看过哈里豪森的电影，我一直对真人拍摄和定格动画的结合有兴趣。这是非常需要"设计"的事情。一方面这样做显得富有野心，另一方面却又非常廉价和俗气。虽然我一直非常喜欢玩具，但是并不知道拍这些玩具的念头哪里来的。我不是什么恋玩具癖或者玩具狂。我把它们当作想象的延伸——至少我是这么使用它们的，用它们来扩展不同的创意。片子里有一只小鸭子玩具后来变成了机器人，还有一个姜饼小人。他是一个奇怪的小人偶，逼迫韩赛尔把他吃下去。

但是实在是没有钱去制作这部片子。我想这个剧就播了一个晚上，在万圣节晚上的十点半，这个点的收视对"迪士尼频道"来讲也就跟凌晨四点半差不多吧。所以，这部戏没有引起太高的关注。但还是有几处小地方让我很喜欢，拍得有点我小时候看过的儿童恐

Gingerbread
Man（姜饼小人）

姜饼小人一个奇怪的小人偶，逼迫韩赛尔把他吃下去

《韩赛尔与格蕾特》

怖秀的感觉。

　　老实说，我想不起来在《韩赛尔与格蕾特》拍完之后，我就想要当一个导演这个事儿了。我唯一知道的事——我想我很早之前就知道了，早在拍了动画之后——就是不管做什么，都要更多地表达真实的我。作为一个画师，我不能故作声势地假装自己能胜任导演，其实自己还差得远。所以我不会说"好的，我想当个导演"，因为我的脑子没在这方面转。这对我来说更多的只是一份正在做的并享受着的工作，我觉得最重要的事情还是形象创意，事实上我现在也是这么想的。我觉得这和我现在的身份是个导演或者电影制片人关系不大，更重要的是创作的乐趣。这个创作可以是多种形式的：形象、感觉，任何创作出来的东西。

接下来，我继续创作，那个时候我正在开发《圣诞夜惊魂》的创意概念。通常当我在开发某样东西的创意时，想的不是"现在我要来做个什么样的东西"，而是会去画画，从中找到想法的种子，想法更多地可能来自一系列的草图。我的状态是"这个角色有点意思"，然后去发掘它有什么含义，揭示背后具有的心理学意义。在此期间，事物会有组织地自己浮现出来，并非"好了，我要来做个这样的东西，然后去扩展它"，这更多的是一个独特的有机过程，而不是一开始就是轮廓鲜明的。

——伯顿执导的第三部影片是《科学怪狗》，一个奇妙的 25 分钟黑白短片，改编自 1931 年詹姆斯·惠尔的同名电影《科学怪人》和 1935 年的续集《科学怪人的新娘》（*Bride of Frankenstein*）。《科学怪狗》的剧本是莱昂纳德·里普斯（Leonard Ripps）写的，但改编自伯顿自己写的故事，制片人是伯顿在迪士尼的战友朱莉·希克森，制片公司给他的预算这次调整到 100 万美元。当时伯顿二十五岁。

《科学怪狗》的想法来自一些图画和感觉，我觉得这还不错，可能可以做成电影短片。最初的设想是让它在《木偶奇遇记》（*Pinocchio*，1940）重映时一起放出。那段时间发生的事都自然而然地运转。从我的创意产生，到资金支持，没有一样是刻意去计划过的。当他们说可以投拍时，我感觉好极了。我甚至不认为汤姆·威尔希特是批准拍《科学怪狗》的部门主管，应该还有别的什么人，顺利得有点不可思议。直到现在，我还是不喜欢有人问我："这个想法你怎么得来的？"我回答不出，没有从 A 到 B 的设计过程，我没有经过什么专门训练来预见这些。所有的一切，都是形成于超现实的偶然。

——如果再多给伯顿几天拍摄时间，《科学怪狗》可以扩展成电影长片，把玛丽·雪莱（Mary Shelley）的经典故事拍成现代郊区的背景，跟随巴雷特·奥利弗（Barrett Oliver）扮演的十岁男孩维克托·弗兰肯斯坦去冒险。他在父母的阁楼上复活了他的宠物狗，一只名叫斯巴奇的斗牛犬。斯巴奇曾经跑出去而死于车祸。影片开头是维克托给父母看一段自拍的叫作《远古怪兽》的超 8 毫米电影，影片里斯巴奇打扮成史前怪兽，被一个哥斯拉电影里的生物攻击。之后的画面里，斯巴奇复活后身上打满补丁，脖子两边各安有一个螺丝，这是在向杰克·皮尔斯（Jack Pierce）在惠尔的《科学怪人》里给鲍里斯·卡洛夫（Boris Karloff）设计的怪物造型致敬。

你有条心爱的狗，让爱犬复活的创意是这部电影的推动力。像我说过的，看着那些恐怖电影在郊区长大，我一直能够在哥特、《科学怪人》和埃德加·爱伦·坡所有这些之间建立感情上的联系，《科学怪狗》就是其产物。

虽然有些感觉来自《科学怪人》，但是《科学怪狗》和它之间并没有直接联系，这点对我非常、非常重要。在我的所有创作中，总有人说，"这就像那部电影的续集"，可能他们的感觉是对的，但是对我一直很重要的一件事就是不要有直截了当的联系。我是不会和别人坐在一起，看着《科学怪人》里的一幕，说"照着这个来个一样的吧"

《科学怪狗》：维克托

《科学怪狗》：斯巴奇

的，哪怕是致敬或者用此作启发。实际上，要是直接照着拍，我会出于自己的考虑，不是"让我们一模一样地复制出来"，而是"为什么我喜欢这样拍？这样的新拍法包含了什么样的感情在里面？"，这也是为什么我总是以是否能懂我并且有和我一样的脑波长来评估人们。编剧莱尼·里普斯（莱昂纳德的昵称）就是这样。他知道我想表达的，他不想坐在那里重做一遍《科学怪人》，他非常理解这点。这更像把关于《科学怪人》的记忆重新过滤一遍。

在《科学怪狗》里我没有参考任何东西。我想过《科学怪人》里的天空看起来很酷，因为那是画出来的。但是我不会去重看，因为我

（水）

sparky
（斯巴奇）

Frankenstein
（弗兰肯斯坦）

打满补丁的斯巴奇

不想"做个一样的"，我要用留存记忆中的感觉去描绘。当我描绘时，我会说："天空像是画板，但是云朵要更显眼。这是一块更饱满、空旷的天。"最后当我看了《科学怪人》，发现里面的天空并不像我描述的那样平静。那是我的印象，但是我宁愿按印象来拍。我发现只要有人想直接借鉴某样东西，他们就不会有自己的感觉在里面了。

——和惠尔的《科学怪人》相似（其实和《剪刀手爱德华》也很

《科学怪人的新娘》

斯巴奇和它的新娘

相似），《科学怪狗》的高潮在"怪物"——斯巴奇和暴民——这里是维克托又惊又气的邻居们——之间不可避免的最后冲突中来临，地点是一个和惠尔的电影里布置相似的小型高尔夫球场，而结局则是斯巴奇在一只贵宾犬身上找到了真爱，贵宾犬的发型和《科学怪人的新娘》里埃尔莎·兰彻斯特（Elsa Lanchester）很像。按照伯顿的说法，这些参照，并非照搬自惠尔的电影，而是来自他对在伯班克所见事物的记忆。

神奇的是你甚至根本不用刻意去考虑，因为在我长大的郊区就有这样带木屋的小高尔夫球场，就像《科学怪人》里那样。这些画面的相似是巧合，因为那就是你的生活场景。而贵宾犬的样子总是能提醒你科学怪人的新娘那庞大夸张的发型。所有这些事都是本来的样子，所以我做起来才觉得这么轻松自然——都是在伯班克就存在的画面。

——《科学怪狗》标志着伯顿第一次和专业演员合作——包括谢利·杜瓦尔（Shelley Duvall）和丹尼尔·斯特恩（Daniel Stern）扮演的维克托的父母，导演保罗·巴特尔（Paul Bartel）扮演他的老师——他尤其想从扮演维克托的巴雷特·奥利弗身上激发出更细腻更感人的表演。

他们都很棒，我很幸运能和这些演员合作。我很少有和人一起工作的经验，都是和一些死板的、可怕的、像是会咬掉你头的东西一起工作。这对改进我与人共事的态度帮助很大，尤其是演员们。他们需要像我去感受他们那样的来感受我，要是他们不喜欢我，要是他们对我没兴趣，我也不会想和他们一起工作。所有这些人，他们喜欢我的创意，也知道我以前从没指导过专业演员。他们感觉到我对他们的关

《科学怪狗》：丹尼尔·斯特恩、谢利·杜瓦尔、巴雷特·奥利弗和斯巴奇

注——这不是大事，但是对我很重要，因为有这么多杰出的演员在这里，你必须去接触他们，他们也需要和你保持接触，而我从未对寻求别人关注这样的事情在意过，要每个人都在同一个思路下一起工作是如此艰难。这些人很棒，每个人都和拍摄很合拍。我想他们做的使我觉得安心，我开始了解自己必须学会和人去沟通。

——《科学怪狗》和《文森特》一样具有强烈的情感内核，因为它们都具有伯顿私人化的深远的角色缘起。而伯顿，就像他后来在《剪刀手爱德华》和《圣诞夜惊魂》里将会做的那样，把编剧的任务移交给了别人。

我从没把自己当个编剧，虽然我也写东西，《文森特》就是我写的，有时我也会多做做这方面的尝试。但是我认为不管写不写剧本，你都必须觉得是自己亲手写了它。我的意思是，不管你做什么，都要觉得是出于自己之手。我自己动手写会更轻松也更多乐趣，而我希望，让别人来写剧本能让我看得更清楚一点。我一直都觉得只要他们（编剧）能懂我的意思和我想要的感觉，那么就能再带来点他们自己的东西，那样就更好，内容会更充实更开放。

——起初《科学怪狗》是打算和1984年重映的《木偶奇遇记》套播的，但是当得到一个PG①的分级后，迪士尼就把它搁置了起来。

评定观念是一个我永远不能去想的事情，一想就会把自己逼疯。我无法从逻辑上去分析这是怎么发生的，譬如，《科学怪狗》被评为PG级就是让每个人都感到崩溃的事情，你不能把PG级电影和G级②的动画片一起播。我对此有点震惊，因为看不出这部电影哪里需要家长指导了：没有不雅的语言，只有一点点暴力内容，还是发生在画面之外的。所以我去问美国电影协会（The Motion Picture Association of America，MPAA）："我需要怎么改才能得到一个G级的评定？"基本上他们是这么回答的："没什么剧情需要剪掉的，只是影片基调的问题。"我猜是黑白片这个事实让他们不适了，除此之外没有什么儿童不宜的地方。之前有过《木偶奇遇记》和《科学怪狗》一起播放的试映会。要是你问在场的任何孩子，他们会说有些地方让他们觉得紧张和害怕的是《木偶奇遇记》。但在我们的评定观念里，《科学怪狗》是一个经典儿童故事的事实长期以来被无视了。同样的事情也发生在对神话传说的态度上。当你听到"神话传说"这个词，第一个想到的便是可爱的儿童故事，但其实不是。和《木偶奇遇记》一样，尽管《科

---

① 在家长指导下观看。
② 适合合家观赏。

学怪狗》讲述得很温柔，但是有些情节让人紧张。我小时候被这故事吓坏了，我记得孩子们在尖叫。在试映会上，放到某些段落时孩子们被吓得都开始哭了。对孩子们来说，《科学怪狗》是最不可怕的故事了，但是因为它不是一个被《家政》(Good Housekeeping)杂志[①]核准盖章的、确凿的、公认的儿童经典故事，于是每个人都吓坏了，说"我们可不能把这播出去"。

　　那个时期正值公司变革，人事更替，现在在迪士尼的人那时才刚来。所以《文森特》遇到的情况又重演了，我又听了一遍！"哦，拍得很不错，但是我们没有发行计划，就这样。"记得当时我沮丧极了，旧的管理结束了，新的管理开始了，但是对刚来到公司并打算大展宏图的管理者来说，一个30分钟的短片依然不值得重视。

　　到了此时，我真的对在迪士尼工作感到厌倦了，我想说："到目前都非常、非常好，我非常、非常幸运。没人能有像我这样的机会。我为能做这些而感觉非常棒。"但实际情况是做了一大堆东西，却没人看。这真有点怪异。

　　——在英国，《科学怪狗》通过和试金石制片公司的《小恐龙历险记》(Baby: Secret of the Lost Legend, 1985)套播获得了小规模的放映，并且在1992年被迪士尼作为《蝙蝠侠归来》(Batman Returns)公映前的热身，在美国最终以录像带的形式得以面世。伯顿拍摄的视效风格和跟演员的相处态度给演员谢利·杜瓦尔留下深刻印象，于是她邀请伯顿为她在娱乐时间(Showtime)电视台主持并制作的系列节目《谢利·杜瓦尔欧洲童话真人剧场》(Shelley Duvall's Faerie Tale Theatre)执导一集。伯顿执导了47分钟长的《阿

[①] 美国一种内容保守的妇女杂志。

拉丁神灯》（*Aladdin and His Wonderful Lamp*），这是他再次执导正剧长片，视觉效果设计还是启用海因里希斯和齐奥多，但是是第一次以录像带的形式制作。

一拍完《科学怪狗》，谢利·杜瓦尔就邀请我去给她的《谢利·杜瓦尔欧洲童话真人剧场》拍一集。她真是非常慷慨，因为他们基本上只请弗朗西斯·科波拉（Francis Coppola）这样的大导演，所以我觉得很荣幸。拍摄过程很有趣，但这又是一个超越我认知的工作，因为这是三台摄影机在拍的录影节目。像我以前遇到的，有些事情做得好，有些则不好，有些地方看起来就像一场糟糕的拉斯维加斯歌舞秀。而我觉得不会做好时，就真的做不好了，这点没法改进。我还想继续提高，每个人都想有所扩展，但是如果我不在状态，感觉不对，那就不能假装可以做得很好。

谢利给节目制造出一种很好的氛围，她能让人们无偿地来参与拍摄，这点做得很棒。这个工作不轻松：每周一次，三台摄影机，节奏紧张，这使我一早就意识到，我不是一个理想的可以被雇来拍片的导演。所以我才会肯定地说："好吧，如果你们要我做这项工作，我可以接受，而且会尽最大努力做好。但你们不能把我当作一个雇来的导演那样使唤，因为你们知道，这样我就会把工作做得很糟糕，这是我们都不想发生的。"所以我一直想令自己避免这种处境，我对旧时那些一会儿拍西部片一会儿拍惊悚片的导演充满敬畏和欣赏，也被他们的电影吸引。只是我知道自己不是这一类型的导演。

——《阿拉丁神灯》的演员有詹姆斯·厄尔·琼斯（James Earl Jones，他给《星球大战》［*Star Wars*］三部曲里的黑武士配过音），他扮演了两个角色，其中一个是灯神；莱昂纳德·尼莫伊（Leonard

Nimoy，《星际迷航》里的史波克）扮演试图占有神灯的邪恶摩洛哥巫师。

我是看着那些演员演的电影长大的，和他们一起工作感觉很超现实，特别是第一次这样经历的时候。我的第一次是和文森特·普赖斯一起拍《文森特》，那已经是极致了。因为我已经有过一次剧烈震撼了，所以这次只是些小小的火花。我有机会在工作中遇到这些伟大的演员，每个人的工作方式都不相同，我从中细心观察并学到不少。

——尽管《阿拉丁神灯》歪斜的布景让人想起《卡里加利博士的小屋》，但它还具有一些其他颇具特色的形象，以后会以不同形式在伯顿将来的影片里出现——蝙蝠、骷髅、头骨、蜘蛛和园艺修剪。

一旦脑中有什么念头，你不知道要多久才会打消它。我会这样想："我想到了，也做过了，便不再觉得它盘踞在我脑中了。我不需要再看到骷髅了。"但是有几次也会这样想："我想到了，我就是喜欢这些骷髅。我想我已经做出了骷髅的电影，但对它们的爱还没消退。"

你从不会知道要用多久才能打消一个想法，这些电影是你的一部分，你创作出来的那部分。那些意象不用考虑太多，自然就成为你的一部分。我试图不去想"以前我做过这些吗？"，因为我发现回看以前做的，并发掘其和现在做的之间的联系是件有趣的事情，虽然我不是真的老是回看自己的电影，但有时也会看下。做过了三部电影之后，我开始思考电影的主题，我最常想到的是："哦，那个肯定对我有某种深刻的意义。"我发现如果不是立刻采用理性的姿态分析，就能更多地了解自己。回想一下哪些主题和形象是持续出现的，试着更多地使用直觉。我开始带着心理学的兴趣去看它们意味着什么，那些想法是从哪里建立起来的。我发现我更了解自己了，我不是很信任自己的理性分析，因为这有点精神分裂，我觉得感觉更可靠。

第四章

《荒唐小混蛋奇遇记》

Pee-wee's Big Adventure

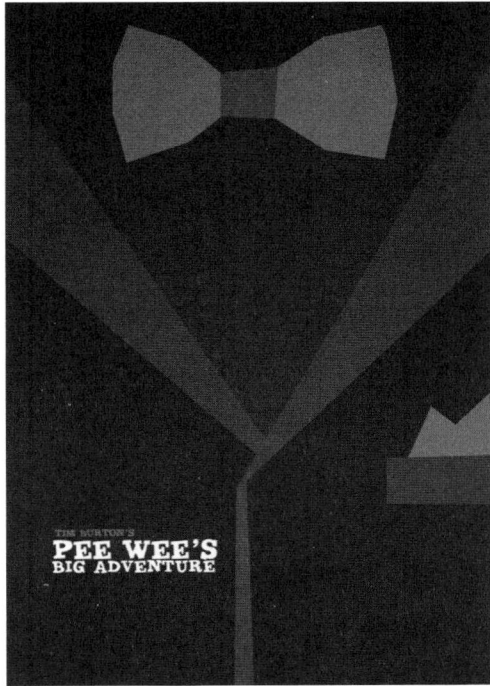

——随着《科学怪狗》在电影圈内广受赞誉，伯顿最后还是离开了迪士尼，现在关于他何时再执导一部电影长片只是一个时间问题。只是，包括伯顿自己都没想到，下一部电影居然会和他的艺术感与创作风格如此般配。喜剧明星保罗·鲁本斯（Paul Reubens）在他的儿童电视节目《皮威剧场》（*Pee-Wee's Playhouse*，1986）里创造了一个叫作皮威·埃尔曼（Pee-Wee Herman）的深受观众喜爱和追捧的无性别形象。他穿着灰色套装、系着大红领结、两颊涂得红彤彤，还有一辆心爱的自行车。华纳兄弟公司想找人让皮威不光当电视明星，还要去电影里火一把，而伯顿，尽管当时只有二十六岁，却是他们所能找到的最完美人选。

　　我所做的只是等待，有位来自华纳兄弟的女士，邦妮·李（Bonnie Lee），是我朋友，她把我引荐给了华纳兄弟的人，因而我很轻松地得到了拍皮威电影的机会。这是我最轻易拿到过的工作，甚至比去餐馆打个工都简单，我之前和之后拍的电影都没有像这部的机会来得这么轻松。邦妮把《科学怪狗》拿给华纳兄弟的人看，他们又给保罗·鲁本斯和电影制片人看，然后来问我："你想拍这部电影吗？"我回答："是的，很棒很完美的节目，因为我喜欢这个题材，我觉得能胜任执导这部电影让，因为保罗的角色已经这么有说服力。他就是皮威。"

《荒唐小混蛋奇遇
记》：保罗·鲁本斯
和自行车

电影让我喜欢的地方在于：角色是这么喜欢他自己的东西，他的自行车。在大多数电影里关乎情节的核心事物都是非常重要的，对他来说重要的就是他的自行车。

第一次拍电影长片对我来说是很难的，除非我自己来创作，而我对皮威电影所做的正是这样，我对电影的感知很顺手，于是实现起来也很轻松。完整的剧本已经具备，只需这里那里改动小小几处。有几处视觉幽默（visual joke）的处理已经写在了剧本里，像他在浴室里的时候通过一个金鱼缸般的窗口向外张望。既然角色本身形象已经如此鲜明，就允许我们把注意力放到一些视觉效果的工作上来。

保罗的节目塑造出一段永不会结束的青春期

　　我爱这部电影，觉得它和自己心意相通，因为有很多我喜爱的形象在里面。我可以添加一点自己的东西进去，但不会生搬硬造，只是用这些作为润色。我确实加进一点东西，但是也很幸运地清醒地与保罗的表演保持着一致，要是做不到和他一致，拍摄就会变成一场噩梦，而我就会被炒掉，因为他才是大明星，这是他的电影。

　　我记得看过的那些保罗的节目，很喜欢，因为节目塑造出一段永不会结束的青春期，我对此很有感触。他的地位对我也是好事，因为那个时候我还不是个最好的沟通者，如果我们不协调的话拍摄就是一场噩梦。他喜欢的，绝大部分我也喜欢；我喜欢的，绝大部分他也喜欢。所以我们的合作是成功的。

　　我一直对自己电影里的角色感觉很亲近，且一直觉得必须这样，因为当你创作某样东西时就必须投入身心，所有这些角色们的各个方面都是来自你的一部分，或是和你相关，或是你内在情感的象征。我必须和他们有所关联。皮威的角色就是按照他自己的想法生活，当你在一种人人都爱隐藏真实自己的文化中长大，像他这样不介意别人怎么看自己的态度真是很不错。他活在自己的世界里，这让我很佩服。他是一个自我率性的角色，既可以在这个社会里立足，在某种意义上又和社会格格不入。像我所说的，这也是通过讲述这些奇奇怪怪的人和事要表现的最终主题。从某种角度看，这代表自由，因为你自由地活在自己的世界，但从另一面看它也是牢笼，这也是我在迪士尼做动画师的感受。

——《荒唐小混蛋奇遇记》剧本由菲尔·哈特曼（Phil Hartman）、迈克尔·凡霍尔（Michael Varhol）和主演保罗·鲁本合写，围绕着埃尔寻回他被窃的自行车展开，描写一段让他贯穿美国的公路之旅，从棕榈泉的恐龙公园到阿拉莫①，最后回到伯班克，一路遇上形形色色的美国电影中的典型角色，包括偷盗自行车团伙、逃犯、外出实现梦想的女招待。在这段旅程中，伯顿得以继续他对定格动画的钟爱。第一处，在梦中一只霸王龙——动画由老搭档里克·海因里希斯制作——把皮威的自行车大口吃掉了；第二处是电影最令人回味的场景，当皮威遇到肥玛吉，一个还在开车的女卡车司机鬼魂，皮威亲眼看着她的脸在他眼前扭曲变形。

定格动画有种不能言传的力量，它能赋予事物生命力，我猜这也是一开始我想要从事动画的原因。不仅仅是因为其带来的生命力能让动画显得更酷，至少对于我来说，在三维世界里甚至显得更真实。在肥玛吉或者恐龙身上——任何时候我们加入定格动画，效果都会更好。要是他们允许，我们还会加进更多。

---

① 美国得克萨斯州的一个城市。

肥玛吉的变形

　　拍摄的过程非常不可思议，因为一开始肥玛吉的场景就在剧本里写好了，然后关于怎么拍我们讨论了很多，我们甚至设想什么都不拍，就让保罗尖叫，当然这只是玩笑话。有趣的是，任何时候和其他观众一起观看这部电影，这一幕始终能引发最多笑声。你可以看出这是让大家喜欢上整部电影的地方，它让观众投入到剧情中，却又这么吓人，我差点要在影片面世之前把这最精彩的一段剪掉。这是一处特效，特效是要处理的事情中最重要的。

　　拍《文森特》时我完全借助分镜头剧本拍；《科学怪狗》至少一半分镜头是我画的，一个朋友帮我画了剩下的部分；拍《荒唐小混蛋奇遇记》时我则找人来画。一部部电影拍下来，分镜头我画得越来越少，此后我画的就是少量草图了。因为《荒唐小混蛋奇遇记》是我的第一部影片，他们想要知道我有确切的分镜头表，有了它我可以确保

梦到恐龙

一天工作顺利。这很有帮助，让我有依靠，觉得安心，我喜欢画这个。像我说过的，既然我不善言辞，可视化的说明就很有裨益。

这部电影里很多演员来自像"楼底"（The Groundlings）剧场这样的即兴表演剧团，我打算好好利用这点，因为当演员运用即兴表演，拍摄就会变得放松和有趣。我因此也试着减少分镜头剧本，因为留更多场景给临场发挥会带来更多乐趣。你必须对正在拍的内容准备得足够充分，但是不管事先计划得多完备，到了片场，演员、服装、灯光和其他环境因素的实际情况会引起计划改变。在《荒唐小混蛋奇遇记》里这种情况不多，因为很多事情是固定的，但是在后来的电影拍摄中常发生，譬如"这句台词听起来不错，但是让一个穿着蝙蝠衣的人来说，我不知道是不是合适"。你觉得这是一句漂亮的台词，但是直到开镜的那一刻，让那些奇奇怪怪的角色说出口了才能知道到底是不是对劲儿的。所以我准备的分镜头宽松了很多，在《阴间大法师》拍摄时更加如此，因为凯瑟琳·奥哈拉（Catherine O'Hara）和迈克尔·基顿（Michael Keaton）都特别擅长即兴表演。

　　一开始是保罗和编剧之一菲尔·哈特曼——他现在在《周六夜现场》（*Saturday Night Live*）剧组——想到拍这样一部电影。他们都很有趣，也好相处，准备工作和以前拍动画片时开故事讨论会的感觉很像。虽然剧本已经很棒了，我们还是坐在一起探讨各种奇思妙想。和他们一起让我很兴奋，因为他们很幽默。在即兴表演中，一切的基础在于演员了解他们的角色，然后据此发挥。而皮威，是那种一切元素都已经具备的角色：他有兔宝宝拖鞋和一个小小的玩具胡萝卜，所以你只要穿上拖鞋走，再闻闻胡萝卜。只有在阿拉莫广场和向导一起的一场戏完全是即兴发挥。这是第一次有大段的即兴表演，而那个叫简·胡克斯（Jan Hooks）的姑娘做得很棒，后来她成功去了《周六夜现场》发展。我对所有这些来自楼底剧场的、带来精彩即兴表演的演员，抱着真心实意的敬意，因为这是一种我欣赏的工作方式：深厚扎实的基础，带来收放自如的表演。

　　——《荒唐小混蛋奇遇记》的高潮剧情是在华纳兄弟摄影棚区的一段自行车追逐，在内容和基调上都像是费里尼电影的皮威·埃尔曼版本：他和心爱的红白自行车重聚，在一连串片场间骑着车奔逃，扰乱了每个摄影棚里正在进行的电影拍摄。这些电影反映了伯顿一贯的兴趣：海滩电影、圣诞节专号、有哥斯拉的日本怪兽集合——虽然，照他自己说，这些出现的电影中大部分实际上一开始就被写在了剧本里。

我加进了两部，但是所有这些类型片都是我非常喜欢的，那个和哥斯拉搏斗的怪兽是吉德拉（Giddra），又叫零怪兽。能在华纳兄弟的片场拍电影感觉很神奇，尤其能进到摄影棚里拍简直如有神助。不幸的是，这种如有神助的感觉从那以后就有点淡去了，而折磨人的一面开始显现，因为这是围绕好莱坞的商业化工作的一面。如今我走进片场总会感觉有点崩溃，因为那里以前总是充满积极向上的气氛，而现在则在有积极一面的同时也有消极的一面。

——虽然在之前的《科学怪狗》和《阿拉丁神灯》里，伯顿都请作曲家迈克尔·孔韦尔蒂诺（Michael Convertino）和戴维·纽曼（David Newman）配乐，但《荒唐小混蛋奇遇记》他选择了邪典乐队"奥英格波英格"（Oingo Boingo）的主唱、从未做过电影配乐的丹尼·艾尔夫曼（Danny Elfman）谱曲。

开始拍电影之前，我去酒吧看过他们的表演，一直很喜欢他们的音乐。所有我看过的乐队里，他们是主攻我喜欢的朋克音乐的，我认为因为他们的乐队成员比较多，用的乐器也比较别致，所以他们的音乐某种程度上听起来更有故事性，更有电影的感觉。找他们给《荒唐小混蛋奇遇记》配乐是个不错的选择。因为影片预算低，电影公司愿意赌上一把。他们在我身上赌过一把，现在在丹尼身上也可以赌一把。

围着我的意见都来自一些行家里手，但是音乐是他们从未涉足的领域。听着乐队演奏音乐大概是我经历过的最兴奋的事情之一。看到丹尼配乐是件不可思议和好玩的事情，因为他也是破天荒头一次，当你做以前从没做过的事情时会觉得魔法般神奇，我觉得这有点像性经历，再好也没有第一次的感觉好。音乐一直是重要的事，但这是第一次它就像剧中一个角色，绝对就是一个角色。

丹尼是个很厉害的配乐新手，这对我是件好事，因为我正好可以参与全过程。他取走电影的录像，然后我去他的工作场所，他在键盘上弹上一小段，我看看感觉对不对。我们毫无疑问具有同样的脑波长，这点真是太好了，因为有些事情他无法用言辞表达，或者有些是我不能表达的，现在都不是问题了，因为在他的音乐里表达了出来，就像在说"太好了，太完美了"，于是事情就变得轻松起来。我一直努力变得感觉敏锐，要是你遇上了对的人，敏锐程度完全就提升到另一个水平了。

这是一部低预算电影，不是华纳兄弟力推的大片，而同时《七宝奇谋》（*The Goonies*，1985）就在街对面开拍，他们具有华丽的大布景，也许他们在华纳兄弟的影片推出时间表上，只有我不在，我不知道。但是主管们每天经过他们的布景会顺路来到我这里，开始对我咆哮："你在干吗？你整天在闲聊吗？"他们关注我们的拍摄，但是，除了让我脾气变坏，工作变得匆忙之外没有给我任何帮助。到了这个时候，你懂得了拍电影不是一门精密的科学。一直困扰我的是，实际上人人都已经尽力了，可主管们还是会说类似"我希望你们拍得再快一点"这样的话，但是我们要处理动物戏、拍摄素材以及特效等很多事情。我们没有做什么疯狂的事情，也没有拍不该拍的东西，因为时间不够，我甚至在拍摄中砍掉了一些东西。我们是小制作，在电影圈的等级里，他们不会去折磨一线名单上的大人物，但是他们会去折磨二线的，因为他们能下得去手。

作为一名导演，你应该无所畏惧，最多注意下保持心态平衡，不要成为自大狂，但是只要对自己有足够的把握，就去争取成为自大狂吧。我想这具有不可言说的作用。实际上，在不断累加的工作压力下崩溃次数越多，你会发现自己变得越发脾气古怪了。我觉得和以后拍的电影比，我在第一次拍长片时最有把握，最不容易崩溃，这是最好的时光。

我在学校不管学什么都是学得最差的那个，要是有人告诉我一些什么事，我总是听不进去，就是不爱听。这也是我一直记不住名字的原因。我不知道这个毛病是哪里来的，可能是出于某种奇怪的内在自我保护吧。在学校我没记住任何东西，离开学校后记住的只有一些云的名字。我记不住数据，记不住任何东西，所以我不好说从《荒唐小混蛋奇遇记》里学到了这个还是那个，因为那可能是我有过的最纯粹的经历，部分原因是那时的我对整个环境的看法相当天真。我发现拍电影的过程中会有很多不愉快的事，最好不要想太多。选择性记忆很有意思，因为我拍的每部电影都会把我搞得非常病态，我总是将自己投入太多。尽管变得病态我还是必须继续完成电影，不然就会想死。不过过段时间，这种感觉慢慢淡去，我也走出来了，这是件好事。所以我从来不喜欢从一部电影马上转到下一部，因为这种体验太糟糕了。幸运的是这种感觉淡去后，你还能继续拍电影，但这种症状会越来越严重。

这也是为什么我一直喜欢费里尼的电影，因为他似乎抓住了电影的精神，拥有了拍摄的魔法。电影中有美好的事物，那是能激励你坚持拍下去的能量，因为你想拍出那种美。但是也有很多消极的方面，那不是什么真刀真枪的坏事，那是种糟糕的体验。学会如何拍摄电影是好事，在进行的过程中你能学会怎么掌控镜头。学习花了我一点时间，我每次都会搜集信息，你在基础的技术性层面上能一直学到新东西。但是在另一方面，关于好莱坞的商业运作，没有任何真正有价值的东西要学，大部分事情都没有逻辑可循，还很烦人。要是你想做扎实的工作，就会被搞得很分神，所以我努力不去想太多，因为一部部电影拍下来，我越来越感到这是无理性可言的。

——《荒唐小混蛋奇遇记》在 1985 年夏天公映，票房成绩出人意料地好，虽然评论意见毁誉参半。

对《荒唐小混蛋奇遇记》的评论很糟糕，有一篇评论我永远不会忘记，它是这样说的："所有事情都做得很好，服装精美，摄影不错，剧本精彩，每个演员都很出色，唯一糟糕的是导演。"另一篇里这样写："按照从 1 到 10 来打分，10 分是满分的话，《荒唐小混蛋奇遇记》只能拿 1 分。"我记得这还是我第一次见到给电影打 1 分的。《荒唐小混蛋奇遇记》被多次列入当年的各种十部最差影片榜单。这很滑稽，我也看了这部电影，并不觉得有这么差劲。我喜欢它。虽然有些不足之处，但真没那么烂。它有一点破坏性，以前我从没想到过这点。也有很多正面的评价，但是大多数的评价说很烂。不是一般的烂，是非常烂。

但我觉得这也给我带来了积极的影响，我总是能收到大量正面和负面的评论。我知道有些人拍完一部电影就获得了"下一个奥逊·威尔斯（Orson Welles）"这样的赞誉，这样的评价能杀了你。很庆幸我没有被这样评价。我更喜欢那些不留情面的批评，对这些批评照单全收显然是错误的，我收到的很多批评是指责电影只有画面好看，我想："天哪，这是部电影，又不是广播节目，讲究的是视觉，难道这样还有错？"

用动画制作背景可以在视觉上进行拓展。电影是视觉媒体，所以你拍的每样东西——即使在意识层面上完全没有向观众明示的，"看我这样拍是有深意的"——出现在电影里的样子都是有意义的。所以我一直认为用动画制作背景是一个好工具，对我而言可以启发视觉创意，应用到实景拍摄中去。

我喜欢费里尼的是，他拍出的影像即使你不能感觉到准确的含义，也能感受到里面蕴含着某些东西，他的影像不是为了拍而拍。所以即使我不能完全地领会他要表达的东西，还是能感受到他的心在影像背后跳跃。这是他的电影带给我的启示，有些含义不必非要用语言说明，你不需要清晰地理解每件事。虽然可能是一个极端的、超出人们认知现实的影像，你照样能有所感触。我从中发现了完全不可言说的美，这就是电影的魔力。

《荒唐小混蛋奇遇记》赚钱了，这在好莱坞游戏规则里是头等大事。我关心钱的事，所以很介意人们说我拍不出商业电影，因为我一直对投资人很负责。拍电影不像画画，就算做的是个低成本电影，也关系到投入的大笔资金，所以我不想白扔钱。当拍电影作为一个奇怪世界里不可估测的科学时，你必须竭尽全力赚钱。如果抱着艺术家的态度，我就不关心任何事，只是埋头拍电影，但我从来不是。我尽量对自己诚实，做我能做的，保持正直，因为我如果出现了偏差，那所有人都要遭殃。当关系到大笔投资，我不会假装很了解观众口味，只是尽量去做人们可能爱看的，而不是疯狂的电影。

你尽了最大努力，但这是个不可理喻的事情。我觉得电影圈真是差劲透了，但是当你四顾别的行当，譬如时尚圈、广告业或者艺术界，可能更残酷，那里的人更装腔作势。我觉得电影圈好的一个方面是，你必须在很多事情上小心防范，不要有差池，包括评论、票房，还有电影本身。这许多事情会鞭策你，迫使你脚踏实地、保持一点谦虚。

　　我很享受拍《荒唐小混蛋奇遇记》的经历，离奇的是：很多评论说电影拍得烂，但是电影其实拍得不错。很难想象会有更好、更脚踏实地的拍摄经历了，因为它让我意识到，你希望做到最好，也这样去努力了，保持正直，全力以赴。

　　我甚至没想过他们会又请我拍《荒唐小混蛋奇遇记》的续集，但是这不是我想做的事情。这是我的第一部电影，我已经看到好莱坞改造人的模式。要是拍了两部皮威的电影，我就被定型了，这对我和对保罗意义不一样。对他来说这样没什么不好，因为这本来就是他的角色。

　　——同年晚些时候，伯顿执导了《罐子》（*The Jar*），这是为电视系列片《希区柯克悬念故事集》（*Alfred Hitchcock Presents*）所拍的一集，这套剧是 NBC 20 世纪 60 年代电视系列片的彩色改进版，开场白和收场白由希区柯克解说。剧本由恐怖小说作家迈克尔·麦克道尔（Michael McDowell）改编自雷·布莱伯利（Ray Bradbury）的电视剧；由格里芬·邓恩（Griffin Dunne）主演，他是一个所谓的容器的主人，容器里的怪物对持有它的人具有诱惑人心的效果；丹尼·艾尔夫曼配乐；里克·海因里希斯负责特效。

　　这又是一项艰难的任务。我从像《罐子》和《阿拉丁神灯》这样的电视拍摄中学到东西，但如果我一直置身于此类节目就非常危险了。要是不能做我真正想做的——倒不是说我想要每次都大获成功——拍摄就不会非常成功。我需要在两者间有深切的联系。

　　——下一年，伯顿被在《狐狸与猎狗》剧组一起工作过的布拉德·伯德（Brad Bird）召去，为《家中狗》（*Family Dog*）做一些设计，

《家中狗》

这是史蒂文·斯皮尔伯格（Steven Spielberg）的电视系列片《惊异传奇》（*Amazing Stories*，1985）中伯德执导的一集动画片，最初是他俩在迪士尼做的展示作品中的一段。这集后来被斯皮尔伯格的安布林（Amblin）公司拍成了系列片，由伯顿担任执行制片人。

　　我的加入很大程度上是从设计角度考虑的，我做了分镜头剧本并设计了一些角色，因为我喜欢从狗的视角讲述这个创意。我自己也不知道为什么，但是一直对拍狗有想法，对我来说拍"剪刀手爱德华"也像是拍一只小狗。

第五章

《阴间大法师》

Beetlejuice

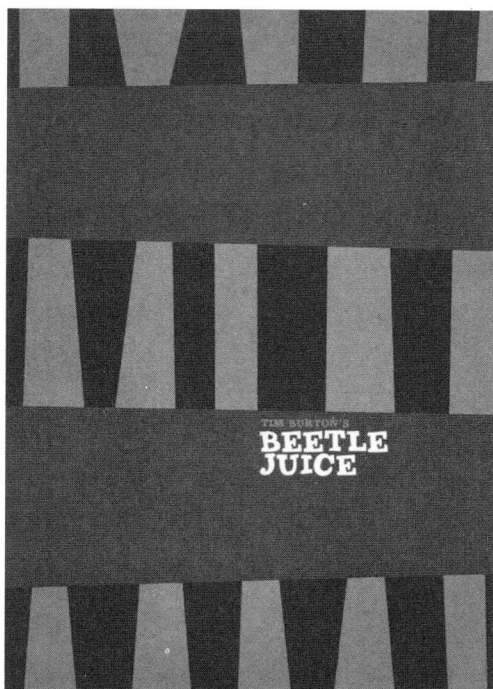

——《荒唐小混蛋奇遇记》在美国获得的票房成功，让伯顿被视为一个有"投资潜力"的导演。他即将接手的新剧本来自华纳兄弟公司，是编剧萨姆·哈姆（Sam Hamm）创作的蝙蝠侠电影，不过华纳兄弟只是愿意花钱改编剧本，而对是否批准投拍还有疑虑。同时，伯顿通读了送来的剧本，敏锐地发现剧本如此缺乏想象力和原创性，大为失望。与此同时，以唱片业巨头身份跨界到电影圈，并和华纳兄弟有发行协议的制片人戴维·格芬（David Geffen）给了他一个叫《阴间大法师》的剧本，作者是曾写过《罐子》的迈克尔·麦克道尔。这个剧本包含了从伯顿以往作品中能找到的所有精华特质：恐怖、怪诞、匪夷所思的布景设计、深具潜质的超凡想象，以及革命性的特效创新。剧本被麦克道尔概括为"一部关于死亡的温馨电影"，讲述了亚历克·鲍德温（Alec Baldwin）和吉娜·戴维斯（Geena Davis）扮演的梅特兰德夫妇——亚当和芭芭拉，这对住在新英格兰的快乐夫妻，因为开车冲进河里而离世了，而他们的鬼魂留在自己家中游荡。但是当装腔作势的纽约一家人——由杰弗里·琼斯（Jeffrey Jones）、凯瑟琳·奥哈拉和薇诺娜·赖德（Winona Ryder）饰演——搬进来，他们古典风格的吓人技巧就有点不够用了。梅特兰德夫妇招来了迈克尔·基顿扮演的驱魔人彼特尔朱伊斯（Betelgeuse，发音与 Beetlejuice "甲壳虫汁"差不多），让他提供驱逐入侵者的服务。

我在《荒唐小混蛋奇遇记》和《阴间大法师》之间停工了很久，因为我不愿意做那些他们提供的工作。他们给了我一些垃圾喜剧，而情况是你要是接了一部垃圾喜剧，以后给你的就会一直是垃圾。还有人给我《灵马神驱》（*Hot to Trot*，1988）这样的剧本，居然是讲一匹会说话的马！这个时期持续得挺长，在我开始拍《阴间大法师》之间拒掉的那些电影后来都由别人接受完成并且上映了。

是戴维·格芬来问我愿不愿意拍《阴间大法师》的，我喜欢这部电影，因为在此之前读了太多好莱坞千篇一律的垃圾喜剧剧本，真让人丧气。然后这个剧本被送到我手里，通过之前那些剧本，好莱坞在故事结构的概念上给我狠狠一棒槌，那些剧本里根本没有真正起作用的"第三幕"，都是以一个轻飘飘的喜剧结尾或者浪漫关系收场，而《阴间大法师》在它们中间鹤立鸡群：没有实际的所谓故事，没有所谓的说教，更像意识流，这可能是有史以来最飘忽的剧本。后来改动了很多，但是编剧迈克尔·麦克道尔对幽默和黑暗具有非常好的异乎常人的感觉，这很有利于改编。剧本有我喜欢的抽象感，那些怪诞的角色和画面在我脑中挥之不去。

我们又把剧本研究了很久，有些内容部分会保留，有些删减掉了。我想让小萨米·戴维斯扮演彼特尔朱伊斯，但是被他们否决了。我们做了许多折磨人的准备工作：迈克尔·麦克道尔和制片人拉里·威尔逊（Larry Wilson）继续改剧本，但是他们要被我问疯了。我是说，在准备《阴间大法师》的过程里我很多时候像在法庭上质询他们似的。记得我们为了讨论剧本，在两天内连续开了差不多有二十四小时的会，最后审视了剧本里的每个细节，其实对我来说没必要这么高效。

是时候补充新鲜血液了，譬如编剧沃伦·斯卡伦（Warren Skaaren），因为迈克尔和拉里要崩溃了。作为"剧本医生"，沃伦当时以有话直说出名。因为我在别人口中是个我行我素的疯狂家伙，而

薇诺娜·赖德所扮演角色丽迪亚的草图

《阴间大法师》：迈克尔·基顿和薇诺娜·赖德

他被人们认为是个富有逻辑的家伙，那和我搭配正好，我就找了他来帮我改剧本。我们又花了很多时间在剧本上，但实际上，电影里很多东西靠的是即兴发挥，其中大部分是我去迈克尔·基顿的家里，然后我们俩在开玩笑中获得的灵感。迈克尔非常风趣，他会想出些主意，像"加几颗牙齿怎么样"。当他嘴里放进几颗之后，他的声音听起来就不同了。这是一个有趣的建设过程，经此我们完整塑造出一个角色。这是我第一次这么做，因为在拍《荒唐小混蛋奇遇记》时角色都是现成的。这次我做的是观察、塑造，参与了角色的成型。

　　我对选择演员一直采取具体情况具体分析的态度。这就像个谜题，找到答案不容易。你确定了一个人选，然后要争取找到下一个，但是考虑范围又不能太狭窄，不然会像电视剧。选择迈克尔·基顿其实是格芬的主意，我从没看过他以往的任何作品，这是好事，因为我不喜欢在别的影视作品里见到他们，我喜欢遇到他们本人。当我开始考虑彼特尔朱伊斯的演员时遇到了迈克尔·基顿。我对他并不熟悉，也没看过他的作品，但是他很疯。迈克尔活蹦乱跳，像通了电一样活跃，还有一双夺魂大眼。我喜欢看人们的眼睛，而他绝对有一双狂野的眼睛。

　　我小时候爱看朗·钱尼（Lon Chaney）①和鲍里斯·卡洛夫（Boris Karloff）②的电影，对我来说奇怪的一点是，即使大多数人觉得他们的脸被效果强烈的化装遮盖，根本看不出什么演技，但我却认为他们的表演很自由奔放。我发现，当你把他们的脸用浓妆掩盖，实际上反而释放了他们的表演。他们藏在面具后面，能够展示出自己的另外一面，这很好呀。对于迈克尔·基顿，这让他可以在夸张的化装背后尽情地演绎非人类角色。你完全不用操心迈克尔·基顿看起来怎么样，只要看他化装后变成的那个东西就可以了，我觉得这很神奇。从那以后，任何时候只要演员能够抛开自我融入角色，我都会觉得好棒，因为你看到了他们的另一面。约翰尼·德普就是剪刀手爱德华，而杰克·尼科尔森（Jack Nicholson）就是小丑，这太美妙了。他们展露出和平时截然不同的一面，好比在万圣节，人们穿上奇装异服之后就会变得比平常豪放，就像换了个人。这是关于拍电影一直让我很享受的一件事，让演员们变身。我们想让迈克尔的彼特尔朱伊斯像是刚从大石头底下爬出来，脸上发着霉还长着青苔。

　　很多人不愿意演这部电影，唯一一开始就真正想来演的是吉娜·戴维斯。或许别的人也想过，但我没看出来。我理解他们，因为没人知道会拍成什么样，而我的履历表上只有一部《荒唐小混蛋奇遇记》，虽然它拍得还不错，但毕竟不是《公民凯恩》（*Citizen Kane*，1941）那样一鸣惊人的大作，我也不是普雷斯顿·斯特奇斯

---

① 美国默片时代著名演员，善于化装改变形象，有"千面人"之称。
② 20 世纪 30 年代英国恐怖片演员，经典形象是弗兰肯斯坦。

（Preston Sturges）^①，甚至定稿的剧本也不是一个完整实在的故事。但这正是它独特的地方。我们想要讨论点什么，而这正是这部影片要说的东西。和好莱坞一句话可以概括内容的电影比，它更像是初中生的心理状态。每个人读到剧本都会说："我想演吗？不知道呀，这讲的是什么呀？"但是很难描述到底讲什么，要观看和感觉，在读进去和演出来之前你很难描述。显然最后大家全都来齐了，有了完整的卡司。迈克尔最快进入状态，因为我们谈过了，他已经开始考虑角色。我能明白这并非一部能让演员们挤破头来抢着演的电影。

凯瑟琳·奥哈拉来自电视节目《第二城市电视台》（SCTV）的即兴表演剧团，这个节目当时极受欢迎，里面的演员非常擅长性格表演。我问起过薇诺娜·赖德，因为我看到她在《美国小子》（*Lucas*，1986）里很抢眼，但是听说她因为电影是讲魔鬼的而不愿意来演。我猜测她大概是宗教狂，后来发现并非如此。我遇到了她本人，她很和善，而且愿意加盟剧组。

——因为之前《荒唐小混蛋奇遇记》的设计规范被保罗·鲁本斯的预设形象紧紧套牢，这次《阴间大法师》最终专门给了伯顿预算去实现他独特的想象，聘请他中意的设计师，包括视效监督艾伦·蒙罗（Alan Munro）和美术总监波·韦尔奇（Bo Welch）。伯顿让艾伦着手做了最初的分镜头剧本，后来还与波在《剪刀手爱德华》和《蝙蝠侠归来》里继续合作。

要是你读过《阴间大法师》的剧本，就会想象出很多不同的表现方法，这真能让人发疯。要是你考虑表现死亡，就能想出一种残忍可

---

① 美国 20 世纪 40、50 年代著名喜剧导演，编剧出身。

怕的方式——也可以想象成《上错天堂投错胎》（*Heaven Can Wait*，1978）里那样，白云飘飘，天堂里的人在雾气中行走。拍《阴间大法师》让我有机会请中意的美术总监，做出想要的效果。我以前没有看过波的任何作品，但有意思的是我就是喜欢他。他注重工作，我见过很多人被电影圈子的诸多不如意击败了，最终成了这个不如意的圈子里的一分子，工作对他们不再是乐趣，所以和注重工作、想把工作做好的人合作是愉快的——这么说似乎很老套——他们才有真正的艺术敏感性。这似乎听起来不是什么大问题，但我觉得至关重要。

　　我会画上一些草图，然后我们一起看看效果。你从有一个概念开始，加以建设，逐渐丰满。我一直有自己的想法，知道应该是什么样子：有黑暗就要有色彩和光明来搭配。《阴间大法师》真正做到了黑暗和色彩的交融，我把很多黑暗场景进行了调和，使它们更富于色彩。像我说过的，这些主意我从来不去刻意设计，它们自然地就冒出来了。就像"这个人要是变成蓝皮肤会看起来更好"——就是种感觉，有时会在玩笑中得到。我和那些做效果设计的人，都喜欢从画草图里寻找感觉。譬如，我们想到人们死后应该有个亡灵等候室，这是我每次拿死亡说笑时都会想到的，还有我们打算在等候室放进些什么人呢？譬如一个死于鲨鱼攻击的徒手潜水员，腿上还有一只鲨鱼。于是我们在草图里画出一个魔术师助手，她的身体被截成了两截，或者一个因为躺在床上吸烟而被烧焦的人。我们尝试把死后场景拍得像是低成本科幻电影，没有蓝天白云，倒像国税局办公室。我有了更多机会实现自己的想象。

　　——在摄影机后面掌镜的是《科学怪狗》的摄影师托马斯·艾克曼（Thomas Ackerman），视效顾问是里克·海因里希斯，他和伯顿一样，从加州艺术学院毕业后进入迪士尼公司工作，自从《文森特》之后就一直和伯顿合作设计。

亡灵等候室：关于死亡的玩笑

　　我们都还在迪士尼时就开始谋划了。里克是个雕塑家，而我有很多奇奇怪怪的图画，没人能相信它们能变成三维。里克是我合作过的最好的雕塑家，也是唯一真正可以把我的想法、我的图画变成三维物体的人。他那时的理想就是当一名美术指导。他后来参与了《剪刀手爱德华》的制作，也是《蝙蝠侠归来》的美术指导和《圣诞夜惊魂》的视效顾问。他在其他岗位也做得很好。我们就像迪恩·马丁（Dean Martin）和杰里·路易斯（Jerry Lewis）一样，里克和我联系如此紧密，对他来说拓展事业也很关键。我想这部电影的开拍对他也是一件好事，当时机一到，我们又能再次并肩。

　　——《阴间大法师》的预算是 1300 万美元，其中 100 万专门用在特效上，剧本涉及的方方面面的特效都被细致地罗列进去，包括定格动画、替换动画、化装、木偶、蓝幕和伪透视（false perspective）。对伯顿来说这是得偿所愿。但是，特效做出来并非尖端科技该有的样

亡灵等候室：躺在床上吸烟
结果被烧焦的人

子，而是廉价古旧的效果，和剧本保持一样基调，延续了他早期在《韩
赛尔与格蕾特》和《荒唐小混蛋奇遇记》里的感觉，以及对他年幼时
钟爱的哥斯拉电影的缅怀。

　　抱着从剧情实际出发的态度，我们想要特效有廉价粗陋的感觉，
并且最终实现了。我们不想做得太像一场特技秀，我小时候看的那些
电影，哈里豪森，《儒勒·凡尔纳的神奇世界》（*The Fabulous World
of Jules Verne*，1958）和《吹牛大王》（*Baron Munchausen*），我总觉
得它们的特效更具人性。其中蕴藏人工制作的质感，这可能是我喜欢
民间艺术的原因。

　　——在吉娜·戴维斯和亚历克·鲍德温扯掉他们的脸皮并且扭曲

芭芭拉·梅特兰德的变身

变形的一幕里，伯顿追求的人工效果异常突出——视觉效果与其说是恐怖吓人，不如说是匪夷所思。

　　在《阴间大法师》里，我们努力通过让特效在场景里显得自然来削弱它的恐怖感，我们做了条蛇——太假了——根本没法用，所以对于真实可信，我一直有自己的一套标准，那条蛇不符合这个个人化的标准。

　　这套标准在《阴间大法师》里很奏效，所以我后来拍《蝙蝠侠》

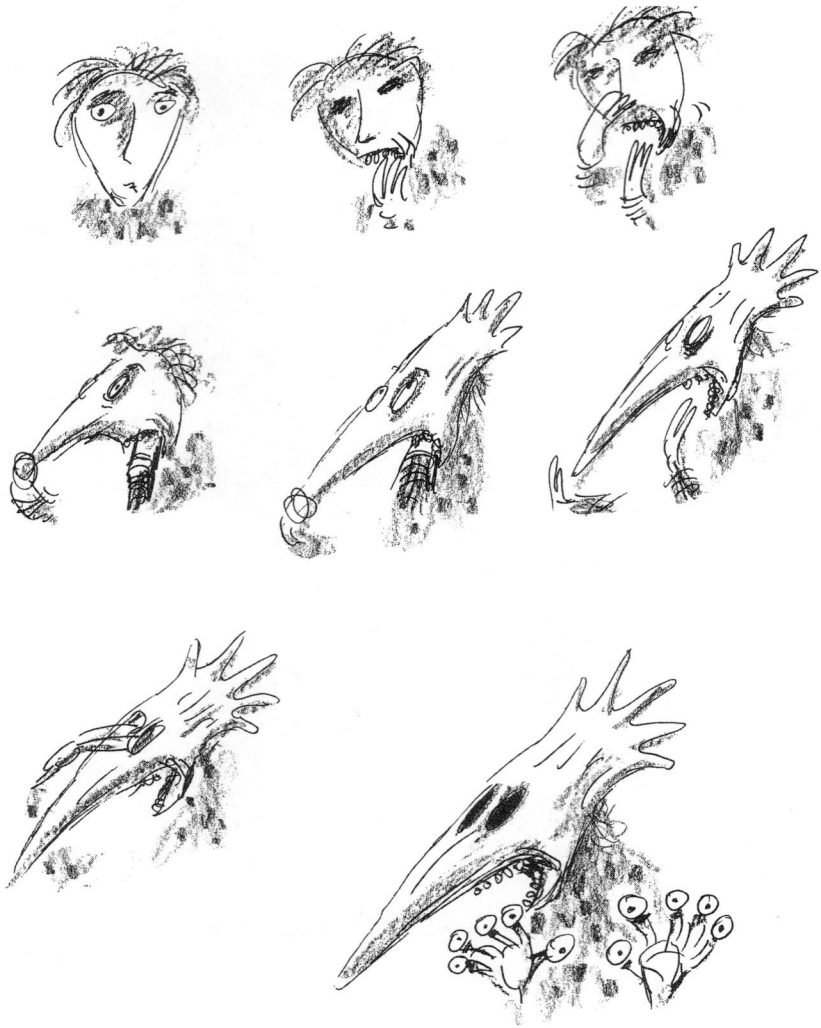

亚当·梅特兰德的变身

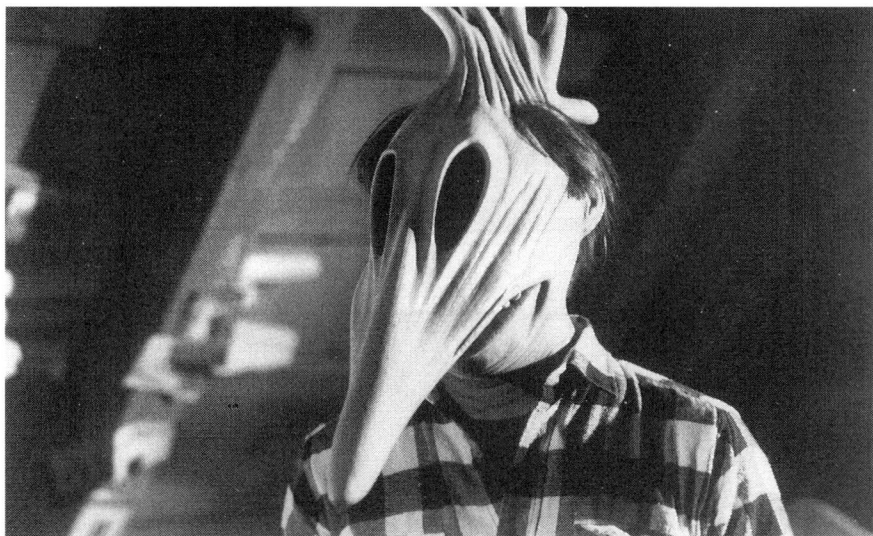

梅特兰德夫妇的变身

我们想要特效有粗陋
的感觉

也沿用了，不过那证明是个错误。它太让人风中凌乱了。关于《蝙蝠侠》我一直想有个小丑开枪击落蝙蝠战机的桥段，但只是想想而已。我在拍的是一部预算很高的巨作，观众期待也不一样。所以在《阴间大法师》和《荒唐小混蛋奇遇记》里行得通的概念，在一部被人们当作好莱坞大片看待的电影里就不一定行得通。

——《阴间大法师》里的一些视觉效果后来在伯顿的电影里持续出现，成为参照标准：包括一座模型小镇，场景中有一块墓地，以及穿黑白条纹衣服的人物。

我们住地的右边就紧挨着一块墓地，一条石子路通向那里，我还在里面游玩过。除了我经常提到的它是在我灵魂里认为该有的这类原因，我也说不清为什么自己的电影里老是有墓地。一个宁静、舒适的地方，一个安静平和的世界，也暗藏着激动人心的戏剧性：各种感觉汇聚在此。我那时对死亡这件事很着迷，跟很多孩子似的。那里有躺倒横置的坟墓，也有别致的一侧开门的陵墓。不管白天黑夜，我喜欢在里面徜徉，悄悄溜进去游玩，四处看看，感觉很好。

至于模型小镇，我曾经画过一幅飞碟攻击军队的静态图。在某种程度上，这些画精细得几乎就像微缩模型。我拍摄超8毫米电影时也做过微缩模型。我说过我不知道为什么这样拍，但是小时候爱看的电影都有微缩模型。就像定格动画，会带出力量感和浓烈的氛围，与那些哥斯拉电影的感觉非常像。

你说起黑白条纹我才发现，我以前都没注意到这个特色。我觉得肯定和监狱元素多少有点关系，我一直对此很着迷，也画过很多相关的画，不过我自己也不能解释为什么就是喜欢。

——遍览《阴间大法师》里彼特尔朱伊斯的各种变身，做到极致的是在影片的高潮部分：基顿戴着旋转木马帽出场，在帽檐上有很多旋转的妖魔，还有约5米长的链球似的沉重手臂。这是伯顿设计、特效化装美术师罗伯特·肖特（Robert Short）制作的。基顿的帽子顶端有个头骨，和后来《圣诞夜惊魂》里的主角骷髅杰克非常相似。

我一直都喜欢随手涂鸦，那些形象又会以别的方式重现，但是我以前还真没注意过这件事呢。我也给一些东西画上过蝙蝠耳朵，那时我还不知道将会去拍《蝙蝠侠》。有趣的是，通常这些形象在变成现实之前就早早地植入了我脑中，这能说明都是潜意识在起作用。

彼特尔朱伊斯的变身

——给《阴间大法师》配乐的依旧是丹尼·艾尔夫曼，和《荒唐小混蛋奇遇记》一样，他的配乐空灵魔幻，多围绕着基顿的巫师角色而作。但是原声音乐也配了哈利·贝拉方提（Harry Belafonte）的两首卡利普索歌曲（calypso song），其中的《香蕉船之歌》（*Banana Boat Song*）成为本片的非正式主题曲。

那是沃伦·斯卡伦加到剧本里的——人物对歌曲的反应——他选择了电影《山水又相逢》（*The Big Chill*，1983）里具有雅痞风格的摩城音乐（motown music），这在当时很流行。我不太赞成，又去听了很多音乐，卡利普索歌曲是我喜欢的，于是选中了贝拉方提的歌曲，当作亚当和芭芭拉度假时的配乐。

拍《阴间大法师》期间有一件事很诡异，我们没有加配乐进行了试映，反馈回来的评价很低，加上配乐放映后评价就相当好了，试映中影片俘获观众的地方之一就是配乐。但是制片公司里有人说配乐"过于黑暗"，这可真奇怪，这些人依赖研究观众在试映上的反应为生，现在居然来否定试映会上唯一从观众那里获得肯定的东西。

——试映会也提示了伯顿拍一个新的结尾，既然观众对亡灵等候室的场景反响强烈，伯顿加入了一个尾声，彼特尔朱伊斯恩蠢地对医生发火，医生就撒了一点粉末在基顿头上，造成了他脑部萎缩。

我们从没有拍过真正的结局，所以拍了一些不同的情节，给观众试映了其中几个；是他们做出的选择。但是某种程度上，这部电影非常随意，没有很明确的结尾，到现在都还没有，但依然是我们能拍出的最好结果。

——《阴间大法师》在 1988 年的愚人节公映，票房表现非常惊艳，头两周就拿下了 3200 万美元，最终票房超过 7300 万。凡·内尔（Ve Neill）、史蒂夫·拉·波特（Steve La Porte）和罗伯特·肖特凭此片获得了奥斯卡最佳化装奖。这似乎证明了伯顿的理论，不按照好莱坞规则行事，同样可以征服观众。特立独行的电影也可以是好的、受欢迎的、大获成功的。评论也非常热情：宝琳·凯尔（Pauline Kael）称本片为"喜剧经典"。

这对我意味着很多，因为在剧本讨论会上，我们一直围绕着要不要让剧本更文字化而争论，而我相信比起文字化，对于剧本还有别的更有意义的基础工作。最让我心满意足的一点是，观众的反应说明制片公司老是在你脑子里敲打的那一套——文字化——对他们没什么用，《阴间大法师》证明了文字化不是必需的。我经历了很多可怕的事情，因为试映情况不是很理想，他们想换个更亲切的标题，而我坚持不改。他们想把名字改为《屋中有鬼》，差一点就真的改了。在讨论会上，他们说："《阴间大法师》试映反响不好，但是《屋中有鬼》这个名字可受欢迎了。"我开玩笑说："那干吗不叫《裸鬼惊魂》呢？"他们真的考虑用这个名字，直到我说要是这么改我就跳楼才罢休。但是直到送给发行公司华纳兄弟的时候，他们都没有改动名字。他们当然不需要，因为这个名字再合适不过了。

——在评论界对《阴间大法师》的反应中，真正被一致批评的是鲍德温和戴维斯扮演的角色相对于整部电影显得过于乏味。似乎伯顿把注意力都放在其他角色和美术设计上，而忽略了他们。

我从来没觉得梅特兰德夫妇是彻头彻尾的好人，他们有他们的毛

梅特兰夫妇

病。对我来说，他们戏份儿的关键就是要表现得枯燥乏味。在老电影里，
个性温吞的角色总会有点笨兮兮的，他们需要振奋下精神。亚历克说
过电影和我的一些坏话，但我觉得他演得不错，我觉得他并不知道自
己说的不是事实，我也不知道他想说的是什么。对我来说他们人都挺
好的，但是很多评论说他们演得太呆板，而电影其他地方很精彩。可
是《阴间大法师》里要是没有这些呆板的角色，没有这些死后的鬼魂，
电影就拍不成现在的样子。这是关键。

第六章

《蝙蝠侠》

Batman

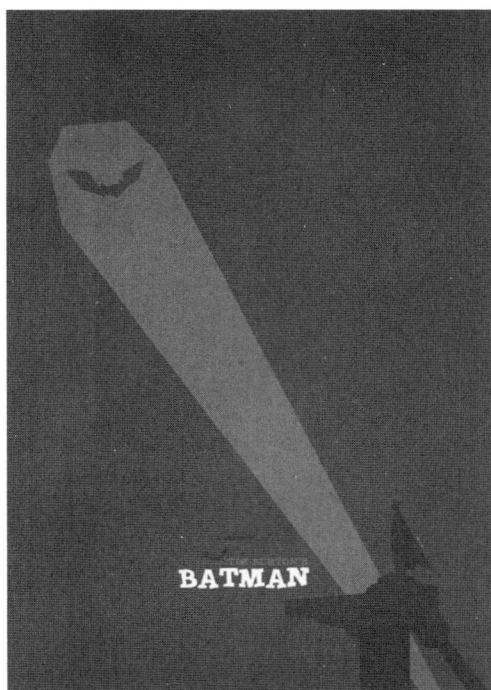
BATMAN

——1979 年，鲍勃·凯恩（Bob Kane）所创作的连载漫画中蝙蝠侠角色的电影拍摄权被制片人本杰明·梅尔尼克（Benjamin Melniker）和迈克尔·奥斯兰（Michael Uslan）从 DC 漫画公司（DC Comics）买来，他们雇了《超人》（*Superman*）的编剧汤姆·曼凯维奇（Tom Mankiewicz）写了剧本，侧重描写黑暗骑士的起源。最终，梅尔尼克把制片工作交给了彼得·丘伯尔（Peter Guber）和乔恩·彼得斯（Jon Peters）。在整个 20 世纪 80 年代早期，很多电影人，包括导演乔·丹蒂（Joe Dante）和伊万·雷特曼（Ivan Reitman）的名字都曾经和"蝙蝠侠"联系到一起，但直到满意的剧本出现之前一切都还是尘埃未定。随着《荒唐小混蛋奇遇记》的成功，华纳兄弟公司把《蝙蝠侠》漫画的拍摄交给了伯顿。曾担任《科学怪狗》制片人的朱莉·希克森在伯顿引入编剧萨姆·哈姆之前写了三十页情节大纲。萨姆·哈姆是编剧也是漫画迷，此前只在《狼踪》（*Never Cry Wolf*, 1983）这一部电影中署过名。

他们的拍摄项目已经存在了十年，好几个导演都曾被考虑过。《荒唐小混蛋奇遇记》之后，他们来问我是否有兴趣执导《蝙蝠侠》，我说有。但是他们没有正式通知我，直到《阴间大法师》第一个周末的票房进账。某种程度上看这样也不错，因为萨姆和我会在周末碰头，讨论初期的剧本，然后我们有了一个不错的剧本，但是他们还是说别的事情还没安排好。其实他们就是想看看《阴间大法师》的最终表现，要是表现不好他们就不让我拍蝙蝠侠电影了。他们没有明说，但是现实就是如此。所以《阴间大法师》放映的第一周之后，批准拍摄的绿灯终于亮起。

——萨姆和伯顿打造了一个黑暗阴森的蝙蝠侠故事，具有浓重心理学意味，虽然蝙蝠侠还是打击小丑惩恶扬善，但背景是一个阴暗恐怖的哥谭市，和曼凯维奇的剧本一样，绕开了 20 世纪 60 年代蝙蝠侠电视剧，回归到 40 年代凯恩原著连载漫画。这个黑暗向的剧本能被华纳兄弟接受，得益于蝙蝠侠漫画在 80 年代中期的火爆。这场蝙蝠侠的复兴最初是由漫画家兼编剧弗兰克·米勒（Frank Miller）的作品《黑暗骑士归来》（*The Dark Knight Returns*）带来的。这部作品挖掘了蝙蝠侠灵魂的黑暗面，紧随其后的还有阿兰·摩尔（Alan Moore）同样讲蝙蝠侠战小丑的《致命玩笑》（*The Killing Joke*）。

我从来不是一个超级漫画迷，但是一直喜欢蝙蝠侠和小丑。至于我成不了漫画迷的原因——我想在我小时候就注定了——我不知道该从哪一套看起。所以我喜欢《致命玩笑》，因为这是我第一次知道该看哪本。这也是我最喜欢的一本，在所有漫画里最喜欢的。这些绘本小说让我们的创作理念更容易被人接受。

尽管从来不是个超级漫画迷，但是我爱蝙蝠侠，爱他的人格分裂，爱他隐藏的一面，这是个我可以在自己身上找到共同点的角色。他同时有着光明面和黑暗面，无法协调——这种感觉不常见。我在迈克尔·基顿身上也能看到这种特质，现实中他也会这样，而我自己也有这种性格特点，否则也拍不了这部电影。人格分裂是每个人身上都会

蒂姆·伯顿

普遍存在的，而人们一般不会有意识地去了解这一点，这让我觉得很有意思。每个人的性格都有好几面，没有人是性格单一的。尤其在美国，人们经常表现得很单纯，但是实际并非如此。两面性，这是蝙蝠侠性格的一个象征。

　　——让杰克·尼科尔森扮演小丑的决定被一致通过，而让迈克尔·基顿扮演蝙蝠侠和布鲁斯·韦恩这一双重身份，则引发了空前的争论。是制片人乔恩·彼得斯首先提议基顿，这个消息一公布，便引起全世界蝙蝠侠粉丝的恐慌，随后五万封抗议信潮水般涌向华纳兄弟公司的办公室。实际上，因为负面效应波及面太大，华纳兄弟股价猛跌，愤慨的粉丝们在动漫展上撕毁了大量得罪了他们的影片宣传资料，甚至《华尔街日报》（*Wall Street Journal*）都在头版报道了这场商业危机。一个又惊又气的超级粉丝在《洛杉矶时报》（*Los Angeles Times*）写道："找了张蠢脸来演蝙蝠侠，华纳兄弟和伯顿等于是往蝙蝠侠的光辉历史泼粪。"甚至在60年代电视剧里扮演蝙蝠侠的亚当·韦斯特（Adam West），都觉得自己比基顿更合适。

印象中我一直在看评论，有人写："让杰克演小丑棒极了，但是让那个从没听过的家伙来演蝙蝠侠算什么。"我于是又面试了不计其数的人，每次这些典型动作片英雄一进办公室，我就会想："我不能看他们穿上蝙蝠战衣的样子，我做不到哇！"我细细打量着这些五大三粗的家伙，心想："苍天呀，怎么可以让这些施瓦辛格似的肌肉男穿成一只蝙蝠呀？"蝙蝠应该是奔放洒脱的动物。以我和迈克尔合作的经验，他应该是完美的蝙蝠侠，因为他的眼睛里就有蝙蝠侠该有的神采，就像在《阴间大法师》里一样。他是个可以让你放心地把蝙蝠战衣交给他的人；他不是大块头肌肉男，他才是穿上蝙蝠战衣就能变身的那个人。这样我才好办事，就像开关被按下了，我能看到尖尖的蝙蝠耳朵，蝙蝠侠的心理性格也丰满起来。选择迈克尔来演蝙蝠侠，可以完美诠释这个人物的分裂人格，这才是我想拍的这部电影的重点。

制片公司的态度因为这些争论而变得有点不安，像是担心"这可不是我们想看到的啊"。但是他们很快理解了。显然，从漫画迷那里收到了很多负面反应，他们想象中我们会拍成电视剧，虚假做作，因为他们印象中的迈克尔还是《家庭主夫》（*Mr. Mom*，1983）和《夜迷情》（*Night Shift*，1982）里那个样子。但是我从不为此烦恼，因为我知道我们绝不可能拍成那样。不管拍出来将是什么样，我知道我们不是在拿蝙蝠侠儿戏。

当我还在念书时，参加过一次圣地亚哥动漫展，就在《超人》公映前没几个月。有个华纳兄弟的人过来做了展示，然后被粉丝们百般蹂躏。那是我第一次见识到漫画迷的热情和强悍。他们不喜欢超人在建筑物边缘换装变身。一个家伙站起来说："我要抵制这部电影，还要告诉每一个人你糟蹋了这个传奇。"他说完就被掌声包围了。我永远忘不了那一幕。

我记得第一次和鲍勃·凯恩碰面时的情形，他对萨姆·哈姆和我改编的剧本很满意，但是除了剧本，他对演员选择感到很震惊。迈克尔·基顿不是布鲁斯·韦恩该有的样子，而且在漫画书里小丑的形象也是细瘦的，所以说杰克·尼科尔森是完美人选就有点精英主义了。当然，他是完美人选，只是不完全符合漫画里的形象。所以漫画迷的宝典看来也不是神圣不可改的。要是你去看蝙蝠侠百科，每周都有见鬼的改动。因为你不妨考虑下现实，漫画作者会想："天哪，这个礼拜我们来干点什么？把罗宾的历史改写一下吧。"所以没有什么真正的宝典。我总是和好莱坞经常见到的这种死忠行为斗争。你不能想太多，我只考虑怎么实现我所爱的最初的理念，表现出它和鲍勃·凯恩的原作相似的灵魂。要是你看看迈克尔，你会发现他已经万事俱备，他眼里蕴藏的野性力量能让他马上穿上蝙蝠战衣。这就像他生了某种病，只有穿上蝙蝠衣，才能痊愈。

但是没有办法让每个人都满意，你唯一希望做到的就是不要辜负故事的精神。幸运的是，漫画书一定要老少咸宜的阶段已经过去了，现在的内容可以更黑暗一些，他们把蝙蝠侠故事更多地引入心理领域。我的看法十分清楚：以前的电视剧太俗套了，与后来的新漫画背道而驰。我要做的是如实展示漫画的精神，那便是其中的荒诞。

　　激发我兴趣的一个原因是，主角是一个穿着最大众化衣服的人类角色。梅尔尼克的《蝙蝠侠》剧本，基本上是又一个《超人》剧本，不过换了个名字。故事里布鲁斯·韦恩从小孩子到长成打击罪犯的战士，都是用同一种滑稽腔调在讲述。他们并不认为这有什么不妥，而我却觉得这是我读到的最可怕的事。他们不知道这是个隐藏在伪装下的男人，他们写的好像他就是为了做好事儿才扮成蝙蝠的，这万万不行。我从没觉得有什么漫画改编的电影是完全成功的，至少我没见过。我觉得《超人》改编得不错，但说到捕捉原著漫画的独特神韵，它也算不上做得很好。

　　梅尔尼克的剧本让我更坚定了，不能把蝙蝠侠当超人一样看待，或者拍成电视剧里那样，因为这是一个披着蝙蝠衣的家伙，不管别人说那有多么怪异。某种程度上，你也要让自己同样觉得是处于伪装之下。要是想拍得光明正面，你应该去拍《超人》或者《棉花侠》（*Cotton Candy Man*），而不是《蝙蝠侠》。

　　电视剧是另外一回事，我是看着电视长大的，记得小时候急急忙忙赶回家，就为了看电视里的《蝙蝠侠》首播。我对电视剧做过功课，但是既然他们已经拍得挺好了，我们再拍成同类的东西就没有意义了。而且，由于电影将要面世的缘故，漫画又火了起来，我觉得这对每个人都大有裨益，因为虽然我其实一直没去真正读过它们，但是漫画是美国神话的一部分。

　　——跨越了 1988 年到 1989 年的冬季，《蝙蝠侠》在英国的松林制片厂（Pinewood Studios）拍摄，耗资 550 万美元搭建了外景地，作为萨姆·哈姆剧本中描述为"地狱沿着行人道路两侧崛起，延伸向远方"的哥谭市。负责美术的是英国美术总监安东·弗斯特（Anton Furst），他之前为《狼之一族》（*The Company of Wolves*，1984）和《全

亚当·韦斯特，电视
版蝙蝠侠

金属外壳》（*Full Metal Jacket*，1987）工作过，伯顿在拍《阴间大法
师》时就争取过邀他合作。

　　要拍部大片，为了设施齐备，基本上你不是在洛杉矶拍就是在伦
敦拍。那个时候，我们的钱也不是太多，而松林制片厂同期没有片子
在那里拍摄，还有很大一块户外空地可以给我们搭布景，所以在那里
感觉正好。这些角色这么特别，所以我觉得必须把他们放置在特意为
他们独家设计的布景里。因为《超人》在纽约拍摄，我不觉得它拍出
了漫画里的感觉。所以很高兴我们能在松林拍摄，全体逃离选角争议

和宣传炒作带来的巨大压力。英国的媒体也是趋之若鹜，但他们并没有打扰我很多。我喜欢英国片厂，喜欢在那里拍摄，喜欢那里的人和艺术家，在那里我交到了一些好朋友。

美术设计对我来说是很关键的工作，很少有美术师能让我为之兴奋。安东是个很棒的美术设计师，我喜欢他的《狼之一族》，觉得他是最具性格的美术设计师之一。我在拍《阴间大法师》之前就遇到他了，很想把他拉来一起工作，但当时他有别的工作要忙。由于我自己有美术背景，在美术领域里我可是非常挑剔的。安东具有真正的天赋，和这样的人合作真觉得奢侈，能和美术设计师成为朋友也一直对我很重要，能让我觉得振奋。

为了给哥谭市造型，我们参考了纽约的市景照片。《银翼杀手》（*Blade Runner*，1982）当时已经放映了，这样一部电影在任何时候出现都会掀起一股潮流，对别的电影是种威胁。我们很早就说我们电影中设计的任何城市场景，都会不可避免地被拿来和《银翼杀手》作比较，对此我们也无能为力。只能说："这就是纽约在那一刻的样子，到处都有新事物正在建设中，随处可见新的设计。"我们决定将色调调得更阴暗，在垂直方向上大量填进建筑，然后往卡通风格的方向发展，有种歌剧的感觉和永恒的气息，我觉得这点和《阴间大法师》很相似。

每次我做任何事情都会从角色的性格出发。蝙蝠侠的角色具有阴暗面，而且想一直待在阴影里，所以电影里的城市总是处在黑夜中，很少有白天的场景。每件事的设计都是为了支撑角色的设定，我们每个决定都是基于这点，围绕着角色展开，确保对角色的塑造有利。

——除了对于基顿扮演主角意见多多，漫画迷们对服装师鲍勃·林伍德（Bob Ringwood）重新设计的蝙蝠战衣也大为不满。战衣的颜色

《蝙蝠侠》剧照

由过去的蓝色变为黑色，而且设计中还配有假的肌肉块。

我们的设计都是出于这样一种心理："这个家伙一点都不像阿诺德·施瓦辛格那样强壮，那他为什么还要做这些事呢？"他想为自己再造一个形象，成为另一个不是自己的人。所以我们做每个决定都要考虑这点。他想得到什么？为什么把自己打扮成一只蝙蝠？他想威吓罪犯，他想充满戏剧性地登场，他想给人们威慑感。这些想法让角色更人性化。

——除了被华纳一开始青睐的汉姆，剧本还经过了另外两位编剧的手——《阴间大法师》的沃伦·斯卡伦以及在《吹牛大王历险记》（*The Adventures of Baron Munchausen*，1988）里和特里·吉列姆（Terry Gilliam）合作过的查尔斯·麦基翁（Charles McKeown）——以及在片场仍需进行的修改。

我不明白剧本怎么就成了一个大问题，我们一开始就有一个人见人爱的剧本，虽然我们意识到它还需要一点加工。每个人都觉得剧本棒极了，但是他们还是整天想要推翻重写。当然啦，这是部大片，华纳投入巨资，所以我能理解我们必须保证万无一失。但是对完善剧本的瞎操心和拍摄进行中的突然改动对电影有害无益。

剧本被大幅度地修补，就像把一个毛线球拆解开来，已经到了让你觉得无能为力的程度。我们拍到了钟塔的场景，杰克正沿着台阶而上，但是我们都不知道后面要干吗。那天他问我："我走上台阶是要干吗呢？"我回答："我也不知道呢，等你先爬到顶了我们再说。"每次拍电影你总想能做得更好，只要在拍你就会这么想，但是这次我担心我是南辕北辙。这时外来施加的压力就十分讨厌，因为你不能像以往那样有一个扎实的剧本作为依靠。我是喜欢即兴表演，但不是以这种方式。《阴间大法师》是拍得很松散，但是它也不是大投资的大制作，所以问题不大。

你第一次执导这么大成本的电影是有点难以置信。无知者无畏，你只有经历过那么一两次之后，才知道会面对些什么艰难险阻。这是个磨炼的过程，就像你给某人来次电击，第一次他不明白是怎么回事，到了下一次，他会开始思考是被什么东西电到了。就是这么回事。

我很幸运，因为我不用陷于"哦，天哪，那是杰克·尼科尔森！"的恐慌中。他对我很好，很支持我的导演工作。和杰克合作，我一开始花了很多工夫了解他对我的感觉。他非常酷，在电影有了麻烦、我快要让电影公司崩溃的时候帮我说了很多话。他很理智，对我帮助很多，会对我说："拍你想拍的，做你想做的，放手往前走。"他真是太好了。一个镜头他一般要拍上六条，每一条都会加进不同的东西。他能做到这样真是太神奇了，你会恨不得把六次的镜头都用到电影里。观看他的表演真令人兴奋。

查尔斯·麦基翁加入编剧，我们在小丑这个角色上做了些改编。既然他的名字叫小丑，那就需要多些笑话，并不是为了给影片增加笑料，而是为了体现角色的特质，他需要更多标志性的细节。小丑是写得最棒的角色，也是除了猫女之外形象最鲜明的反派。我喜欢这个设定，一个人变成了疯狂的小丑。这部电影就像讲述了一对怪胎，以及一场发生在两个伪装者之间的战争。我一直知道这个设定比较奇特，但是很喜欢，从不为此担心。小丑是个很精彩的角色，他拥有彻底的自由。任何生存在社会之外的角色都会被视为是个怪胎和被遗弃的人，但也有为所欲为的自由。小丑和《阴间大法师》里的彼特尔朱伊斯就比剪刀手爱德华，甚至皮威有更多的自由，因为他们在世人眼里是讨人厌的角色。他们的自由是黑暗的，而从某种可

《蝙蝠侠》：一对怪胎

怕的角度看，精神病是你所能拥有的最大的自由，因为社会规则对你不再起作用。

我们曾经试图加进罗宾的戏份儿，更真实自然地表现他和蝙蝠侠的关系。在电视剧里他的存在很突兀。我们试图用多一点的心理刻画，但是我发现要想这么办，除非你打算专注在这一点上，讲述"这人究竟是谁"，并且给出相应的戏份儿。萨姆和我花了很多时间构思，伤了不少脑筋。我们最后没有加入这个内容，这是件好事，因为会花费不少，所以当我们准备开拍时，选择的是最省事的拍法。如我所说，我回归到这个把自己打扮成蝙蝠的男人的精神世界，他是一个独特又孤独的角色，把他和别人放到一起也不能改变这点，把罗宾换成别人也是一样，我们已经试过很多次，虽然和这些角色相关的素材实在有点多。

——与《荒唐小混蛋奇遇记》和《阴间大法师》一样，伯顿请来

小丑

丹尼·艾尔夫曼，为《蝙蝠侠》创作了曲风黑暗的管弦乐配乐。但是这次艾尔夫曼的原声专辑里加进了一首来自歌手王子（Prince）的歌曲，他一开始被邀来为影片创作两首歌曲。

我们需要两首插曲——小丑走进博物馆时和游行时各需要一首，我在拍摄这些场景时的确用了王子的音乐。但是事情就像滚雪球一样，搞得越来越大，他喜欢上了这部电影，写了一堆歌曲。丘伯尔和彼得斯有了把爱情主题曲交给迈克尔·杰克逊（Michael Jackson）来做的想法，而让王子创作小丑的主题曲，丹尼则把这些歌曲整编到一起。他们在《壮志凌云》（*Top Gun*，1986）里的配乐可以这样编排，但是轮到我的电影可不能这样，编曲需要更谨慎更有技巧性。我也不觉得这些歌曲能用到电影里，这个问题和王子的音乐本身无关，而是关乎和电影的融合。这些歌曲本身我都很喜欢，但是我还没能干到把明知不合适的东西用到电影里的地步。

我喜爱王子，拍摄中在温布利见过他两次。我认为他才华惊人，一边看电影一边就能想出与之般配的音乐，就像漫画师一样，这是他们脑内印象的直接表达，让我欣赏。我希望这样的创作越多越好，这种不同艺术形式的交叉创作很酷。但是我没办法让这些歌曲在电影中得以有效运用，我想我有点拖了这部电影和他的后腿。可是唱片公司想录制这些歌曲，显然，他们从中大赚了一笔，所以我猜他们还是有所收获。不过我不觉得自己在配乐选曲方面做得很好，在一部电影的时间长度里，这些歌曲的存在感有点太强了。

——《蝙蝠侠》于1989年6月21日在美国公映，成了第一部在上映十天之内票房就破1亿美元的电影。最终它不仅是当年最赚钱的影片、全球票房超5亿美元、华纳迄今最大手笔的制作，也通过跨越多种媒体的营销成了一种文化现象，带来一种全新的宣传方式。直到1993年《侏罗纪公园》（*Jurassic Park*）上映，它都是其后所有超级大片的一个标杆。

关于宣传有趣的一点是，每个人都认为是制片公司创作了炒作方式，实际上这是你不可能创造的东西。那是在制片公司掌控之外、拥有自身生命力的一种现象。而对我来说最消极的一件事是宣传炒作是工作必需的一部分，因为我是这样一类人——外面有些人也和我一样——要是某件事老是在我耳边聒噪，我就会对它失去感觉。宣传炒作对我来说是件很别扭的工作，要是我是个"平常"人，就会说："闭上你的嘴！这件事我听得烦死了，我不干了，因为我耳朵都听出老茧了。"这是最扰人的事情，但是没有办法控制，然后你不可避免地就产生了逆反心理。我关注的是电影自身有哪些优点，是它们决定了影片的价值，而不是宣传。你对此无能为力。有幸的是影片在英格兰拍，尽管也有媒体关注，但因为不是我的国家，所以我就可以专注在拍摄上，不用为太多其他杂事分神。

——安东·弗斯特在《蝙蝠侠》中的美术设计为他赢得一项奥斯卡奖，但同时也被批评有些场景设计得"过于阴暗"。很多影评人也认为伯顿对小丑的兴趣要大过对主角蝙蝠侠。

这么说不对，和梅特兰德夫妇的角色被批评太沉闷属于同一类情况，这和角色们自身内在的问题有关，评论说的都不是事实。蝙蝠侠和小丑两个角色天生就不同：小丑外向，蝙蝠侠内向。所以不管你怎么编，也不可能让他们具有匹配的活跃度和平衡性，蝙蝠侠的角色总是想隐藏在阴影里。要是两个人都站到街上，蝙蝠侠会一直想要藏匿自己，而小丑就像一直在说"快看我，快看我！"。所以这就会影响他们各自的活跃程度。我对蝙蝠侠角色的兴趣当然不会少于小丑，只是因为他和小丑各自的特性导致影片中的状态。善或恶，我让影片自己来展示，一些人们能感受到，一些人能理解其中的深意。显然，很多人认为小丑代表善恶的划分，但也有很多人发现迈克尔的表演更具有说服力。他赋予角色一丝隐约的忧伤，仿佛他在想："看看这个人，他招摇过市，四处蹦跶，要当个小丑。而我必须藏身在阴影里。"我认为他饰演的蝙蝠侠刻意压抑、隐藏着他的感情。

讨论影片里的黑暗和光明很可笑。实际上，在某种程度上我已经受够了这些问题的困扰。到了拍第二部蝙蝠侠电影时讨论这个尤其荒谬，因为我得出席那些个大型记者会，面对人山人海——每过六分钟就会有新的人进来——这就像个笑话。我觉得自己好像在真人秀《偷拍》（*Candid Camera*，1960）的拍摄现场，有人走进来说："这部比上一部更光明。"然后下一个人又站起来说："和第一部比这部更黑暗了。"他们这样说搞得我觉得自己是不是精神异常，因为我从未想过拍得更黑暗还是更光明的问题，我甚至一直认为你不能把光明与黑暗分离，它们是纠缠在一起的。这种感觉在我脑中生根发芽，到现在都没有改变。有时对于某些在人们眼里没什么异常的事物，我会感觉到深切的危险、恐惧和黑暗。而人们看到我创作出来的东西，又会说"真黑暗呀"，可我自己不会这么觉得。就像在《文森特》的结尾，他们说他们想看到文森特活着和他爸爸一起走出去，我觉得这样才黑暗呢，因为另外那个结尾才让人感觉更优美，更像文森特想要的，更像事情该有的样子。要把某个角色的精神世界拍得更切合实际，我觉得最终还是要展现黑暗。所以，所谓黑暗和光明该如何表现，完全是个没有定论的问题。

　　——在拍《蝙蝠侠》期间，伯顿遇到了德国女画家莱娜·吉泽克（Lena Gieseke），在英国完成了影片的后期制作之后，他们于1989年2月结婚。

第七章

《剪刀手爱德华》

Edward Scissorhands

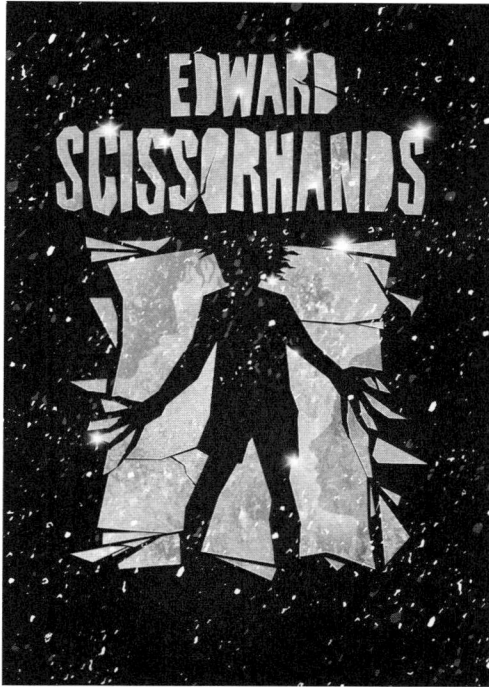

——随着《蝙蝠侠》的巨大成功，伯顿成为好莱坞最炙手可热的年轻导演。但是他并没有像华纳兄弟公司希望的那样继续执导《蝙蝠侠》系列，转而投入了《剪刀手爱德华》的拍摄，这是一部他渴望了很久的电影，概念来自一个双手是一副剪刀的男人——那是他童年时就把玩过的形象。虽然伯顿之前的三部电影都和华纳合作，但是这次他发现公司对他这个想法缺乏兴趣，于是开始另找一家能让他按照自己的方式放手拍这部电影的公司。最后他找到了二十世纪福克斯公司，公司老板是也曾当过导演的影坛大亨乔·罗思（Joe Roth）。

　　华纳没有拿到这个项目，我觉得挺好，因为我知道反正他们也不想拍这部电影。我尽量和志同道合的人一起合作。哪怕到了现在，我也会判断一下人们愿意加入合作是因为真心喜欢这部电影呢，还是仅仅是冲着我来的，如果他们也对题材有感觉就会有助于拍摄，因为完成一部电影是一个艰难的过程。所以华纳既然不感兴趣，不交给他们就是最好的选择。好莱坞就是这么奇怪，这是一个由很多异想天开的门外汉组成的圈子，同时却又非常保守。尽管已经经受过了大制片厂制度的洗礼，我还是没有真正喜欢上在这种制度下工作，而且我觉得制片公司里的人也不喜欢我。有时他们看着我时会带着担惊受怕的表情，而且经常是在谈到我很想去做的电影时。但是这种制度的运转中也蕴含着很大的活力，提供你需要的工作方案。所以倒也有些意想不到的好处。

——回溯到伯顿在筹拍《阴间大法师》时，他曾经邀约一位名叫卡罗琳·汤普森（Caroline Thompson）的年轻小说家写过《剪刀手爱德华》的剧本。当时是他们的经纪人促成他们认识的，经纪人觉得他们的合作可行，他是对的。在汤普森身上，伯顿发现她的心灵和自己属于同一类型，后来他又邀她为他另一部憧憬了很久的电影《圣诞夜惊魂》写了剧本。

我曾经读过她的小说《初生》（*First Born*），很不错。主题是社会学的，却也有很多幻想元素，写得很精彩，我喜欢她这种巧妙组合，这种感觉和我对《剪刀手爱德华》的期望非常接近。我不是很擅于表达，尤其是对于一个纯粹来自某种感觉的概念，所以遇到卡罗琳很幸运。她和我的想法非常合拍，这好极了，因为这个概念在我脑海里已经存在很久了，很符号化，不是那种可以从脑中抽离，坐到桌子边细细分析的想法。我需要个对我的基本思路能够理解的人，否则在讨论中还要花上很多时间去解释小学生级别的心理学问题。我可能是个说话语焉不详的人，她也会这么觉得。

我付给卡罗琳几千美元写剧本，所以制片公司没有插手，这样比较好，有时你会想不经过制片公司办事。我把写好的剧本打包交给制片公司，说："好吧，这是剧本，也是我下一部电影，你们想要吗？"然后他们并没有喋喋不休地争论，这是最理想的状况。我们给他们两周时间考虑要不要投拍。我已经下决心要按照这个剧本把电影拍出来，没人能强迫我改变。

电影创意其实来自我很久以前的画作，出于我对这个形象的喜爱，

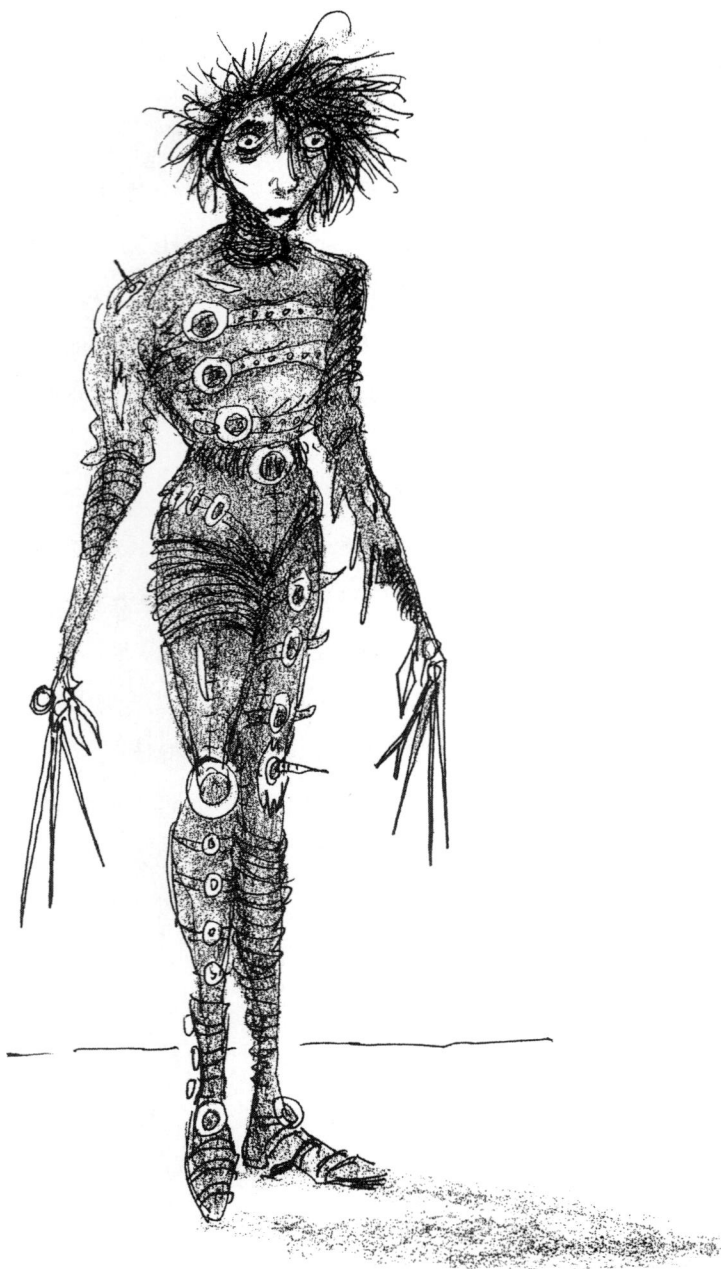

剪刀手爱德华

它存在于潜意识，一个想要触碰这个世界却无法做到的男人，既有创造性，又有毁灭性——这样的矛盾很大程度上可以造成一种冲突感。这个形象鲜明的表现形式让我在少年时就开始想象他的存在，因为这个想象带有强烈的少年时代的特点，而且肯定和我那时不善交际的状况有关系，也和人们眼中的你与你内心的自己之间的不一致有关。这是一种很普遍的感觉，我相信很多人某种程度上都有过，因为这虽然令人觉得有点忧伤和沮丧，但是缺少它似乎也不行。所以这是个同时关于内心的想象和现实中的感知的电影创意。

我记得在成长的过程中，留给我们自由发展的空间并不开阔。在人生很早的阶段，你就被教育得定型定性了。至少在美国，主流的现状就是这样，在你进入学校的第一天就开始了：这个人机灵，那个人愚钝；这个人强项是体育，那个人四肢欠发达；这个人古怪，那个人正常。从第一天起你就被归类了。对这种现象的批判是这部电影最大的内在动力。记得我还是个孩子时，坐在那儿，听着老师说一个小孩很蠢，其实他一点都不蠢，比其他很多小孩聪明多了，而且很有思想，这么说他只是因为他不符合那个老师的标准。所以我认为这部电影更多的是对这种分类的批判。我以前因为不爱说话，性格内向，被划入了脾气古怪的一类。对人们进行分类往往很轻率，甚至在好莱坞也是这样。我一直想寻找被划分到"擅于戏剧表演"类别中的演员，结果发现他们什么都演不好。我不知道为什么人们这么爱分类，因为据我看到的，没人喜欢被贴上分类标签。同时这也有点让人悲哀和沮丧，因为这次你被别人归于这一类，下次又会有人说你不是这一类的。越是给人感觉不爱说话的或者与众不同的人，人们越是喜欢对他们胡乱归类。

——表面看来，《剪刀手爱德华》像是伯顿对他自己的《科学怪

狗》的翻拍。爱德华，这个未完工的机器人，因为他的发明者兼父亲
的去世而没有被完成组装。他被雅芳女士①佩格·博格斯（黛安妮·韦
斯特［Dianne Wiest］饰）从山顶城堡的独居生活中带离出来，继而
发觉自己在一个水彩画般的小镇里和她的家人住在了一起。在这里他
凭借着迎合大众趣味的园艺技术、标新立异的发艺设计和精美绝伦的
冰雕作品赢得了邻居们的好感，却又成了他们之间幻想、流言、怨恨、
渴慕和欲望的源头。

　　这个形象身上那些不易被世人接受的特点，在他出场时就带出来
了，在此之后他又显示出冰雕和园艺的技能，就仿佛他是一件方便实
用的家用电器，这是他具备的功能。而对他随后踏入的新世界，则更
多的来自我在郊区的成长记忆和当时的感受。记忆永远提醒你它的存
在，任何时候当你回顾往事，想得越深远，记忆就越生动鲜明。关于
片子里邻居们有趣的一点是，他们关系如此紧密，你对每个人都很熟
悉，但是你对他们在背后是怎样的一无所知，尤其是在性爱方面，乡
村有乡村的诡异。当我少年时，这些是潜藏的暗流。我从没特别留意过，
但是你能感觉到它的存在。

　　我虽然在郊区长大，依然对它的很多方面不太了解，对我而言它
始终存在着模糊和空白的地带，就和我从我的家庭得到的印象一样。
家人把一些图画挂在墙上，我从不觉得他们喜欢这些画，有些是他们
买回来的，而有些是别人送来的。这些画仿佛一直都在墙上，但是从
来没有人会看它们一眼。记得我曾坐在那里看着它们，想："这到底
画的什么？这些很假的葡萄是什么意思？他们哪里搞来这些画？这些
画挂这里是干吗？"

———————————

① 在影片中，佩格是雅芳的推销员，故名雅芳女士。——编注

郊区风格的爱德华

爱德华与园艺

　　在郊区长大的感觉就像在一个没有历史感、没有文化感，也没有任何激情的地方长大。你从没觉得有人会喜爱音乐，也没有其他能表达感情的事物，很奇怪。你会问自己，"我为什么会在这里？这里是什么地方？"你永远不会觉得那里有什么吸引人的东西。所以你要么砍掉自己的大部分个性之后被同化，要么拥有一个自我封闭的人生，让自己感到游离于人群。

　　但这部电影并不是自传性的，因为对我来说尽可能保持客观很重要。所以我能遇上约翰尼真是非常幸运，他投入了他生活中很多接近角色的感悟，从一开始和他交流我就很开心，觉得找对人了。我可以看着他的同时在他身上再现角色。

　　——约翰尼·德普凭借在青春侦探电视连续剧《龙虎少年队》（*21 Jump Street*）和约翰·沃特斯导演的《哭泣宝贝》里的演出成为当时的青春偶像，他一直是伯顿心里剪刀手爱德华这个角色的头号人

约翰尼·德普扮演剪
刀手爱德华

选，虽然伯顿一开始先就这个角色和汤姆·克鲁斯（Tom Cruise）
接触过。

　　他们总是会给你一份名单，说上面所列五个名字是票房保证，而
五个名字里有三个是汤姆·克鲁斯。我已经学会用开放的心态来进行
最初的选角，并且与备选的演员约谈。汤姆·克鲁斯不是我的理想型，
但我也面试了他。他很有兴趣，可我想要有最合适的选择。面试中问
了很多问题——我不记得细节了——在面试结束时我感到，甚至可能
就对他说了这样的话，"很高兴和你聊了这么多关于角色的问题，但

是不是你演还不一定。”

我很高兴是约翰尼最后演了，不能想象还有第二个人能演得像他这么好。当时我还没有真正熟悉他，我没有看过他演的电视剧，不过我肯定在哪里见过他的照片。我喜欢看演员的眼睛，尤其是对于这样一个不怎么说话的角色，眼睛的表演就非常重要了。我见到他第一眼就希望是他来演，但是我也见了其他演员，因为我担心开始选角时我是不是过于傲慢和挑剔，老是觉得“我看不上这个演员，也看不上那个”，有时只是因为我遇到的演员并不是想找的那个类型。所以我尽量让心态更开放，因为这样可能会有惊喜也说不定。

在美国，约翰尼是非常出名的青春偶像，但是他也被媒体描述成不好相处、拒人于千里之外，这些完全是瞎写，不是事实。我眼里他就是一个非常风趣、热情、出色的人。他很正常——至少以我对“正常”的理解来看是这样——但是仅仅从他的外表判断，会把他描述成一个阴沉、孤僻和古怪的人，实际上恰恰相反。所以影片所承载的主题，关于形象和感知，关于一个人在别人眼中和真实的自己截然相反的问题，都是约翰尼自己感同身受的。“另类”和“古怪”这些词有这样多的含义，以某种有色眼光看，他称得上有几分古怪，因为人们就是认定了他是这样的人。在形象和感知之间的转换是能引起他的共鸣的，因为他一直在经历着外界对他形象的曲解。你随便拿份小报，就会看到他被描绘成詹姆斯·迪恩（James Dean）型的人，或者被贴上任何人们想往他身上贴的标贴。但其实他都不是，人们大多数情况下都是根据他的形象来臆断。这种情况长久以来一直存在，而且也许以后也会存在下去，这很好笑，也很可悲。要是人们仅仅从你的样子来评价你，这种悲哀会在你心里积累起来，因为，至少对于我来说，我一直渴望和别人接触——不是每个人，但是有一些，至少一两个——而他可能也已经处在这种状态里很久了，所以他能理解电影要表达的这个方面。

冰雪中的金（薇诺娜·赖德饰）

我觉得角色身上很多地方就是德普自己，他身上具有单纯的特质，这种特质往往随着我们的成熟就会在现实的考验中被击碎，很难一直保持。因为你不想把自己屏蔽起来，和社会上的其他人彻底隔离，但是同时又想保持曾经的率真感觉。你会想象约翰尼某种程度上就是你想保护的那个人。

——和德普演对手戏的女主角是薇诺娜·赖德，她在《阴间大法师》里的表演反响不错，这次扮演韦斯特的啦啦队长女儿金，在拍摄期间，她和德普假戏真做，成为情侣。

我非常喜欢她，她是我的电影最爱用的演员之一。她也对黑暗题材很有感觉，我想把她设定成啦啦队长，戴着金色假发，很好玩。我猜她可能会说扮演这个角色是她从影以来最艰难的一个任务，因为她和角色一点相通之处都没有，她本人在学校时老是被这类人欺负，所以这很搞笑。每天看着她穿着啦啦队长的小外套，戴着海莉·米尔斯（Hayley Mills）式的假发走进片场，我都会被逗得大笑。她看起来就像小鹿斑比。

我不觉得他们的恋爱关系给影片拍摄带来了负面影响，如果这部电影是一部其他类型的电影的话，那他们的关系有可能会造成积极或者消极的影响，但是这部恰恰不是那种会受到影响的电影类型。这很美好，我们身处佛罗里达独特的风光中，这可能也催生了他们的感情。他们处理得很专业，没有给拍摄带来什么尴尬的情况。每个人都会被佛罗里达宜人的南方天气吸引，这就像个玩笑。我去那里是出于远离好莱坞的愿望，以及佛罗里达有和影片契合的 20 世纪 50 年代乡村社区的街景，现在街区已经扩张了很多。佛罗里达的新社区碰巧和影片风格一致。

——作为典型的伯顿式风格，这些特别的郊区房屋被涂上了各种水粉画色彩，于是有了一些超脱于现实的感觉。

这种对现实世界的些许浪漫化，是以爱德华的视角来看的。我自己更喜欢偏黑暗的颜色，但是浪漫的色彩和其他已经具有的部分也并没有不和谐。尽管美术总监波·韦尔奇给所有房子涂上的颜色各不相同，但是它们看起来还是一个整体的社区，这点对我很重要。我们几乎不拍房子里面。你看到的基本就是实际情况。

有时人们会这样问："你真的打算拍一部真人演出的真实电影？"但是对我来说，"正常"和"真实"这两个词可以有一千种不同的解释。什么是真实？什么是正常？我这么喜欢童话传说的原因就是它们是一种体裁——至少在我对体裁的理解来看——能让我汲取灵感的体裁。神话传说、民间故事都是非常极端的想象，非常离奇，但又有各种现实基础。就是说，有些东西在故事里非常抽象，但是如果你见到觉得似曾相识就会有所触动，否则就不会有任何感觉。我觉得这是危险的，尤其在拍摄商业电影时，因为有时这不可控制，而毫不夸张地说，观众会很冷漠。他们问过这样的问题："爱德华从哪里弄来做冰雕的冰块？"我只能奉劝他们去看《三个奶爸一个娃》（*Three Men and a Little Lady*，1990），那才是适合他们看的电影。电影里有相当多我所赞赏的象征手法和抽象解释。和诉诸理性分析比，我更喜欢在潜意识的层次上感知某件事，至于理性分析，我倾向于事后再用。

我不会追求《圣经》那样的剧本，因为在变成影像的过程中有些内容需要改写，电影和剧本是不同的两件事。我从一个剧本里截取我需要的，而它会一直处于一个持续的有机的变化中，我只是努力保留它的根基和灵魂。有时我会觉得剧本里某句台词非常精彩，但是当它从某个特定的演员嘴里说出来，又会觉得效果没那么好，不过换个演员说可能又会好一些。所以台词的效果和当时影响拍摄的各种因素都有很大关系，有些变化是意想不到的，我喜欢由此带来的兴奋感。不介意事情有变化，也乐意看着电影在变化中诞生，甚至这个变化会产生在从拍摄到变成胶片的过程中间。我记得约翰尼的表演能够让我觉得惊奇，有天拍摄时我站得很近地看他演，第二天我在胶片上重温这幕，看到他几乎没做什么就能让眼神意蕴丰富，并且因之闪闪发光。仿佛他马上要哭起来，就像沃尔特·基恩（Walter Keane）[1]画里的那些大眼睛的人物。我不知道他是怎么做到的，和我们用的摄影机或者灯光没有关系，那既激动人心又不可思议——奇妙的细节，带来全新的观感，令你惊喜——只有在胶片上才看得清清楚楚。

---

[1] 著名插画家，经典形象是大眼睛的孩子，伯顿 2014 年的电影《大眼睛》（*Big Eyes*）就是以此人为题材。

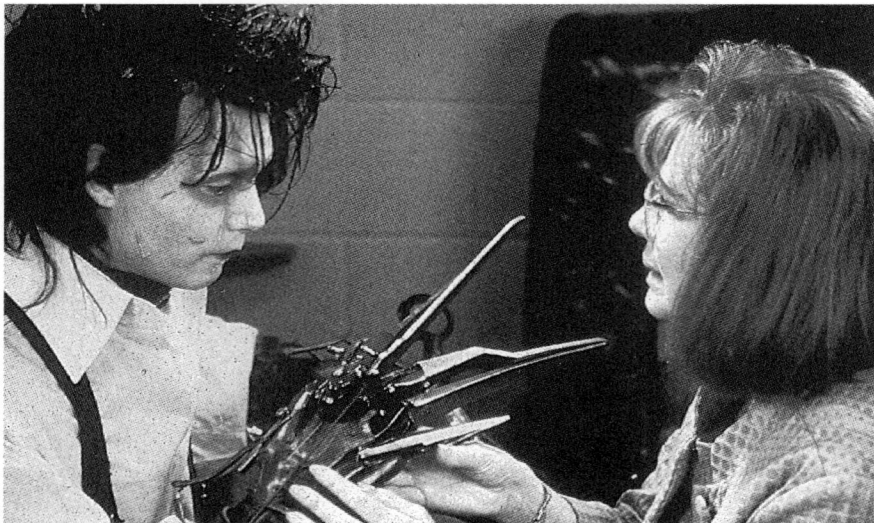

爱德华（约翰尼·德普饰）遇到了雅芳女士（黛安妮·韦斯特饰）

　　我喜欢约翰尼、黛安妮·韦斯特和艾伦·阿金（Alan Arkin）这样的演员，他们的表演层次丰富，绝不流于表面，还一点都不自私，很会配合其他演员。当几年之后我回顾这些电影，和他们的合作依然是我最享受的事。尤其是黛安妮，非常出色，她是第一个读到剧本的女演员，义无反顾地支持我把它拍成电影，因为她是如此德高望重，一旦她投了赞成票，别人的兴趣很快也被吸引过来。从很多方面看，她都像我的守护天使。

　　——片中，赖德扮演啦啦队长金，安东尼·迈克尔·霍尔（Anthony Michael Hall）扮演她的运动员男友，后来她离开他选择了爱德华，这个情节被很多人推测是伯顿对那些在学校时遇到的运动型男生的报复。

　　我总是觉得学校里这些家伙挺让人吃惊，我坐在那里暗自想：他

离群索居的爱德华

们总是有女朋友，他们总是幻想的对象，但他们精神都不大正常。要是她选择和他一起，接下来发生的情况会是他们毕业后直接结婚，他会开始对她家暴。我拒绝给人贴标签，因为那些被认为很正常的人，往往会变成另一个样子。有趣的是当我重返高中聚会，发现还真是这样——几乎无一例外——那些中学时被认为是古怪不合群的人（比我还严重很多；我只是让人觉得话少，有点不爱凑热闹，但是有些人是深受折磨）后来成为最能适应社会生活的人，他们都很有魅力（不光外形上，还有做人的方方面面），也很成功。其他人和他们比就显得黯淡了。学生会主席、运动健将，他们在高中时就达到了人生巅峰，看清这点令人相当震惊。你的怀疑得到了证实，那些高中时被别人的认知折磨的人被迫保持他们自己的样子，他们不能依仗社会，也不能依仗教育他们的文化和阶级环境，可以说，他们必须让自己变得能容于社会。

——霍尔演的运动健将后来死了，这吓到了很多观众，他们觉得影片的基调因此彻底地改变了。

我猜，在内心深处，可能是有点掺杂了对中学生活进行报复的想象。我不知道，我可能只是把潜意识释放出来。

——爱德华的发明者兼父亲是个小角色，但是很关键，伯顿请了文森特·普赖斯扮演，自从《文森特》的合作之后，他们一直保持着友谊。

只要他来演，哪怕这是个极小的角色，也会在感情上为我带来巨大的影响。因为他看起来实在太迷人，当我看到他的表演，能感受到一种强烈的感情。这在许多层面上具有象征意义，我观看他的电影时对他产生的感觉可能带给他的角色很大影响，电影里的他就像我的导师。他能参演让我觉得很幸福，而且又多了解了他一点。《文森特》之后，我们建立起了一段友谊，一直保持着联系，虽然我在英国拍《蝙蝠侠》时不是联络得很频繁，但是也没有中断。我觉得这样很好，因为他具有他那一代人的特点，虽然不会有规律地和你联络，但总会保持着和你的联系。他这点做得很好。

——在完成《剪刀手爱德华》的制作之后，伯顿着手为他的偶像拍摄一部纪录片，暂定名称叫《与文森特对话》（Conversations with Vincent），但文森特在1993年去世。

我们的纪录片开拍后不久他妻子去世了，我知道从那时起他身体就一直不太好。他很爱她，可能有随她而去的冲动。我很难过，这是

上图：蒂姆·伯顿和文森特·普赖斯
下图：剪刀手爱德华和他的发明者兼父亲

雅芳女士进入爱德华的领地

个巨大的损失，但是这个神奇的人物已经带给了我们很多。

　　——德普扮演的爱德华被发现时住在一座哥特式城堡的阁楼，城堡和阁楼这两处设定已经规律性地成为伯顿很多角色的常用栖息地。

　　这样的场所有种与世隔绝的感觉，我用它们来象征性地表现角色与世隔绝的状态。但某种程度上，这也是对我在郊区的家的重现。就像要是你在某处长大并度过一生，你各种各样的想象都会和那里产生关联。你总会有想要快长大、走出去、离开它的渴望，待在这样的环境里并不比住在一个鞋盒里亮堂。

　　——《剪刀手爱德华》的高潮和詹姆斯·惠尔的《科学怪人》非常相像，实际上也和伯顿自己的《科学怪狗》非常相像，一个"邪恶的怪物"——这次是爱德华——在他的城堡里面对一伙暴民。

像我说过的，在你成长过程中见到的那些事，你会拿来和自己的生活做类比。我在这种社区中长大，一直觉得只有外面出什么事故了的时候，才是同时见到所有邻居的唯一机会。这时他们的暴民情绪会"离开户外椅"，活跃起来。这总让我觉得惊奇，乡村生活和一部恐怖电影之间的相似度远比你想象的高得多。暴民情绪在很多恐怖电影里都有体现。

——因为剪刀手爱德华的外表，他对金的爱情最终未能得到完满的结局，这部电影因此也被认为是《美女与野兽》（*Beauty and the Beast*）的伯顿版本，这个童话的序幕和收尾是薇诺娜·赖德扮演的老妇人在给她的孙女讲述爱德华的故事。

这是一个如此经典的主题，有人说世界上所有的故事其实只有五个，这是其中一个，在成千上万的故事和许许多多的恐怖电影中出现过。显然，我对它的认识仅限于主题方面，它也非常简单，不是那种需要我深刻思考的东西，不是我想拍这个电影的决定性诱因，不过确实也是其中一部分原因。

——为了打造爱德华的剪刀手，伯顿请了得过奥斯卡奖的特效化装师斯坦·温斯顿（Stan Winston），他后来又在《蝙蝠侠归来》中给企鹅人化装。

斯坦最棒了，我很喜欢他。他能这么成功的一个原因是他知道怎么和人打交道，而很多做特效的人都很难沟通。斯坦参与一个这么大的运作，他要和许多杰出的人合作。他知道怎么和我共事，努力理解影片的灵魂，这很棒。我给他看我粗陋的小草图，他从中找到方向。我一直很感激那些愿意看看草图的人，因为你既然肯定不可能把草图拿去当样板，看草图就好像并非必需。把草图在演员身上实现才是至关重要的一步。斯坦会去看草图，然后对它们做出一些图解。这真令人欣慰。并且，他用过的工作室是我至今见过最整洁的，我再没见过一个更干净的特效工作室。我曾经为此对他开过玩笑，因为这太难得了，这样不对。他的工作室就像一个博物馆，除了里克·贝克[①]，其他任何人的工作室都和我自己的一样，看起来像个垃圾堆。

剪刀手必须做得大大的，因为我想要约翰尼看起来既美丽又危险。我们做了一副剪刀让他戴上试试，经过排练，他挥舞得越来越顺，像我说的，这是让他变成角色的方式。

——1989 年，伯顿和丹尼斯·迪·诺维成立了蒂姆·伯顿制片公司，后者出任公司主席，她以前是一名记者，也曾是《希德姐妹帮》（Heathers，1989）的制片。他们一起制作了《剪刀手爱德华》《蝙蝠侠归来》和《圣诞夜惊魂》，后来在 1992 年时迪·诺维离开了公司，不过还是继续和伯顿一起工作，共同为《艾德·伍德》和《臭屁小子》（Cabin Boy）制片。《剪刀手爱德华》也是伯顿第一部担任制片的电影。

甚至当我还不是一个真正的制片人的时候，当你做一件特别在意的事情时，也会关心它的各个方面，不会介意职责的界限。成为制片人要承担多一点责任，但没有感觉特别不同，主要取决于你的态度和投入程度。要是百分百地投入去做，你是导演还是制片就无所谓了。这和你执导影片时没什么不同。

---

① 《艾德·伍德》的特效化装师，详见第十章。

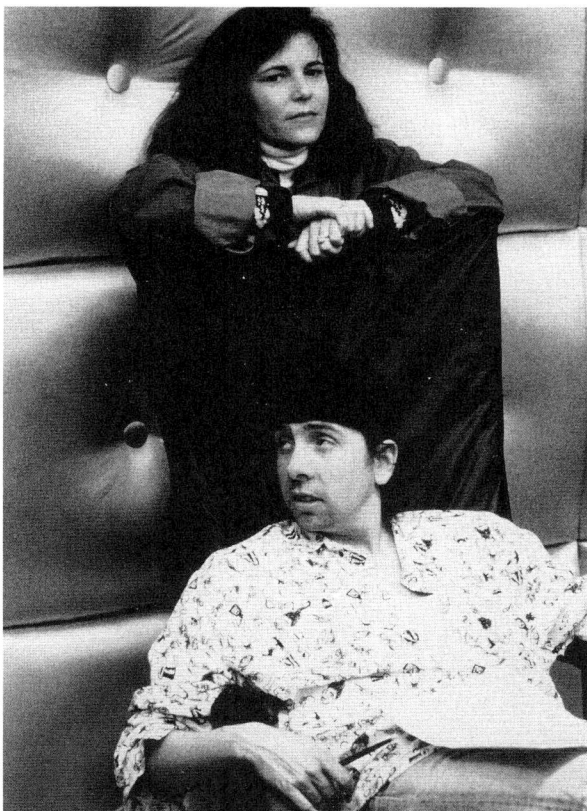

伯顿和丹尼斯·迪·诺维

丹尼斯是《艾德·伍德》的制片，但是我们多少还是有点分开干的感觉。她负责的事情比我多一点，因为我还是想专注在想做的事情上，不要把所有事眉毛胡子一把抓，我需要有人来帮我从杂事里解脱出来。一开始没人注意你，一旦你稍微涉足就会发现自己要管理一个办公室，因为你会收到很多提交上来的意见和别人的召唤，诸如此类。我做的都是尚未成型的东西，所以有个一心为你着想的人从旁协助真是太好了。

——伯顿在他的《阴间大法师》翻拍成儿童电视动画系列剧时出

任监制，还在卡梅伦·克罗（Cameron Crowe）描述二十来岁年轻人的
电影《单身贵族》（*Singles*，1992）里首次客串出境，他扮演的角色
是一个交友中介的录像导演，被称为"下一个马丁·斯科塞斯（Martin
Scorsese）"。

　　卡梅伦这家伙想要我来客串这个角色，他人很好，我就满足他了。
我以前从没表演过。我来到拍摄地西雅图，演出很好玩。那时我很好
奇当个普通演员看起来会是什么样，当然我成功了。

第八章

《蝙蝠侠归来》

Batman Returns

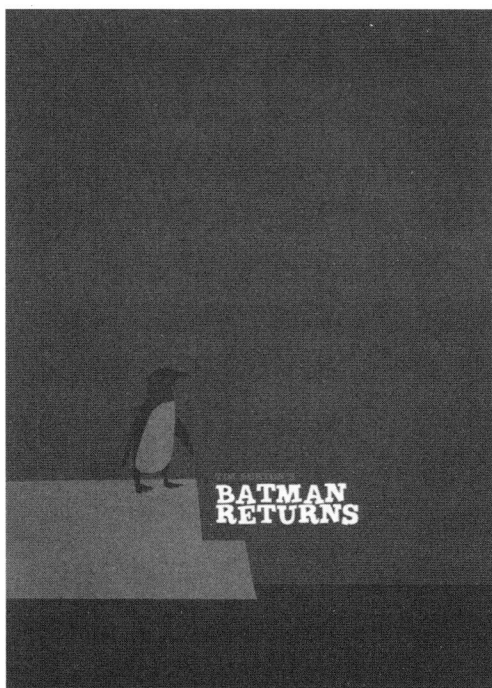

——伯顿在欧洲为《剪刀手爱德华》的上映做宣传时，承认《蝙蝠侠》是他的电影中不怎么有感情的一部，但是在1991年，他最终还是决定执导续集，再次走进蝙蝠侠的世界。

　　我一开始并不想拍《蝙蝠侠》续集，因为有点筋疲力尽了，而且我也不知道还能带给这个电影些什么。再次对它萌生兴趣花了我很久的时间，原因之一是整个奇怪的环境：就像一周七天每一分钟都在苛刻的要求中工作，没有任何停下来思考的机会，没有任何整理剧本的时间。和其他的电影比，我对这部的感觉更疏远。我想任何一位导演提起所拍的第一部大制作都会说有些震撼。但是我还是要说，在某种程度上这和你当时的感觉有关。我从不会去拍任何找不到感觉的电影；我一开始确实对它很有想法，但是后来它有点和我想要的不一样了。这就是我当时的感觉，但是现在，随着时间逝去，我又有了一点浪漫化的回想："哦，那些拍第一部《蝙蝠侠》的日子其实也不错呢。"所以当和你谈话时，我还沉浸在上一部电影拍摄完成之后的失落情绪中。

　　我想我拍的每部电影都有很多缺陷，但是我对《蝙蝠侠》里的缺陷比其他任何一部都介意。某种程度上我看待我的电影就像看我自己的孩子，他们可能有缺点，有问题，但我仍然爱他们。我拍完一部电影，要花上三年时间才能从对它的感情里走出来去评判它。直到几年之前，我才能平静地去观赏《荒唐小混蛋奇遇记》。当一部电影拍完之后，过得越久，我才越能看清它，越能欣赏它。

——一开始《蝙蝠侠》的编剧萨姆·哈姆被雇来写《蝙蝠侠归来》的剧本，但是他的剧本没有被伯顿接受，于是丹尼尔·沃特斯（Daniel Waters）加入了他们的团队，他曾为迪·诺维写过辛辣的黑色喜剧《希德姐妹帮》。

萨姆写了一版剧本，但是我的兴趣开始转向猫女这个角色。我和沃特斯泛泛谈了下猫女，他很快敲定了设定。而我意识到自己其实非常喜欢这次的素材：我喜欢蝙蝠侠、猫女、企鹅人，喜欢他们的世界，这为角色们提供了一块绝好的画布。我喜欢这些角色身上的双重性。《蝙蝠侠》作为漫画书让我喜欢的一点是这些角色都有点混乱——这也让他们显得如此美丽迷人。不像别的漫画，这些角色都不是省油的灯，坏蛋们和蝙蝠侠无不如此。但是这也带来一个问题——我从来不把这些坏蛋当作坏蛋。

——沃特斯的剧本是在汉姆的基础上修改的：讲述了蝙蝠侠身陷一个丧心病狂的阴谋，暴露了自身的弱点；而与他对立的是猫女，一个穿着PVC紧身衣的反英雄式女主角，她和黑暗骑士①展开了一段爱恨交织的关系；企鹅人是一个阴暗畸形、非常可恶的半兽人，他出生时身上带的鳍吓坏了父母，被扔进了下水道；马克斯·史莱克，一个满头白发，对权力狂热的企业家，剧中他是牵扯到其他所有角色的诱

———————
① 蝙蝠侠的别名。

因。但是，对于很多人来说，反派过多反而抢了蝙蝠侠的戏，基顿会
再次沦为陪衬。

　　我懂，我大概是有点偏离方向了，我发现所有角色都很有趣，所
以把戏份儿分得有点平均了。我也想从拍摄中获得些乐趣，拍第一部
时并没有做到，所以这次我想重获拍《荒唐小混蛋奇遇记》时的美好
感觉。当然不会那么轻松就得到，实际上这是最有难度的一次。

　　很多角色来自连载漫画——小丑、猫女、哈维·丹特——他们都
具有容易定义的心理学特征，但像企鹅人和谜语人则没那么明晰，会
让人发出"他们是谁？"的疑问。我想，我喜欢蝙蝠侠题材的原因就
是"看清自己是谁"这样的设定。这引出一堆的问题：我们是谁？我
们眼中的现实究竟是什么？但某种程度上，去考虑这些虚无缥缈的纯
主观问题也是危险的。所以，我们试图赋予企鹅人一些根基和心理学
特征，这花了我很多时间，可能添加得有点过了。但我觉得在对恐怖
表演的可接受度掌握上，没人能比丹尼（Danny DeVito，企鹅人的扮
演者）做得更好。

　　让我高兴的一件事是，有些人会无法判断猫女究竟是正是邪。她
从来不是坏人。他们在电视剧里展示的坏从来都不是真的坏。实际上，
我从来没把他们当真正的坏人，当他们被人说是坏人时我从不相信。
我没有这样的罗盘。

　　——马克斯·史莱克像只耗子似的，女秘书西莉娅·凯尔是个双
重角色，在一个非常"伯顿式"的场景里，她吸收到一群野猫传递的
生命力变身为猫女。这个角色一开始伯顿想找安妮特·贝宁（Annette
Bening）来演，但她因为怀孕而不得不退出，此时留给伯顿的演员
选择只有一个：米歇尔·菲佛（Michelle Pfeiffer）。但是女演员西

米歇尔·菲佛：猫一般的特质

恩·杨（Sean Young）曾经在上部《蝙蝠侠》开拍伊始扮演过猫女，后来因为在骑马事故中跌断手臂而最终把角色让给了金·贝辛杰（Kim Basinger）。她坚信这个角色这次应该归她，经常打扮成猫女的样子出现在华纳兄弟片厂。

　　她来到片厂，走进我的办公室，而我不在，她把一个保镖还是助手叫到了停车场，当她看到一个有些像我的人时就说："那个是他，快抓住他。"我猜那人是个公关，差点被吓疯。然后我办公室的人跟她说那不是我，她转身去了马克·坎顿（Mark Canton）① 的办公室，要求加入剧组，迈克尔·基顿也在场。之后她在所有的脱口秀中现身，批判"不公正的好莱坞"，这真是太荒唐了，因为事实其实很简单，只是卡司的选择而已。我可不是什么"穷凶极恶的好莱坞"，我没有刻意躲她。但是她搞得像是什么惊天动地的大事，太荒谬了。她打扮成猫女参加《琼·里弗斯秀》（Joan Rivers Show），但是据我所见，她的制服更适合去演一部女性摔跤电影。她在节目里说"好莱坞那些穷凶极恶的大佬们不待见我"。我讨厌被这样描述，谈到选角这件事我是很敏感的，我不是那种约见演员时不带脑子的导演。我不喜欢折磨演员，也不想浪费他们的时间。她这是愚蠢地小题大做。我想她一直渴望演猫女，这没什么不对，这是个伟大的角色。我自己也想演猫女呢，但不幸的是选谁演是个简单明确的决定，是我的决定，无关对错。她在控诉"好莱坞体制"，我只能回应"不，只是出于艺术考虑的抉择"。

　　我遇到了米歇尔。我没怎么真正看过她的作品，但是我们见面谈得很愉快，我喜欢她。当然，你在她身上能看到某种希望在猫女身

————————

① 著名制片人。

米歇尔·菲佛

上看到的猫一般的特质，但是我当时只是一见她面就很喜欢，这就是全部。这个选择很简单，因为某种共鸣。她也对这个角色很着迷。她来自奥兰治县①，那个地方和我成长的环境颇为相似，可能就是因为这样我和她产生了共鸣。她是个很有天赋的演员，戏演得很好。我对她的形体表演印象深刻，她应该能够胜任这个角色。她很有勇气去做些特别的事情，她会把鸟放进嘴里而且持续很久。她的眼睛也有特殊的表演技能，这也不算太匪夷所思——对于这些戴着面具的角色来说——眼睛是很重要的一个表演部分。

　　——为了与伯顿电影的魅力及角色具有双重身份的特点一致，影片充满了扭曲的张力，深刻而黑暗的对白和性格极其复杂的角色，这些角色的多重性格在伯顿手中被调和出一种苦涩的感觉，蝙蝠侠和猫

---

① 美国北卡罗来纳州北部的一个县。

米歇尔·菲佛和蒂姆·伯顿

女一旦变装便危险地被彼此吸引，而一旦从他们的服饰和面具中解脱，却又痛苦地不能接近彼此。

　　在这个国家，面具代表着隐藏，但是我以前戴着面具去参加万圣节晚会的时候，它更像是一个入口，通向一条展示真我的道路。面具带来的隐藏作用反而以某种独特的方式帮助你放得更开，所以说面具让你感觉到了更多自由。人们总是因此少了拘束而变得更狂放，面具带来的某些东西在保护他们。这是我从我们的文化中和我自己身上感知到的，当人们有了伪装，某种难以名状的自由反而开始显露。似乎真实情况应该和我说的刚好相反，但我发现并非如此。

　　一些演员一装扮上就真正进入了角色，在我拍的每部电影里我都爱死这点了。我和迈克尔那时一直在拿这个开玩笑，有时会迸发一阵大笑。你带上妆本身就像一个玩笑，这很难以置信，某些程度上不把它看得太严肃也挺好的，其中有些东西很美妙。

蝙蝠侠和猫女：面具之殇

　　——电影最动人的时刻之一，是迈克尔·基顿扮演的布鲁斯·韦恩和米歇尔·菲佛扮演的西莉娅·凯尔在一个化装舞会上共舞，然后他们同时觉察了对方的秘密身份，而此前凯尔承认过她"讨厌戴面具"，现在她问韦恩："这意味着我们应该停下舞步开始厮杀吗？"

　　我觉得演员演得很出色，因为他们已经排练过好几遍了。某种程度上这有点疯狂，因为那些服装存在很多束缚，那些化装和面具——通常这些是在形体上违反自然的束缚——让他们感到不能那么随性地表情达意，但他们最终演出了效果。所以，到舞会场景开拍之前他们已经进入了角色，水到渠成。

　　——猫女代表了伯顿作品中最鲜明的女性形象，与上一部中基顿和金·贝辛杰扮演的薇姬·维尔之间有些俗套的爱情戏不同，她和基顿的蝙蝠侠的关系因为紧张的角力而出现裂痕。

这样拍一部分是因为可悲的电影拍摄惯例。猫女是我最喜欢的角色之一，但是对影片的批判中有一点却是事实，某些角色的确不像其他角色那样丰满或者鲜活。但是这些角色也是非常重要的，没有乏味的亚当和芭芭拉这种角色的衬托，彼特尔朱伊斯就没什么可发挥的。迈克尔在《蝙蝠侠》中也受到了同样的批评，但是我觉得他的表演总是非常吸引人且具有真实感，后一点在一个奇幻的设定里显得非常难能可贵。这些角色为影片作的贡献和下的功夫都是在镜头之外的，我发现他们的表现也比很多人更富有魅力。

——尽管华纳兄弟公司已经斥巨资在松林制片厂片场保存了哥谭市的布景，伯顿还是决定改在伯班克的华纳摄影棚里拍摄。伯顿在《阴间大法师》和《剪刀手爱德华》里的美术总监波·韦尔奇，被请来当新的哥谭市的美术总监。布景延续了安东·弗斯特设计的地狱般的感觉，但是根据韦尔奇的意见，比上一部的大都市更美国化，更具"讽刺和趣味"。弗斯特在《蝙蝠侠》之后一直在争取其他拍摄项目的美术指导工作，他还设计了纽约的"好莱坞星球"（Planet Hollywood）主题餐馆，因为合同的制约，他不能来参与这部续集。《蝙蝠侠归来》主要场景拍摄于 1991 年 9 月初，他于三个月之后自杀。

我决定在洛杉矶拍只是因为这样能做得更好，考虑到拍第一部时遭遇媒体的情形，我觉得在那里拍感觉更保险。在英国拍可能更浪费钱，而且花了钱可能又做不好。另外，我想在洛杉矶拍因为我感到有更多熟悉的人可以调用，演员里像保罗·鲁本斯，如果在英格兰拍意味着可以用到一些演员，但不是所有人都能听候差遣。我当时的确是想给影片寻找一种不同的创作能量。和前一部《蝙蝠侠》比，这部续集在某些地方和《阴间大法师》更接近，比前一部有更加离奇怪诞的

企鹅人

能量，我觉得第一部有点儿把控过度。但在这些方面我没有考虑得太多，我把续集当作一部普通的电影，拍我想看的，和以前一样，某些事情让我再次感觉到一丝危险。人们会挑剔某些细节，譬如"从企鹅人嘴里出来的黑色东西是什么玩意儿？"，我会告诉他们："我不知道，但我可以把它送去分析化验，他就像个炸药桶，他是个黑暗的小角色，一肚子坏水，但是要是你喜欢，我可以倒点出来为你做个化学成分检验。"被质疑对我来说是好事，我认为不要纠结于漫画原著对于我是有益健康的，但是有人会在这点上走向荒谬的极端。

在片场可能出现很多差错，所以一切事情都具有不确定性。相对于那些我没有计划过的事情，事先做过计划的反而可能更容易让我脱轨，因为有那么多事情可能出错。所以我尽量约见演员和为剧组工作的每个人——服装设计、美术总监——来确保所有人在一定程度上齐头并进。所以当你走进片场，就会看到当天所有人的现状，我们已经具备的和尚未具备的，天气和设备，所以让我们利用现有的条件做到最好吧，剩下的就只有尽人事听天命了。我一般不做很多排练，而是来到现场，封锁场地，靠演员的装扮之类的东西让我入戏，因为每件事物都有其可能性，直到所有因素汇聚之前，很难通过排练百分之百固定。所以更多的变数会出现在开拍前的最后一分钟。

　　如果技术上一切条件都具备的话，我平均每个镜头会拍上五六条。通常，如果技术上有问题或者需要用到特效，我会拍上更多条。一般我到现场一切就绪时就会开拍，有时要是画过一点草图的话，会试拍上这一段，并且在脑子里过一遍。但是平时我一到场就开始。像我说的，是演员给所有一切带来入戏的感觉，每个演员都有他自己负责要表现的主题，有些事取决于他们穿上戏服后看起来如何。所以，只要演员看起来没问题其他事情也就没问题。

　　——为了将丹尼·德维托变身成企鹅人，伯顿再次召来了斯坦·温斯顿，他那由艺术家和技师组成的梦幻团队按照伯顿的一幅草图打造出了企鹅人的诡异外型。为了做出企鹅人军队的士兵，多种技术被组合应用，包括演员打扮成的、电脑绘制的、机器操控的，甚至还有真正的企鹅。

　　我其实不喜欢用真正的动物来拍摄，因为拍电影对它们来说是违背天性的。我喜爱动物，所以从来不愿看《灵犬莱西》（*Lassie Come Home*，1943）这样的电影。要是看了礼拜天晚上就会睡不着，因为我不喜欢看见动物处于险境。我担心它们更胜于担心其他演员或者任何人。对此我感受强烈，衡量的标准很高，这会带来很多额外的压力，

丹尼·德维托

为此我宁愿不拍。我喜爱动物，喜欢了解它们，观察它们，只要我们没把它们从野外捕捉来，折磨它们，或者干其他此类事情，一切就都还好。

——伯顿导演的所有电影都是用主角作为电影标题，《蝙蝠侠归来》延续了这一趋势，一直到《艾德·伍德》之后才告一段落。

你不说我还从来没注意过这个现象，没有什么非这样做不可的理由，除了题目不能剧透之外。我觉得它们都是别致的微型性格小品，虽然这种认知对任何人都不是必需的。我觉得自己只是迷恋角色作为电影标题的象征效果。我也说过，不认为有谁需要通过角色标题做深入研究，但在某种程度上，这些也是可供参考的微型性格小品。

企鹅军队

在拍摄中

——《蝙蝠侠归来》于 1992 年 7 月 19 日在美国公映，首映前三天票房 4770 万美元，成功打破了前一部的纪录。电影最终全球收入 2.68 亿美元，但也被许多评论家批评"过于黑暗"。

回想起来，我自己感到这部电影并没有让华纳觉得很开心。我给他们出了不少难题，但是我只是想为他们贡献一部好的电影。第一部非常成功，里面所有的亮点在第二部依然延续，但是我对此没有想太多，只是专注于拍出一部精彩有趣的电影。我相信影片大部分是很棒的，除了制作电影的超大规格。他们总希望你拍得很快，总希望你能快马加鞭地赶工。这类电影都是大制作，这不是一门精确科学，我在拍摄期间遭遇了很多问题，可能更多的是与我的私事有关。我一个朋友去世了，我的婚姻陷入了麻烦，有时你会在不知不觉中犯下大错。我只是觉得这次拍摄真是场大灾难，这样想当然对整个情形一点帮助都没有。

但是我真的很喜欢这部电影，比第一部还喜欢。有很多人对过于黑暗这点反应很大，但是我觉得和上一部比，这部黑暗程度减少很多。这是种文化现象，人们会听到别人这么说就人云亦云，我猜某种程度上他们也是不由自主。我不想这样，因为有点危险和扭曲。我觉得这种文化比电影本身扰人得多，也浮躁得多。但他们只是专注于寻找电影可以拿来贬损的地方。我喜欢这部电影，不觉得这有什么不好，某种程度上让英雄和坏蛋的界限变得模糊，是对蝙蝠侠故事更忠实的表现方式。在所有角色中，我很喜欢马克斯·史莱克，他就像一块水晶。他是个脸上不戴面具的人，但是从另一个角度讲，他也戴着面具。而这部电影，某种意义上，是对邪恶和正义的含义的视觉化阐述。

——伯顿被认为缺乏清晰讲述一个故事的能力，这让他的电影屡遭诟病，随着《蝙蝠侠归来》的上映，他再次被"指控"为了视效牺牲了叙事。

我想这肯定是我的思维方式决定的，可能因为我在第一部蝙蝠侠电影里倾尽全力去进行线性叙述，后来觉得这就像是个笑话。从拍《阴间大法师》时我就意识到，有些人擅长叙述，那很好，而在我的所有电影里的叙事，会是你所见过的最糟糕的，这点不会变。我不明白为什么他们这么执着于叙事，已经有很多在叙事上下功夫的电影了，我也喜欢它们，但是也有别的类型的电影。费里尼的电影需要强大的叙事来推动吗？我喜欢能照着自己的想法来拍的电影。实际上，将来可能甚至也会出现让我觉得不像电影的电影。我只是喜欢走一步看一步。每个人都不一样，所以会影响他们的方式也各不相同。因此为什么不拥有你自己的看法，有了这种愿望就会发现不同层次的事物，哪怕你一心向往更高层次。这也是我喜欢罗曼·波兰斯基（Roman Polanski）电影的原因，譬如《怪房客》（*The Tenant*，1976），我有和片子里同样的感觉，同样的生活，我知道那代表什么。或者《冷血惊魂》（*Repulsion*，1965），我懂得那种感觉，理解电影要表达的内容。《苦月亮》（*Bitter Moon*，1992），我目睹过那样的剧情发生。所以你自然有共鸣，可能不会有第二个人同样也有，但是那就像拍的是我自己，我理解那种感觉。我会一直反抗把什么都一股脑呈现给观众的平铺直叙，我就是恨这种方式。

有些人很善于剧情叙事，有些人很善于动作场面，这两种类型我都不是。所以要是把电影交给我拍，只要让我尽自己的全力去争取做到最好。要是你不想交给我拍，就不要找我。但是如果让我来拍，就不要希望我俯首帖耳。要是你想要一部詹姆斯·卡梅隆（James Cameron）式的电影，就找詹姆斯·卡梅隆来拍。让我指导动作戏是个笑话，我可不喜欢枪。我听见有人开枪都会闭上眼睛。但是，如我所说，这取决于你对动作戏的理解。在一部《哥斯拉》电影里也是有很多动作戏的，但是你不知道观众是否也这么认为。

第九章

《圣诞夜惊魂》

Nightmare Before Christmas

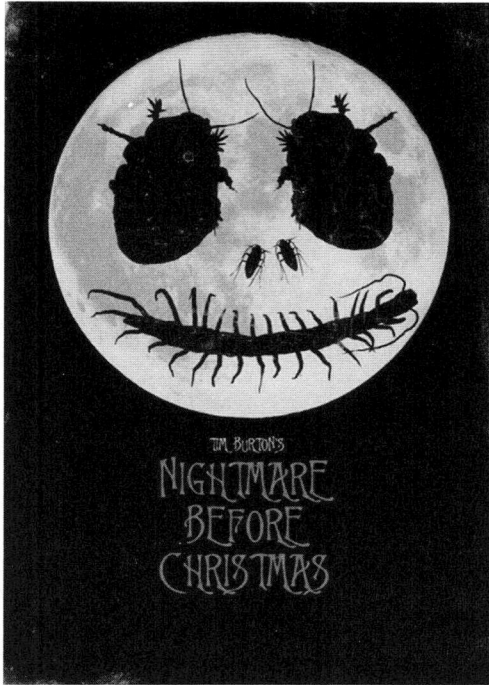

——1982年伯顿完成了《文森特》之后，就开始以自己写的一首诗为主题的下一个项目，那首取名叫《圣诞夜惊魂》（*The Nightmare Before Christmas*）的诗灵感来自克莱门特·克拉克·摩尔（Clement Clarke Moore）的诗作《圣诞节前夜》（*the Night Before Christmas*），讲述了万圣节镇上错投了激情的南瓜王骷髅杰克，偶然发现通向圣诞节镇的一道门，深深迷上了在那里的所见所闻，以至于沉迷于要由自己一手操办一个圣诞节的想法而不可自拔。

　　最初的创作冲动来自对苏斯博士和小时候看的那些圣诞特别节目的热爱，像《格林奇如何偷走圣诞节》（*How The Grinch Stole Christmas*）和《红鼻子驯鹿鲁道夫》（*Rudolph the Red-Nosed Reindeer*）。这些算不上精致的定格漫画圣诞节目每年都照例要播放，在很小的时候就对你产生了影响，而且这影响会一直陪伴着你。这些动画片伴随着我长大，我对它们有深厚的感情，我觉得，即使不会太直接地表现，我也会把这种冲动变成相似的作品。

　　我刚开始写这首诗的时候，脑中把文森特·普赖斯当作讲述者。项目的灵感整体上来自他，因为一开始我打算让他来旁白，就像一个《文森特》的加长版。当时我想我愿意将它拍成任何形式——电视节目或者电影短片——任何当时能让我完成它的形式。这是个有趣的项目，因为每个人对待它态度都很好，但是就像电视剧《囚徒》（*The Prisoner*）里演的那样，每个人都善待你，但你知道你没有离开监狱的可能性，那永远不会发生。我在整个圈子里兜售了一遍，做了分镜脚本和草图，里克·海因里希斯给杰克做了小模型。当时每个人见了都说喜欢，但还没有喜欢到要去拍它的程度。我觉得这次是我第一次真正有了某种带有娱乐行业思维的品味——一个有着大大的逗人笑脸的形象和"哦耶，一定要拍它"的想法。但是，随着你的进展，它变得越来越不可能实现。

完成了《文森特》之后，我真正迷上了定格动画。我见过黏土动画，也在哈里豪森的电影里见过停格拍摄。在《文森特》里我们还没有想要试图挑战经典动画的界限，我们尝试的是用简陋的办法实现更多设计细节。依我看来，在黏土动画里很多设计元素都缺失了。所以我们想做的就是你在绘画时所做的，只不过是让它们站起来成为三维的。我一直认为《圣诞夜惊魂》需要比《文森特》做得更好，但那时我只是想争取做个设计得不错的、简单又富有情感的动画，而在三维动画里表现丰富情感则比较难。某种程度上平面绘画更容易些，因为你可以随心所欲地画。由于拍的过程中要不停把小玩偶移来移去，所以三维动画多了很多限制，但我觉得一旦拍出来会更有表现力，因为它是三维的，让你身临其境。

关于那些为《圣诞夜惊魂》设计的角色还有一个额外的麻烦，它们没有眼珠。动画第一原则：传情达意全靠眼睛。但是很多角色要么根本没有眼睛，要么眼睛都是缝合的。我那时想要是我们能够给没有眼睛的角色也赋予生命，那会是很棒的。于是，在迪士尼画完所有长着湿漉漉大眼睛的狐狸之后，画这些没有眼睛的形象算是个小小的颠覆。而想象一下有一个脸上长着两个黑洞的角色，还要把它做出来就觉得很有意思。

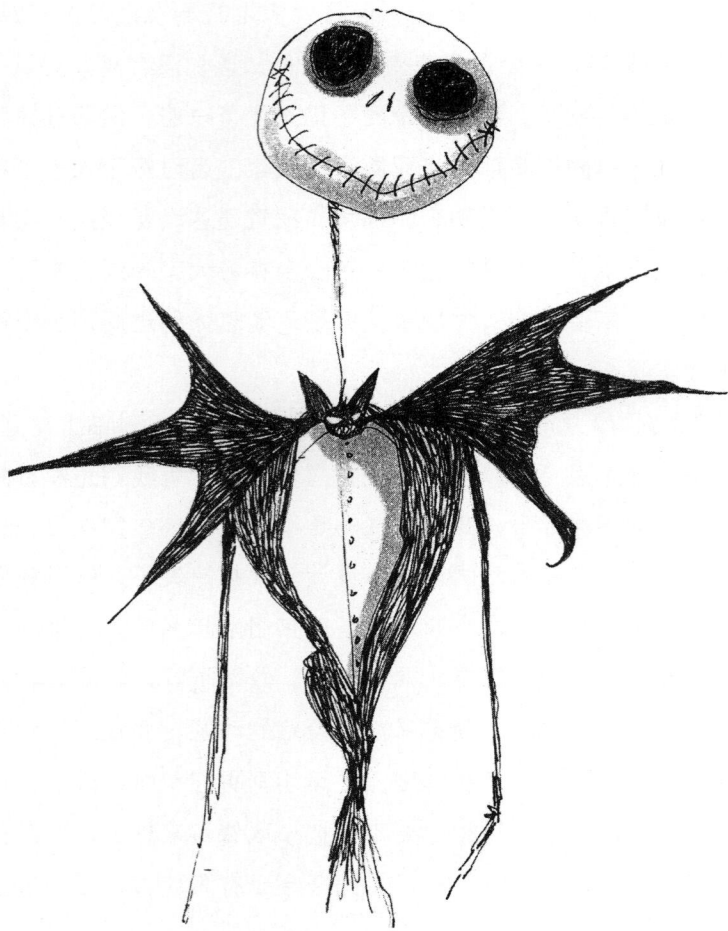

骷髅杰克的眼睛是两个大黑洞

　　《圣诞夜惊魂》背后的创意也出于对类似《红鼻子驯鹿鲁道夫》这类作品的喜爱。就题材上讲这是我喜欢的，我一直对其很有共鸣，而对其他电影里的这类角色也很有感觉，譬如格林奇（Grinch）①，他被描述得很恐怖，其实并不是。像我所说，这可以回溯到我儿时喜

————————

① 童话故事中专门偷圣诞节礼物的怪物。

《圣诞夜惊魂》的草图

欢的那些怪物电影。怪物们都被描述得很吓人，但其实它们没有那么
坏。在现实社会中也是这样，人们总是被这样曲解，我有这种感受，
而且一点都不喜欢，所以我喜欢的是那些富有激情的角色被感受到的
而不是被描述成的那个样子。杰克和经典文学作品里的很多形象一样，
富有激情，有想做成某件事的渴望，但这种渴望是不被理解的，就像

堂吉诃德的故事，里面的一些人物追求的东西连他们自己也不知道是什么。那种追寻充满激情，但又不知道究竟在追寻什么，这种感觉对我来说至关重要。杰克身上有些地方是我所喜欢的，并且也是我所认同的，这点很有意义。

　　我最开始开发这个项目的时候，正值迪士尼的变革时期，我不知道自己是不是还能在迪士尼继续待下去，就只能无所事事。我一直觉得这是一个一定要拍出来的项目，并对此充满把握。我曾和人讨论过，结论是在当时它可以被做成一个电视节目，或者动画片。但是这两种都不是我想要的，所以我决定暂时把它掩埋，但一直记得将来某天要把它做出来。这感觉很奇妙，一些项目会让你想"哦，我最好马上做，不然就永远别做"，但是对《圣诞夜惊魂》我从没有这种想法。

　　——在之后几年，伯顿经常想起这个项目，终于在 1990 年决心让它复活，于是让经纪公司查询了迪士尼公司是否依然保留着《圣诞夜惊魂》的拍摄权。

　　我甚至都没把握拍摄权是不是还归他们，于是我们企图不动声色地问问："能看一眼你们的地下储藏室吗？"结果发现他们果然还保有拍摄权，因为他们拥有所有权利，源于我在那里工作时签的文件，声明了你在为它工作期间产生的任何想法都归它的"思想警察"。显然，没有办法能真正悄悄进行。我们试图拍，他们很快就赶来了，但是态度很好——这可有点受宠若惊——于是我毕恭毕敬，表示对他们能允许我们拍深感荣幸。这发生在《剪刀手爱德华》和《蝙蝠侠》之后，能获准开拍的理由就是我是个幸运的成功导演，这的确是唯一的理由。这当然不是一个普遍适用的关于时机选择情况，但是对于迪士尼，我想说他们至少理解我们在动画的领域想要努力有所创新的心情，他们对此反应积极。

——迪士尼一旦意识到他们的"地下储藏室"里锁着这样的宝藏，马上出手要和伯顿合作，同时从中看到了通过伯顿对拍一部定格动画长片的渴望，来提升他们自身业界声誉的机遇。虽然定格动画早于 1907 年在 J·斯图尔特·布莱克顿（J. Stuart Blackton）的《闹鬼的旅馆》（*The Haunted Hotel*）里首次出现，但是威利斯·奥布莱恩（Willis O'Brien）才是这门技术的先驱，他在 1925 年的《失落的世界》（*The Lost World*）里将它作为一门特效技术呈现，之后的作品还包括 1933 年震撼世界的《金刚》。他后来又把衣钵传递给了雷·哈里豪森，后者在《伊阿宋与阿尔戈英雄》和辛巴达系列这类影片中陆续创作了若干神奇动画生物。逐格动画——定格动画的变异，让同一格中物体变得模糊来达到更具真实感的效果——在 1983 年由工业光魔公司（Industrial Light and Magic）[①]在星球大战系列的《绝地归来》（*Return of the Jedi*）中启用，伴之而来的还有电脑制作技术的突飞猛进。这些都意味着以前以定格动画为主导的特效制作领域，现在将变成电脑技术的天下，定格动画电影则因此走下坡，幸亏还有奥斯卡最佳动画短片《衣食住行》（*Creature Comforts*，1989）的动画师，英国的尼克·帕克（Nick Park）和拍摄 MTV 频道台标广告、商业广告与电影短片动画的导演，美国的亨利·塞利克（Henry Selick），在他们手中，定格动画依然充满生机。

在《圣诞夜惊魂》里所用的定格动画是充满古老趣味的，虽然时而会用上点新技术，但基本是艺术家们在手动完成它，绘制布景和制

---

① 著名的电影特效制作公司，由乔治·卢卡斯于 1975 年创建。

作各种东西。有些效果令人感到极大满足，我喜欢这些效果，永远不想忘记它们。这就是手工制作的魅力，有种你没法解释的力量。当动画师移动那些小人偶时，你可以从他们全情投入的专注中捕捉到这种力量，这就和你观看梵·高的油画时的感受一样。我记得第一次看到一幅画的真迹时的情形，以前你在书上见过，但是你从画布上捕捉到的力量强大到不可思议。我想那是没有人能用语言描绘的，因为它已经超越了一切词汇。

这类动画也有和油画杰作一样的效果，这就是雷·哈里豪森的力量。当它被拍得很美，你能感觉到来自背后某个人的力量，这是电脑技术永远无法替代的，因为它缺少一种成分。电脑技术现在已经这样的出色，将来还会更加的神奇，追根溯源还是画师和画布的功劳。如果要完成这个项目，塑造这些角色，呈现这种特效，唯一的途径还是定格动画。因此，这是非常专业的事。我记得开拍后每次看到一段镜头我都会受到一点小小的冲击：真是太美了！就像服用了迷幻药一样。我意识到如果用实景拍摄，效果反而不会有这么好；要是用纯粹的画稿也是一样。定格动画能赋予的力量是别的任何形式都提供不了的。

——尽管《圣诞夜惊魂》是伯顿发自内心想做的项目，他还是放弃了本片的导演工作，一方面因为他应允了拍《蝙蝠侠归来》，另一方面这样一个项目本身也需要一个精雕细琢的制作期。他选择了亨利·塞利克替代自己，20世纪70年代后期他们在迪士尼认识，1982年他把最初的《圣诞夜惊魂》草稿给对方看过。塞利克从80年代早期开始在旧金山定居和工作，那里已经成了定格动画之都，也是在那里，迪士尼旗下主攻成年人市场的试金石公司和伯顿联手建立了斯科林顿制片公司（Skellington Productions），在1991年7月开始拍《圣诞夜惊魂》。

亨利是个真正的艺术家，绝对是最棒的。他给 MTV 频道拍过很多精彩绝伦的片子，现在拍定格动画也同样出色。一大批才华横溢的艺术家聚集在了旧金山。事实上，寻觅某个领域内真正具备才华的人是很不容易的，不光在动画领域，因为天才的存在如此稀缺，找到的过程也十分艰难，所以他们让我们到旧金山来拍这部电影。

当我不拍电影的时候，出于喜爱之情，我会去那里走走看看，但大多数时候亨利会把东西寄给我——本周拍的一些镜头——两年过去了，所有这些镜头可以组合成完整的片子。拍摄刚开始时我会努力思考如何进行，但是快到结束期限时我就成了做这项工作最糟糕的一个人。你注意到了吗？当制作时限临近时我的想法总是最不合时宜。这并非夸张，我对时间安排有点不能首尾兼顾。总之，我收到胶片，拿到剪辑室，在拍摄第二部蝙蝠侠电影期间顺带着剪点镜头。在这个阶段，有些制作环节要花上很长时间，这意味着你只能够坐那里欣赏它，看看整体结构怎样。

从某种程度上说，这是我做过的最艰难的工作，因为它花了这么久的时间，牵涉进来很多人，很多艺术家。共事的人大多都是艺术家，这点很让人期待，但定格动画也是一项高强度的工作，而我自始至终在寻找的都是一种感觉。每个人都有所贡献，每个人都提供想法，但是我一直想要抓住的是最初的感觉。尽管内容扩展了，我还是尽量让它保持在原来的轨迹上。这很有意思，因为我自己也做过动画，知道当一个项目花上那么多的时间，新的想法会一直不停地涌现。这当然很好，但有时某些想法是很不靠谱的，因为人们老是想变来变去。这是天性，产生一个想法要比实现它来得快。所以，我努力保证持续的监控。实际上我很享受这样的工作方式，因为项目花了三年，哪怕我同时做着其他片子，也可以为它做个草图或者给出意见。当所有的镜头齐备，我只要依循最初想要的感觉去剪辑。

我猜我最担心的其实是亨利，作为一个艺术家他当然有自己的创作权力，不必做我想做的。我很担心由此产生的紧张关系，但是这种情况并没有出现。他很棒，所以说在项目早期就和别人保持同步是非常重要的，那些初期沟通会是重中之重。就像你在写一本书，你会努力保证材料都是可靠的。只有亨利也对这个题材有兴趣，我才会觉得踏实，否则你会一直在争执，这种事千万不能发生。我知道有些人喜欢争执，喜欢片场斗争，我真不喜欢这样。我不喜欢与对所拍电影不感兴趣的演员合作。你希望演员百分百投入到自己所拍摄的影片中，就算他们不是完全理解它。这样考虑的话，现在这个团队是最佳选择。我一直觉得那是一段特殊的时光。片场状态好得惊人，我非常喜欢去那里，因为他们做出的艺术效果和细节像是魔法，真的是魔法，超出我之前的所有想象。

——为了把三页篇幅的原作诗歌改编成剧情片长度的剧本，伯顿一开始请来了《阴间大法师》的编剧迈克尔·麦克道尔。但是当他们的合作成果并没有达到伯顿期望的效果时，他决定往音乐剧方向开刀改写，于是找来了他的固定搭档丹尼·艾尔夫曼。伯顿和艾尔夫曼再次聚首，后者给电影里杰克唱歌的部分配了音，写出了贴合剧情线索的配乐和三分之二的歌曲。为此塞利克和他的画师团队又要开始画了，之前卡罗琳·汤普森已经被邀请加入电影剧本的改编。

一开始我就请来了迈克尔编剧，后来我意识到自己真正应该做的方式是把丹尼找来，于是就去找了，虽然这样不是最合乎逻辑的方式。迈克尔是我的好朋友，但是这没什么用。当丹尼和我开始时，我们拥有的是我写的诗、一些画作和一些分镜，还有我十年前准备的故事大纲。我去到他家，我们把影片当一个小型歌剧，而不是像我们以前做过的音乐剧，但是更有旧时风格，就是歌曲在剧情中嵌入得更紧密。我跟他描述剧情，他就写出一首歌，写得真是非常快，至少一开始构思出来时是这样的。我们工作的方式挺特别，我们先有了故事大纲和歌曲，然后再写出剧本，艰难的地方是要做的工作太多。我们在那里做脚本，写剧本，所有的事情同时进行。这不是最好的工作方式，但是我们在尝试的是以前没做过的工作。我以前见过其他定格动画电影长片，不过这些作品不是不够迷人，就是有点怪诞。小时候我喜欢一部叫作《怪兽大聚会》（*Mad Monster Party*，1967）的电影。人们觉得《圣诞夜惊魂》是第一部定格动画魔幻歌舞片，其实那部才是。

于是，我和丹尼一起梳理了我那小小的大纲，我说杰克干了这个干了那个，然后就进入了圣诞节镇。我们已经合作过那么多次，以至于哪怕不了解彼此在做什么也没关系，因为至少我们对彼此很了解。所以我们一起尝试，鉴于以前合作过，他的工作速度很快，这点很棒，因为我们要先有歌曲才能写剧本。他写歌相当快，在两个月内就完成了，我交代的工作基本一周内就能交差，有时甚至是第二天。那时我又请来了卡罗琳，她也认识丹尼。这是个循序渐进的过程：先是亨利的工作，然后是我，再是丹尼，最后是卡罗琳，我们一起处理了很多事，中间再包括其他杰出的艺术家的工作。

——对于片中歌曲的风格，伯顿和艾尔夫曼脑中还没有明确，他们更倾向于看故事会把他们引向何种风格，其中一首由角色巫奇·布基唱的歌是仿照马克斯·弗莱舍（Max Fleischer）的动画系列片《贝蒂小姐》（*Betty Boop*）里的一个角色，由凯比·卡洛韦（Cab Calloway）配音。

记得在画杰克的形象时，我对代表眼睛的两个黑洞非常着迷，觉

《圣诞夜惊魂》：杰克和莎莉

得非常有表现力，但是完全没有眼睛的话会太难以置信。莎莉是个较新的角色，我很乐于把这个角色当作猫女的延伸，我会进入这些碎片拼接起来形成的完整的心理感受中。像我所说的，所有角色的象征意义都是来自你感受他们的方式。碎片似的感觉、松散勾连的感觉、总是想要表达自己想法的感觉，可以说对我都是强烈的。所以说这些视觉上的符号，并非来自《科学怪人》，更多地来自我想要表达的想法。

　　凯比·卡洛韦这类角色是一个更具针对性的参考，不过当我和丹尼讨论到它时，其实更多地和我们的记忆相关，我回忆《贝蒂小姐》这部动画片时，这个奇怪的角色就会在我脑中蹦出来，我不知道它究竟是谁，但是它会在某个不知道是哪里的地方唱起奇怪的插曲，好像是这样："见鬼了，这是啥？"所以说这是更多地来自我童年记忆中的感觉。很多这样的画面都是来自感觉，而不是别的具体的参考物。

有趣的一点是，因为我以前拍的电影，很多人很在意角色的外在造型，他们不知道我做出的每个形象都是有内在深意的，即使并非每个人都能清楚分辨，我自己也必须找到角色和自身的联系，越是荒诞的元素，我越是要理解其背后的含义。这就是为什么我们都被那些电影深深吸引，因为它们能触及你的梦境和潜意识。我想在每一代不同的人之间实现这点是困难的，但是电影就是这样一种带着治愈功能的艺术形式，和神话传说具有同样作用，影响着你的潜意识。在那些印第安传说里，"狗女人"和"蜥蜴人"除了表面上的意思还另有深意，电影也差不多。我在这种事情上不是专业学者，但是很欣赏。这些神话传说里的形象不是美国文化里原生的，我觉得美国所拥有的最好的传说是《苹果籽约翰尼》（*Johnny Appleseed*）——比较轻松和富于变化。

——《圣诞夜惊魂》作为伯顿的第三部故事片，将故事背景设置在了圣诞节。

我想我已经放下这个执念了，我已经驱逐过我的圣诞节恶魔。在伯班克长大的过程中，我对节假日很向往，尤其是万圣节和圣诞节，因为从某些角度看，这两个节日最养眼也最好玩。对此最合理的解释是，当你在一个空虚无聊的环境里长大，任何形式的庆典，譬如一个节日，也会带给你一种地方情怀。很多国家都有繁多的庆典，但我觉得美国不一样，她的历史比较短，还几乎是个清教徒国家。在乡村环境长大，更会觉得缺少根基。所以节日，尤其这两个节日，很大程度上提供了一条途径或者一个背景，让你对一个季节有了不一样的体验，在加利福尼亚，你不会有其他体会的机会了。至少，当你走在超市的过道里，可以看到万圣节的装饰，从中还能感到秋天的离去，因为从天气里、从环境里，你都无从感受。

我已经驱逐过我的圣诞节恶魔

　　万圣节之夜对我来说，永远是一年里最有趣的夜晚。平日的规则不起作用了，在这个晚上你可以变成任何东西。棒极了的规则。外面只有滑稽的恐怖感，但没有人真正想要吓死别人。他们出来装神弄鬼，是为了让大家开心，这是万圣节的意义，也是《圣诞夜惊魂》的意义。

　　——《圣诞夜惊魂》的预算还不到 1800 万美元，只有拍一部绘画动画电影投入资金的一个零头。电影在美国的上映时间是 1993 年万圣节，赚到了 5100 万的票房。讽刺的是，影片被（荒谬地）认为因为过于恐怖而少儿不宜。

　　这很有意思，极好地反映出了故事的主题。你在故事里看不到一个真正的坏人，甚至巫奇·布基也不能算，他不是真的坏，他只是在这个怪诞的城市里你的一个怪诞的邻居。你看杰克的角色，他只想做件好事，他一腔热忱，只是被世人误解，吓到了每个人。故事有趣的

万圣节之夜总是一年里最有趣的夜晚

地方在于揭示了现实中生活的真相，就像在说"等一下，这正是影片真正想表达的。人们提心吊胆，以为会是恐怖电影，但其实不是，没有一点恐怖的地方"。孩子们的反应很正确，要是你给一群孩子放这部电影，不要他们家长在场就会很棒；但是只要家长们一来，你就会听到"这个电影太可怕了！"。我以前见过这种情形，这个现象很烦人的。要是哪部片子让我觉得吓人，我可不会看，也绝不会拍这样的电影。但是要是有家长指责你拍了恐怖片，就会让我精神紧张。

影片公映时的名字叫《蒂姆·伯顿的圣诞夜惊魂》（*Tim Burton's the Nightmare Before Christmas*），因为他们觉得会有助于票房。但是这样带来了更多片名设计的问题，还有别的我不大了解的问题。一开始，他们找我讨论了如何设计片名样式，建议用小一点的字体把我的名字写在片名上方，他们觉得由此带来的某种提示会对电影有好处，我同意了。我不会每次都这么做，只有很少几个项目会让你代入这么私人的感觉。这种感觉我在《文森特》里有过，在这里也有。但是对影片之外发生的事情，你实际上是无法掌控的，我在第一部《蝙蝠侠》里懂得了这点，你所读到的别人写的和事实本身完全是两码事。

我有时会看到有人戴着汉堡王快餐店的《圣诞夜惊魂》纪念手表出现在最奇怪的地方，有一次我看到在卡内基音乐厅（Carnegie Hall）[1] 工作的人也戴着这种表，真是不可思议。时不时会遇到随身带着杰克图片的人，这很有意思，因为有时让一部分人，而不是一大群人产生共鸣，反而特别鼓舞我。很多人和影评人不会领悟这些古怪、傻气的东西背后的情感。只有意识到的那一部分人，可能对我而言才最有意义：他们懂得这些荒诞的表象下蕴含的感情特质。

——因为影片项目的拍摄规模和时间长度，《圣诞夜惊魂》的制作跨越了他执导《蝙蝠侠归来》的导演周期，也标志着伯顿第一次出现两部电影同时开工的情况。

这是我第一次有足够的精力能同时投放到《蝙蝠侠归来》和《圣诞夜惊魂》这两件截然不同的事情上，负荷还是有些重。我只能够一次做一件事，除非找到了正确的人。大量的投入用在找到和你心意相通的剧本上，换句话说，剧本对你意味着很多，你要在它的基础上去做更高层次的创作。我发现要是有人和你步调不一致，这无论如何不会是一段成功的合作关系。所以跟具有和你一样脑波的人合作才是好的选择，然后他们才会给你惊喜，带走压力，带来创造力。这样才更好。

我必须在这里称赞一下那些现在管理着迪士尼的人，因为他们的确把那个地方经营得更成功，他们为正在进行的事情考虑的不仅仅是创意这么简单。当我还在那里工作的时候，有一组人已经能够拍出《小

---

[1] 美国钢铁大王卡内基于 1891 年在纽约市第 57 街建立的第一座大型音乐厅。

美人鱼》（*The Little Mermaid*，1989）这样的电影。在十年或十五年前，他们就有这样的人才库，甚至更强大。他们引领了一场复兴，然后得到了发展契机。在这个时期，他们大部分的人都来自加州艺术学院或者其他大学。迪士尼开放包容，起用年轻人，每个人都渴望加入它，拍出一部伟大的电影，每个人都是迪士尼狂热分子。而且他们无意于拿迪士尼的动画片去开拓 R 级片的市场。所以他们是真正的天才，最后帝国重建，天才们在复兴电影业上获得巨大成功，整体上看这对动画片发展也大有裨益。

第十章

《臭屁小子》和《艾德·伍德》

Cabin Boy and *Ed Wood*

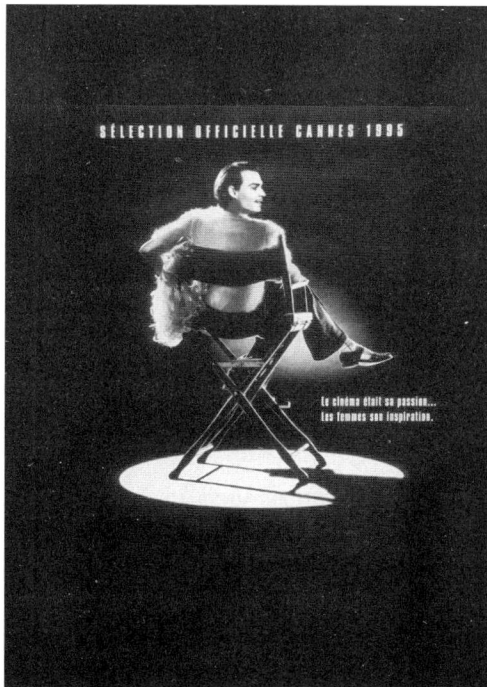

——《圣诞夜惊魂》完成后，伯顿和丹尼斯·迪·诺维作为联合制片，给迪士尼公司拍了《臭屁小子》。这部电影由克里斯·艾略特（Chris Elliott）、里基·莱克（Ricki Lake）和鲁斯·坦布林（Russ Tamblyn）主演，是一部向《辛巴达》（*Sinbad*）系列电影致敬的风格夸张的电影，在口碑和票房上都是个灾难。

这是部有点怪异的喜剧，我不想当导演，因为我觉得需要太多资金投入，而当时它并没有得到很多具有决策性的或者投资上的支持。迪士尼公司不喜欢它，也没有完成它，他们只是半途而废置之不理了。导演是亚当·雷斯尼克（Adam Resnick），剧本也是他和《大卫·利特曼晚间脱口秀》（*Late Show with David Letterman*）里的一些人合写的。我只是尽量在某些方面给了点专业上的意见，但是没有一直在现场参与，从中我也学到了一点教训。像在拍《圣诞夜惊魂》时，我也是一心两用，但情况不一样，那是我喜欢的工作，我为此负责到底。但是拍《臭屁小子》，我完全不知道事情进展得怎么样，那时我只是参与了但没有插手。我想我再也不会以这样的方式做事了，除非是像《圣诞夜惊魂》那样的情况。有时别人要求这样做，除非我自信能保证做好，否则不会再这么做了。

——伯顿被安排去给哥伦比亚公司拍《致命化身》（*Mary Reilly*，1996），这是又一部根据作家罗伯特·路易斯·史蒂文森（Robert Louis Stevenson）经常被搬上银幕的小说《化身博士》（*Dr Jekyll and Mr Hyde*）改编的电影，不过这次是从化身博士的女仆的角度讲述，同名主角最初定的是由《阴间大法师》和《剪刀手爱德华》里的薇诺娜·赖德扮演。

我看上这个故事很久了，不过要制片公司想拍了才能开拍。在好莱坞，在能自己拿主意做什么之前，你非得先处理一堆商业上的事情。当他们想拍这部电影的时候，我记得当时他们这样来向我开口："有五个导演来跟我们说想执导这部呢。"既然这么说我就打算退出了，我好像是说："好吧，要是有五个其他人选想干，也许你该让他们上。"于是大致上他们很快就把我剔除了，因为他们有自己的主意。依着他们的主意主角换成了朱丽娅·罗伯茨（Julia Roberts），现在他们目的达成了。我不知道他们在想什么，我想他们对我有很奇异的看法。大多数时候我和他们思考方式不大一样。

——《致命化身》的导演由他换成了斯蒂芬·弗里尔斯（Stephen Frears），女主角最终落到朱丽娅·罗伯茨头上，和她一起主演的是约翰·马尔科维奇（John Malkovich）。与此同时，来自《天才小捣蛋》（*Problem Child*）系列电影的编剧拉里·卡拉斯泽斯基（Larry Karaszewski）和斯科特·亚历山大（Scott Alexander）的一个关于艾德·D·伍德（Edward D. Wood Jr.）生平的拍摄项目引起了伯顿的兴趣。伍德经常被称为史上最烂导演，卡拉斯泽斯基和亚历山大在南加州大学电影学院时，就曾经开玩笑要写个伍德的电影。因为不满于被单纯地视为儿童片编剧，他们写了个10页的情节大纲给电影学院的同学、

《希德姐妹帮》的导演迈克·莱曼（Michael Lehmann），而莱曼随之又把这个项目交给了《希德姐妹帮》的制片丹尼斯·迪·诺维，于是他们达成了伯顿和迪·诺维制片、莱曼导演的意向。当执导《致命化身》落空，伯顿基于《艾德·伍德》可以被很快拍完的想法，有了亲自执导本片的兴趣。一直跟进的卡拉斯泽斯基和亚历山大六周内交出了147页的剧本。伯顿读了初稿，立刻表示只要影片立项成功就愿意亲执导筒，完全不用修改或重写剧本。

艾德·伍德，经典邪典电影导演，名作有《忽男忽女》（*Glen or Glenda*，1953）、《魔鬼新娘》（*Bride of the Monster*，1955）和最"臭名昭著"的《外太空第九计划》（*Plan 9 from Outer Space*，1958）。他于1978年54岁时去世，一贫如洗，籍籍无名。悲哀的是，到了80年代早期，他在死后反而获得了影坛传奇的地位，因为在当时一些书籍里他又被提起，如迈克尔·梅德韦德和哈利·梅德韦德（Michael and Harry Medved）兄弟写的《影坛最烂颁奖》（*The Golden Turkey Awards*），书中将《外太空第九计划》票选为史上最烂影片。

伍德1924年出生于纽约的波基普西市，毕生奋战在好莱坞，雄心勃勃地想成为奥逊·威尔斯第二，不过一辈子也没接近过这个目标。作为一个偏爱安哥拉兔毛衫、性格讨人喜欢的著名易装癖，伍德身边也围绕着一小圈诡异的仰慕者和追随者，其中有主持人兼通灵师克里斯韦尔（Criswell）、瑞典摔跤手托·约翰逊（Tor Johnson），以及电视恐怖节目主持人凡派拉（Vampira），他们中大多数人相信艾德会让他们成为大明星。

在1953年，伍德遇到了他的偶像贝拉·卢戈希（Bela Lugosi）。卢戈希是一个匈牙利移民，因为演了环球公司1930年版的《吸血鬼》而成为巨星。然而在《吸血鬼》公映之后的二十年里，卢戈希实际上已经过气而且依赖吗啡成瘾，他说自己需要用吗啡来减轻战争中留下伤口的疼痛。伍德发誓参演自己的电影能让卢戈希在影坛再现辉煌，在《忽男忽女》（伍德以异装癖为中心的自传故事，他扮演主角丹尼尔·戴维斯）和《魔鬼新娘》里都给他安排角色，还把给卢戈希拍的一段生前遗留短片用到《外太空第九计划》里。卡拉斯泽斯基和亚历山大的剧本按照这三部电影的拍摄经过依次展开，关注点在伍德和卢戈希的关系。两位编剧和伯顿都承认，这段关系和伯顿跟他的偶像文森特·普赖斯之间的关系实在太相似了。

是丹尼斯和我谈起了这部拉里与斯科特想拍的电影。当时我完成了《蝙蝠侠归来》，正在上纽约州的波基普西看关于《圣诞夜惊魂》的书，不确定接下来想做什么。我开始考虑拍《艾德·伍德》，做些笔记，为当制片做准备。我当时想："我喜欢这些人物，想做这部电影的导演。"巧的是艾德·伍德也来自波基普西，就是我当时走动的地方，我想："不错，这真是个奇特的地方。"我感到冥冥中有股力量促使我去拍，然后就读了这本叫《迷魂噩梦》（*Nightmare of Ecstasy*）的书，意识到波基普西是艾德·伍德的故乡。这里面似乎有神秘的联系，我开始着迷。我联系了拉里和斯科特，他们一个多月就飞快地完成了剧本。我从来没见过写得这么快的剧本，而且它还偏长了，足有 150 页左右。他们俩的确是预谋很久了，他们是伍德的粉丝，对他的事兴趣十足。我按照自己一贯做的，去寻找感情上的契合。

剧本描述了角色的多个方面，其中和卢戈希的部分立即让我有了感觉。《艾德·伍德》剧本的精彩在于它未经加工般的粗糙，不像那种完全直白的写实的传记。拍一部传记片你必须稍微进入那个人的精神世界，于我而言，影片中有些部分也有几分是在检阅艾德的精神世界。所以电影里总是带有一股盲目乐观的气氛。

我小时候看过《外太空第九计划》，那时就喜欢上了，那是部当你还是个孩子时看过，长大了也不会忘记的电影。后来伍德被公认是世界上最差的导演，变得比生前出名了一点，接着有些电影节开始回顾展映他的电影，把每个观众都看乐了。但事实上，你观赏这些电影的时候就会觉得，是的，拍得很烂，但是也很独特。这些电影能流传并传播开来，除了出奇的烂这个事实之外，还是有别的因素的。这些电影彼此间有些共同点，就是它们风格一致的奇特的艺术效果。我的意思是，这很另类。他没有让譬如看得到的挂绳和拙劣的布景之类的技术细节，影响他讲述故事，这其中自有一种整体性，尽管是以扭曲的形式来表现的。

——艾德·伍德非常像伯顿电影里的经典形象：不合时宜，被人误解，被错误地看待。

他确实符合这样的主题，没错，但是我觉得艾德身上还有些别的角色没有过的元素，使他和他们区别开来，他的乐观就让我特别喜欢。自从我了解了艾德·伍德的电影和生活，再重拾他以前做的访谈，吸引我的就是他的极度乐观，最能体现这点的地方是他曾经被拒绝的次数数都数不清。这些元素都深深让我着迷。就像《蝙蝠侠》里的猫女或者《圣诞夜惊魂》里的莎莉，这些角色自己变得丰满起来，故事呼之欲出。激情和乐观某种程度上是个好事，但是当你一直处于被人拒绝的状态，太乐观就有点像得妄想症了。这就是艾德·伍德引起我兴趣的地方，我在这点上找到了跟他之间的关联。我想每个人都以某些方式被拒绝过，被拒绝是件很难接受的事。因为大多数人终其一生，也无法做到了解和掌控自己的每一面。

我会选这样一部电影让人觉得很好笑。因为我已经这么成功，干吗要去拍讲某个人如何不成功的电影呢？但是关于他和我之间的差距，我的感觉是，我的任何一部电影，也完全可能会有另外一种待遇，所谓成功和失败只是一线之隔。这就是为什么他带给我这么大的共鸣。我相信，说不定明天我就变成另一个艾德·伍德，谁知道呢。你别不信，要是你在我以往任何一部电影上映前去问问制片公司，他们也不敢打包票一定会成功。如果是一部像《致命武器》（*Lethal Weapon*，1987）[①]那样的电影，他们知道不会差到哪里去，就安心多了。但是我拍的那些电影，从来不能带给他们那样的信心或者安全感。所以我与艾德有共鸣，他有类似妄想症的缺陷，他的狂热让我喜欢他。

我喜欢的还有他和贝拉·卢戈希的关系。他陪伴卢戈希度过生命的最后时光，我不知道真实的关系是怎样的，说实话我把我如何对待文森特·普赖斯的感受投射了进去。和文森特的相遇对我有不可思议的影响，这与艾德和他的偶像邂逅然后一起工作的感觉是一样的。此外，围绕在艾德旁边的还有一堆怪人，我喜欢他们，我喜欢在银幕上重现他们，我喜欢他们完全活在状况之外，每个人都相信自己正在成就一番事业，但是他们统统搞错了。那些特立独行的人总会有些迷人之处，社会对他们的误解从某种程度上看反而解放了他们，使他们能坚持自我。

我和艾德之间颇有共同点。不管别人有没有感受到，我总是努力在所有主角身上找到共同点。艾德·伍德身上有些地方和我相通，因为我想你不得不……因为——我说过了，我不怎么擅长概括——这就像……就算没人能理解，就算这部电影拍出来后每个人都说"这是什么玩意儿？"，对我而言，我还是要找到它和我的联系。我必须和伍德一起把他的经历重走一遍。

还有一件让我喜欢上艾德·伍德，也把我自己代入的事，就是对

___

[①] 梅尔·吉布森主演的动作大片。

上图：贝拉（马丁·兰道［Martin Landau］饰）和艾德（约翰尼·德普饰）：
"我喜欢的还有他和贝拉·卢戈希的关系"
下图："那些特立独行的人总会有些迷人之处。"（从左至右分别为：杰弗里·琼斯，
萨拉·杰西卡·帕凯尔，马丁·兰道，约翰尼·德普，乔治·"野兽"·斯蒂尔［George "The
Animal" Steele］，麦克斯·卡塞拉［Max Casella］和布伦特·欣克利［Brent
Hinkley］）

上图：伯顿在执导《艾德·伍德》

下图："我喜欢他有激情"（约翰尼·德普饰演艾德·伍德）

要做的事充满激情，到了像是染上某种独特的药瘾的程度。就像我拍的每一部电影，你投入其中，觉得自己拍的是世界上最牛的电影，你必须这样去想。当然你自己觉得你的电影是史上最牛的，和这个世界上别的人是不是也这么想一点关系都没有。不过，我反正是不管以前还是将来都会这样去想。再重复一次，这就是我对艾德以及这一类人这么欣赏的原因——他坚持了自己想做的。

我要是看见一样东西、一件艺术品、一幅画、一部电影，或者任何创作，只要是有人不顾一切地去完成的，我都会欣赏。我甚至都不在乎自己是不是喜欢，都会欣赏他们，因为他们做的是很多人不会去做的事。像你遇到那些在沙漠里做汽车沙雕的人，他们激起的赞叹肯定胜过别人。

我记得大约拍《韩赛尔与格蕾特》时就有过这种感觉，很多人来评判它，说是个烂片，不会有人爱看的。而我对自己说："让他们见鬼去！做你自己的，也许成功，但你可不是为了成功才拍的！"我喜欢坚持做事的人。但是现在很多人只是观望，等待更多媒体关注，等待更多评判意见，所以也就有更多不动手的人。这个世界似乎比以前多了很多七嘴八舌的，少了很多实干的，我讨厌这样。这也是艾德·伍德显得特别有性格的原因，玩他自己的，还始终对未来保持乐观。

电影在强烈的乐观情绪中结尾，艾德抱着他拍出的《外太空第九计划》是绝世佳片的想法驾车离去。而在现实中，他的故事此后有了更浓重的悲剧色彩。他的生活愁苦而漫长，越来越消极，但我只是让他得偿所愿，以此作为结局。

——伯顿所有的角色身上都具有二元性，艾德外表上看起来是个异装癖。

这点在影片里讲到了，我尽量实事求是地去拍。我不随便评判别人，特别是那些我感兴趣但并不真的了解的人。所以，我就把这当作他人生的一部分如实拍出来了。我很不喜欢有些电影把关于异装癖的内容拍得像一个廉价的笑话，不知道为什么会这样。我很反感这样，所以避免拍得很搞笑。这只是他人生的一部分，只是有点好笑而已。他是一个异性恋，但是喜欢扮女人。我也理解他，女装更舒适。服装店给女人准备的衣服总是最好的。男装的款式经年不变，但是女装的布料总是最好的，所以理解异装癖行为很容易。这是人生的一部分，幸运的是他身边的人，其中大多数都能接受这点。

电影里有个地方我很喜欢，不是很重大的情节，我在看剧本时就留意到了。就是他告诉妻子凯西关于异装癖的事，她淡定地接受了，没有大呼小叫。这只是很短的一幕，但是让我觉得非常美好。我想这一刻打动我是因为这个接受是如此单纯，在现实里你几乎看不到。人们很少会接受你，只是因为你就是你；当真有人能这样做时，哪怕只是在浅层次上的接受，也是件高兴的事。

——伯顿的电影本质上都可以看作是真人表演的动画片，而《艾德·伍德》是第一部讲述真实存在的人物的电影。

没错，这方面确实和以前不一样。这次是关于真实人物的，但是以往的角色我也都是当真人看待的，每次拍摄都这样处理。我必须相信每个角色都是真实存在的。但是关于表现这些真实人物最奇妙的地方，是我对真实人物的感觉恰恰来自我以往那些不真实的角色。要是你去读《迷魂噩梦》，会发现最妙的地方就是里面的人物甚至没有故事。这本书是书中人物的一系列回忆，他们对同一段时间内发生的事情都有各自含糊的记忆，有人这么说，有人那么说，有些说法甚至互相矛盾，从中我能感知每个角色的精神世界。但是我拍的这群人，是一些轻度成功妄想狂，对"我们来拍个电影"这件事抱着乐观的态度。我一直把它当作一部另类的安迪·哈迪（Andy Hardy）系列电影^①，因为我就是想把他们拍成里面的人物。

这些人物也从没被视为真正的真实人物，他们没有被严肃地看待过。我想他们如此理不清状况，他们的人生回忆应该比我的更悲惨，要是你相信的话。这也让我有了演绎他们事迹的契机，毕竟不是在拍资料翔实的奥逊·威尔斯生平传记。当艾德·伍德去世时，报纸上甚至都没有讣告。他死于好莱坞丝兰街一个不起眼的建筑内，正在观看橄榄球比赛时心脏病发作了，没人知道他是谁。

——一开始，《艾德·伍德》是哥伦比亚公司投资的，但是当伯顿决定拍成黑白片时，哥伦比亚的主管马克·坎顿便不赞成投拍，除非电影公司能得到优先决策协议。伯顿坚持他要对影片全盘掌控，于是在 1993 年 4 月，计划表上开拍前一个月，坎顿突然撤出。这个决定在其他各大制片公司之间引起了一阵骚动，华纳、派拉蒙和福克斯都表示有兴趣接手，但是伯顿决定选择与之前《圣诞夜惊魂》的制片方迪士尼公司合作。迪士尼开出了 1800 万美元的预算，和现在的标准比偏低，他们觉得亏钱的风险不大，就承诺放手让伯顿去拍。伯顿在 1993 年 8 月开机。

在我拍过的电影里，《艾德·伍德》是开拍时最艰难的。我原以为这会是最容易的一部电影，我只拿了工会规定的最低导演工资，没有另外的酬金，这部电影也不需要去国外拍摄。相信我，我读剧本的

———————————

① 20 世纪 40 年代米高梅制作的热门系列电影，内容是反映中产家庭的日常生活。

时候觉得它棒极了，绝不比我以前拍的任何一部难搞。它当然应该是最便宜的电影，比我在《荒唐小混蛋奇遇记》之后拍的任何一部都便宜，所有的演员开价都不高。

拍成黑白电影的想法，和我做的其他决定一样是自然而然产生的。化装师里克·贝克把马丁·兰道扮成贝拉·卢戈希，我们在化装上做了多种实验，总是在问"贝拉的眼睛该是什么颜色的"之类的问题。你要是想在电影里不出错，这部电影就必须是黑白的才行。每个人都会说要是拍成彩色片会更出色，那就必须考虑用什么色彩。但是既然不应该是彩色的，那就别拍成彩色的。一样的道理，《科学怪狗》应该是黑白的，文森特·普赖斯应该是黑白的，《阴间大法师》应该是彩色的，《荒唐小混蛋奇遇记》应该是彩色的，《蝙蝠侠》也是，关键就是看哪个最适合。

决定之后，我曾经和哥伦比亚见面协商，而他们不赞成这么做。我的意见是只要电影拍得好，彩色还是黑白都不是问题。我还说不能确信这部电影一定会成功，正如不能确信其他电影一定能成功一样。不管这个电影能不能投观众所好，我自然都会尽量发掘能打动观众的可能性，我相信这个题材是更适合黑白片的，并非为了炫技。实际上，我平时是拒拍黑白片的，因为不想被看成爱炫技。我也不赞成很多影片刻意去拍成黑白的，但这也不是多严重的事情。你只是觉得怎样拍最适合便怎样去拍。结果谈崩了。

哥伦比亚不想出钱了，也好，我不想和说不通的人搅在一起。谁想啊？

在见面会上，他们一直夸耀他们的大片《幻影英雄》（*Last Action Hero*，1993）[1]，自以为是，而我一直在想，你们懂的还真不少啊。

---

[1] 阿诺·施瓦辛格主演的动作大片。

狂妄自大，这是我不能容忍的，在这个领域里你懂个屁啊，谁不是懂个屁啊。你能做的就是坚持信念，拿出诚意做最好的电影，我对与此无关的扯淡越来越不能忍受。我能忍受在谈话里被问"你觉得这个想法可以吗？"，这是适宜的方式。但是现在就像活在一个虚妄的世界里——这就是为什么后来我搬离了好莱坞而住在了纽约，因为我不想坠入那帮人自己营造的虚妄世界。电影是我唯一想创造的虚幻世界。事实是这些人坐在那里滔滔不绝地说他们的理论，为他们的暑期大片而自鸣得意，对我们正在交谈的内容不屑一顾。很高兴我离开了他们。

实际上，我的离场打开了一个新局面。由于《圣诞夜惊魂》，我和迪士尼已经建立了合作关系，我也和另外一些人谈过，除了哥伦比亚，每一家制片公司都很亲切。他们似乎都想得到这部电影。当然，它不像人们以为的那样具有很大的投资风险。每个人都对要拍成黑白片这点有点怀疑，但是这次我坚持我的理念，一直到最后，我坚定地

《艾德·伍德》：鬼屋的草图

觉得黑白片是这部电影该有的最好的形式。所以，怎样去拍最好才是
我心里的目标，无关选择彩色还是黑白。迪士尼是最有进取心的，他
们很投入地为我改动他们的构想，以至于我都觉得他们不用如此操劳。

——和伯顿以往的电影一样，《艾德·伍德》也有一个与之相配
的兼容并包的阵容；《剪刀手爱德华》里的约翰尼·德普饰演艾德；
马丁·兰道饰演贝拉·卢戈希；比尔·默瑞（Bill Murray）饰演艾德
同为异装癖的朋友邦尼·布雷肯里奇；杰弗里·琼斯饰演克里斯韦尔；
丽莎·玛丽（Lisa Marie）饰演凡派拉，她以前是一个模特，现在是伯
顿的女友，摔跤选手乔治·"野兽"·斯蒂尔饰演托·约翰逊；萨拉·杰
西卡·帕凯尔饰演艾德的女友黛伯莉丝，帕特丽夏·阿奎特（Patricia
Arquette）[①]饰演艾德的妻子凯西。

我想要一个搭配得当的阵容。约翰尼喜欢这个题材，对此很有感
觉。我和约翰尼很亲近，因为觉得我们老是能产生共鸣。这一次的角
色比《剪刀手爱德华》更外向。爱德华是一个内心世界慢慢苏醒的象征，
艾德更活泼一些。我觉得和约翰尼再次合作，让他扮演一个更外向的
角色很有意思。他演得很棒，赋予角色的基调我很喜欢。

我想知名的和不知名的演员都加入，丽莎·玛丽和乔治·"野兽"·斯
蒂尔以前没演过戏，就像艾德的电影那样，演员阵容包罗万象。我想
通过这样的方式来获得某种奇特的能量。对于比尔·默瑞的加盟，我
不想造成很多大牌来走过场客串的局面。但是好在比尔是作为一个丰
满的角色出现在电影里的，而不是"快看，刚才是比尔·默瑞"。他
演的古怪角色在剧里出现继而消失。对我来说重要的一点是要把那些

---

① 尼古拉斯·凯奇的前妻。

"我们重现了一些场景……"（乔治·"野兽"·斯蒂尔和丽莎·玛丽）

完全没有演出经验，或者有但很少的演员与经验丰富的演员融合起来，达到一种特殊的搭配效果。

关于马丁·兰道再说几句，我对他感觉很好。他在演艺圈多年，我不知道是什么使我把他和贝拉联系起来，可能仅仅是和他说话就让我感到他是扮演这个角色的完美人选。可能就和贝拉一样，他见过很多世态炎凉，也历尽沧桑。当然他不像贝拉那么悲剧，我想他在好莱坞浸淫了那么久，足以理解贝拉。他经历了那么多沉沉浮浮，在贝拉的身世上还是会产生共鸣的。他有属于自己的传奇，他成功扮演过德古拉，是恐怖片明星。他是一个"看那家伙长得怪异，让他演个恐怖片"的例子。他也是这么过来的。他曾经和阿尔弗雷德·希区柯克（Alfred Hitchcock）合作过，也曾经演过俗套的恐怖片。所以他可以从自己的经历里汲取扮演贝拉需要的见识。

至于艾德·伍德的妻子凯西，我希望找个有表现力的演员来演，因为这个角色本身戏不多，出场也晚。帕特丽夏·阿奎特的表演有种

something with skeletons （随便画画的骷髅）

《艾德·伍德》：骷髅速写

我喜欢的质感，那也是凯西需要具备的。有些特质是很难刻意去表演的，具有的自然就有。那不是你能借助外力假扮出来的，只有具备了才能表现出来。我很高兴她能做到，因为这部电影就是融合了各种人物的大杂烩，需要把他们表现得具有各自的质感。

这些角色的有趣之处是没有谁是被真正记录在电影史的。我知道那种感觉。这些人近似被遗忘，不太出现在人们的回忆里。所以，打个比方说，现在艾德·伍德从柜子里出来了，他的电影得到了前所未有的关注，有了更多关于他的纪念活动，这些都充满历史修正主义色彩。我也经历过同样可怕的事，因为《荒唐小混蛋奇遇记》我收到过最恶劣的评论，然而几年过去，我又看到评论家们在说这是一部伟大的电影。这也是为什么电影没有假装在1951年艾德·伍德就已经翻身。我们没有那样拍。某种程度上这样的逆转有点主观，这种认可是没有坚实的基础的。我只是拍出我所了解的，尽力展示他们身上的某种精神。电影拍得富于戏剧性，我想是有些搞笑的意味，但是剧情线也是不错的，因为我绝不想拍成搞笑片，绝不。我与角色们同在，而不是嘲笑他们。我不知道人们会怎么看待影片表现的这种精神和能量，因为他们会想"这又不是真的"。此外，我讨厌大部分的传记电影。我发现大部分传记是相当枯燥乏味的，因为在我看来，太多的敬畏让它们显得虚假。

我每次看传记片，都觉得不真实，总有些东西让人觉得那只是部电影，演员在扮演某人，在某种程度上显出肤浅和虚假。所以我决定把片子拍得比以往传记稍微出格一点，对待片中人物少点敬畏，不要拍成纪录片风格。我算是某种程度上的纯粹主义者。我没有和片中人一起生活过，不认识他们，但是对他们有感觉，我做的就是把这种感觉表现出来，忠实传达。我相信这些人其实比我描述的更糟糕，但他们应该感觉良好，因为他们一生都活在奚落之中，当然我不会这么对待他们，我喜欢他们。我尽可能去研究能从他们身上学到什么，但还是要说，这个电影表现更多的是我对这些人物的想法。

凯西还在世。她人很好，真心爱着艾德。人们彼此相爱，这是又一件赏心悦目的事。这也是我喜欢她的地方，她似乎是真的很爱他。

——伯顿再次抑制了回溯并评价伍德拍的电影的念头，把重点放到探索他的回忆和感受上来。

我们把这些电影拿出来放映。他们都来看，我看得不多。可能在放到某些地方时，我会在角落里看下。我不是很想进行太多奇怪的旧片还原。我想，不要坐下来跷着二郎腿说些对影片的评判的话。要客观地拍，所以一些片段我们还原了，一些我们不还原。我们从三部电影里选了几个场景，但是更多的是重现它们拍摄的过程。这些场景是不连贯的，我觉得和剧本的基调有一点不一致。我让艺术部门和那些

"……更侧重表现他们的拍摄状态"（诺曼·阿尔登和约翰尼·德普）

没听过艾德·伍德的演员看这些电影，我给了他们电影的拷贝和乔纳森·罗思（Jonathan Ross）① 关于艾德的纪录片。其中我最喜欢的是纪录片，因为觉得它抓住了这些人物的精髓。

影片拍得有点稀松。我说过我也不知道它最后会怎样展现，因为这是各种感觉的混合，我不知道最后应该怎么组织。但是对于艾德·伍德的电影我一直喜欢的是它们相对的永恒性，它们似乎同时超前和滞后于它们的年代。记得这些电影都是异常的简陋，所以我在很多时候有意显得内容松散一点，因为这样比较贴合伍德电影给我的感觉。它们属于它们自己的世界。

——出人意料的，伯顿这次找了作曲家霍华德·肖（Howard Shore）

① 英国著名制片人和主持人，这个纪录片是他制作的系列电视纪录片《奇奇怪怪电影展》（*The Incredibly Strange Film Show*）中的一集。

给《艾德·伍德》配乐，而不是已经合作六次的丹尼·艾尔夫曼。

对于和丹尼的现状，我不知道会不会持续下去，会不会还有合作。我不知道说什么，因为我不知道接下来会怎么样。我们都给对方放了个短假。

——1994 年 10 月 7 日，《艾德·伍德》在美国上映，好评如潮。之后伯顿去为第三部蝙蝠侠电影《永远的蝙蝠侠》（*Batman Forever*，1995）担任制片，导演是乔尔·舒马赫（Joel Schumacher）。

我不觉得华纳想让我拍第三部蝙蝠侠，我甚至就这么去跟他们说了。我觉得事实上在上一部我已经表达了很多内容，加入了很多我个人的和关于电影的想法，实现了我让这部电影与众不同的愿望。我总是会和他们有点小争执。每次人们开始说我的电影风格黑暗，我就会不明所以，因为我对黑暗的定义有点不一样。我觉得像《致命武器》这样的电影就相当黑暗，但是他们居然觉得不黑暗。他们觉得穿着常人衣服手里端着枪扫射的人物更让人愉悦，胜于那些衣着古怪的形象。这样的现实让我很困扰：我觉得以欢快的姿态来表现暴力，比完全脱离现实更黑暗。我一直对此难以理解，全面考虑之后，我想，当电影拍出来，没有人会是赢家。要是这部的利润比不上前两部，就会让人失望。那些抱怨电影吓到小孩的家长还会发来一大堆批评，这太难为他们了。

但是我对这个题材还是觉得亲切。我当然不会从此和蝙蝠侠恩断义绝，因为我觉得自己还是赋予了他一些东西的。

——马丁·兰道的表演和斯特凡·查普斯基（Stefan Czapsky）出神入化的黑白摄影为《艾德·伍德》赢得了美国几个重要的评论家奖项，但是除了众口一致的评论口碑，这部电影在普通观众那里却遭到了冷遇，这也是伯顿首次票房失利。

我想要是让我自行其是，我才不管他们能赚多少钱呢——但事实是你身处的是商业机制，就要在商言商。我对《艾德·伍德》感觉很好——你总觉得那是自己的孩子，很鼓舞人心。我们先在纽约电影节放映，反响很好。当发现它不能赚钱时，我的感觉就像"好吧，这只不过说明你从来搞不懂这些的"。我爱这部电影，这是部没有人拍过的电影，我为拍出它而骄傲。如果我是别人，大概就会怪营销不力，不过这样说是站着说话不腰疼。

——不过，本片还是在 1995 年斩获两项奥斯卡奖：里克·贝克的最佳化装奖和马丁·兰道的最佳男配角奖，后者同时也摘取了金球奖。

这很好，他们当之无愧。我从来不考虑得奖的事，但是很为马丁高兴。他有一段漫长的充满波折的演艺生涯，这次的表演是精彩绝伦的，得奖后他看起来很开心。有人希望得奖最终也得偿所愿，这不是很好吗？

第十一章

《飞天巨桃历险记》 《火星人玩转地球》
《超人复活》和《牡蛎男孩忧郁之死》

James and the Giant Peach，*Mars Attacks*，*Superman Lives*
and *The Melancholy Death of Oyster Boy*

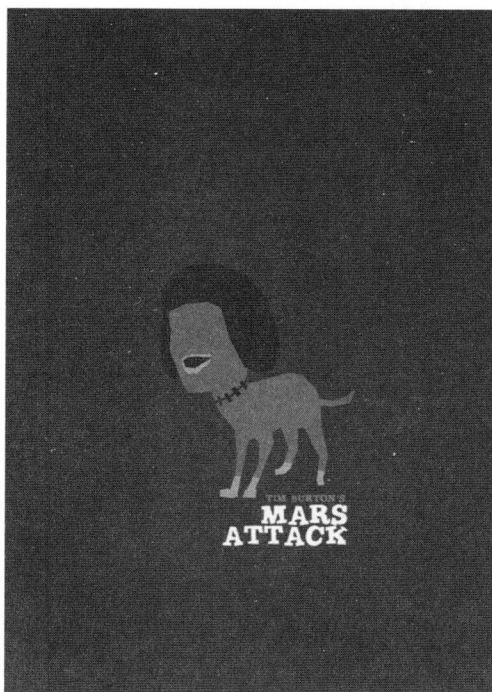

——在《艾德·伍德》之后，伯顿和制片人丹尼斯·迪·诺维再次合作，与《圣诞夜惊魂》的导演亨利·塞利克一起将真人和动画结合，翻拍了罗尔德·达尔的儿童故事《飞天巨桃历险记》。这是他们一起制作的最后一部电影，在 1995 年，伯顿和迪·诺维结束了伙伴关系。

尽管伯顿的名字频繁地和各种项目联系在一起（包括筹备了很久的丹尼尔·沃特斯的剧本《猫女》［Catwoman］），在 1995 年伯顿开始为华纳兄弟公司的影片《火星人玩转地球》（Mars Attacks!）做前期准备，对泡泡公司（Bubbles Inc)1962 年出品的初版托普斯（Topps）公司集换卡进行故事改编。剧本由英国舞台剧和影视剧剧作家乔纳森·格姆斯（Jonathan Gems）写就，他曾经花了几周参与对《蝙蝠侠》的改写，之后又陆续为伯顿写了几个剧本，不过都没有投拍，包括：《荒唐小混蛋奇遇记》续集《荒唐小混蛋来到夏威夷》（Beetlejuice Goes Hawaiian）；把埃德加·爱伦·坡的诗歌《厄榭府的崩塌》（The Fall of the House of Usher）改编成场景设定在伯班克的版本；一部牛仔加魔怪的电影《霍克蓝怪物》（The Hawkline Monster），原计划请克林特·伊斯特伍德（Clint Eastwood）和杰克·尼科尔森来演；《宝贝宝贝快快走》（Go Baby Go），一部效仿鲁斯·梅耶（Russ Meyer）风格的沙滩电影。

1994 年夏天，格姆斯在好莱坞梅尔罗斯大街（Melrose Avenue）

的一家礼品店里偶然发现了整套的"火星人进攻"和"恐龙进攻"卡片。格姆斯马上被迷住了，他把两套都买了下来，拿给伯顿看，并提议他们可以根据这些卡片拍出一部精彩电影。几个月之后，伯顿招来格姆斯，让他根据"火星人进攻"卡片写一个剧本。

我小时候有各种各样的卡片，记得其中就有这一类的，我喜欢它们表现出的无政府主义精神。我觉得格姆斯自己也带着一点无政府主义精神——住在美国的英国人，有着外国人的视角，可能我自己也有点儿。我喜欢写剧本不拘一格的编剧，有时这会给我带来麻烦。通常你读过一些剧本之后会发现它们有点千篇一律，但是他给剧本带来了不一样的能量。

我对所有"表里不一"类型的题材都有兴趣。那时我对身边一切事物、对美国这个国家感觉很陌生——每件事情在我眼里都摇摇欲坠，这也是让我想拍这个素材的一个诱因。我在其中感觉到了更多的无政府主义——我通过火星人看到的，我喜欢它蕴含的这种能量。再加上这部电影不由就会让人把它和《艾德·伍德》联系起来，我总是处于拍出这部电影将会如何艰难的感觉中，预感到会把一部好电影拍糟。我知道不光自己处于这种状态，我一直也听到别人这么说——这段时期拍电影有多么艰难。就像《爱丽丝梦游仙境》里的经历，从完成一部电影到下一部之间的时间间隔越来越久了。好比一个运动员，要是你在开始时犯下太多错误，就会丧失斗志。我记得这部电影启动时费了不少时间。

——华纳给格姆斯一开始的剧本估算出 2.8 亿美元的预算，这是一个完全没有可行性的巨大投资。在多次改写剧本试图把预算降下来之后，格姆斯被《艾德·伍德》的编剧拉里·卡拉斯泽斯基和斯科特·亚历山大换下，但他后来又重返这个项目。格姆斯前后共写了十二个版本的剧本，预算最后降到 7000 万到 7500 万之间，其中很大比例将会用在特效上。不过伯顿和格姆斯有意想要模仿 20 世纪 50 年代俗烂科幻片风格，而不是像《星球大战》那样打造一部高科技电影。

没错，那些 50 年代讲外星人入侵的电影，这是我们的灵感，尽管我从没想过《火星人玩转地球》会是一部"科幻电影"，因为我总觉得真正的科幻，某种程度上，应该更严肃些。我是说，50 年代的电影，我记忆中有些是很不错的……记得我很喜欢的一部是《目标地球》（*Target Earth*，1954），但是当我再次看到时发现居然拍得这么烂，简直不能相信。关于《火星人玩转地球》——我的大多数决定都是来自潜意识，多过有意识地去想"我要拍部 50 年代科幻电影"之类的。我拍电影都是基于感觉，然后再完成拍摄过程，把所有这些感情封装到电影里，因此要花时间去真正地设计画面，看它是否表现了让你想拍这部电影的潜意识里的感情线索。所以对于一部电影，这个过程要多花上一年左右，因为我一般要用三年时间发掘脑子里到底在他妈想什么。

——为了表现火星人入侵地球灾前四天的诸般细节，格姆斯剧本里的场景地点跨越从华盛顿、纽约、拉斯维加斯到巴黎、伦敦、复活节岛甚至印度（那里有片中最有趣的场景之一，几个火星人在被点燃的泰姬陵前面摆姿势拍照），还有来自遍及社会和政坛的形形色色人物的反应，有美国总统和他的家庭、科学家、媒体代表、甜甜圈店员、前拳击冠军们和房地产开发商。论及《火星人玩转地球》的结构、地点和各种角色的大杂烩，很大程度上要归功于 70 年代欧文·艾伦（Irwin Allen）制作的那些灾难电影（譬如《波塞冬历险》

上图：伯顿的草图，火星人在泰姬陵前面暂时停火

下图：《飞碟入侵地球》里令人揪心的一刻

（*The Poseidon Adventure*，1972）、《火烧摩天楼》（*The Towering Inferno*，1974）和《大地震》（*Earthquake*，1974），以及《飞碟入侵地球》（*Earth Versus the Flying Saucers*，1956）之类的片子。

我一直都喜欢欧文·艾伦的所有作品——那些"大明星遇害"的电影。它们自成一派，你能看到查尔顿·赫斯顿娶了阿娃·加德纳（Ava Gardner），而他岳父是洛恩·格林（Lorne Greene），他其实比女儿阿娃·加德纳小了大约三岁[1]。在那些片子里你能看到这些演员的奇怪搭配，这是电影魅力的一个方面，棒呆了。我不觉得故事的主题被看得高于一切，但是把那些大明星用射线枪扫倒似乎是一个很不错的想法。

——虽然格姆斯同时署名为《火星人玩转地球》的故事和剧本编剧，但是他把剧本改编的功劳归功于伯顿，说他"合写了剧本但不要求署名"，他强调伯顿对剧本的贡献不可低估，"他对影片结构具有精妙的直觉，我本人是戏剧出身，在那里你通过角色和对话讲述故事，但是蒂姆出身自动画片，通过画面描述故事和角色。很多剧情是我写蒂姆画，他能用画画来表达每件事"。

我们浏览了卡片，挑出我们喜欢的，这是良好感觉的开端——我们不是从文字上编排它们。这些形象有点滑稽，很有个性——它们有很响亮的名号，像"烈焰之牛"。于是我们选出喜欢的卡片，就是这样启动一部动画片的。

---

[1] 此处伯顿描述疑有误，因洛恩·格林生于 1915 年，阿娃·加德纳生于 1922 年。

——在赫伯特·乔治·威尔斯（H.G.Wells）的小说《星际战争》（*The War of the Worlds*）中——《火星人玩转地球》的卡片和电影很大程度上都受它影响——人类从火星侵略者手中幸存是得益于普通感冒而不是军队：格姆斯在他的剧本里借鉴了一下这个情节的框架，改成此处需要音乐来击溃火星人，具体哪种类型的音乐，格姆斯没有说。后来是伯顿决定用斯利姆·惠特曼（Slim Whitman）①的歌曲。

这来自那些 50 年代电影的生动记忆，那时大部分电影里，结尾总会出来什么东西杀死了外星人，我记得通常是些声波一类的，像《目标地球》或者《飞碟入侵地球》里那样。我回忆起小时候听到的斯利姆·惠特曼的歌声，他的声音就像声波，具有某种可以魔音入脑并且进行摧毁的频率，也很有科幻感，就像一种乐器，类似特雷门琴②。

——伯顿一开始的念头是要再次利用定格动画来塑造火星人，他雇用了一个由来自曼彻斯特的伊恩·麦金农（Ian Mackinnon）和彼得·桑德斯（Peter Saunders）率领的动画师团队，他们在伯班克建立了工作室，开始做定格动画的特效，只是后来被乔治·卢卡斯的工业光魔公司替代，后者最终用 CG 技术设计了火星人形象，并赋予了他们生气。

我们做了些定格动画实验，然而因为角色数目多，导致他们看起来都一个样，这样的效果不行。再考虑到时间因素，用 CG 做才显得

---

① 斯利姆·惠特曼（1923—2013），美国乡村音乐歌手。
② 一种早期的电子乐器。诞生于 1928 年，由苏联科学家莱昂·特雷门（Leon Theremin）教授发明。其后，被广泛应用于 20 世纪 40 年代至 50 年代的好莱坞电影配乐中。——编注

上图：伯顿利用画草图来想象火星人
下图：火星人头目兴高采烈地焚烧美国国会

可行。我以前从没用过这项技术，但是我想不妨试试：它会是一个新的表现手段，一个需要检验的新事物。我试着拿出以前拍《文森特》或者《圣诞夜惊魂》的态度——让动画人物表演，对待他们就像对待真人，因为有时我注意到电脑制作出来的东西会显得轻飘飘的。CG不会给你沉甸甸的质感，就像你第一次看到变成三维动画的《伊阿宋与阿尔戈英雄》或者雷·哈里豪森的电影。CG也可以用得很精彩——它很接近真实——但是，我对触感抱着很大兴趣，不同的媒质创造不同的感情，每次都让我觉得值得好好琢磨。但是最终我的确要感激《火星人玩转地球》里的CG特效，因为不用的话几乎不可能像我们这样采用变形银幕比例的拍法——图像配准（image registration）问题就会是一场噩梦。所以在那种情况下，我没有像在以往作品里那样渴望表现定格动画的触感。

同时我对于CG的另外一个想法是：它真是无所不能，这有点削弱了电影的效果，说起来很令人玩味——即使在新拍的《星球大战》里面，当你可以做出任何东西……人类还是需要些不可企及的界限的。电影需要一个架构，需要顾及别的元素，这样你才会觉得有些东西更具有存在感。对我来说，电影里没有无限的资源——你需要界限。

——尽管有庞大预算，伯顿还是和拍以前那些电影那样，譬如《阴间大法师》，刻意让影片尽可能看起来没有科技含量或是廉价。

有时我真觉得自己正在化身艾德·伍德，但这绝对是一部我投入了很多不同理念的电影，拍它时的感觉就像回到了在迪士尼动画部门工作的时候。那时你要做的就是尝试一堆新鲜的想法，去实现它然后看看会发生什么，但是有时也会引起争执。

——这部电影让伯顿和《蝙蝠侠》里的明星杰克·尼科尔森再次聚首，他在拍《蝙蝠侠》的艰难时期里曾经有力地支持过这位年轻导演。一开始沃伦·贝蒂（Warren Beatty）曾被提名扮演戴尔总统，尼科尔森扮演戏份儿较少的拉斯维加斯房地产开发商亚特·兰德。最终尼科尔森同时扮演了这两个角色。

对我来说，他一直很棒，总是能明白我的意图，我喜欢和他合作。像他这样的人经历过很多坎坷，还是能理解电影业的荒唐并欣赏其中的乐趣。杰克正好愿意尝试些新角色，我觉得让他扮演一位总统是个很棒的主意，可以赋予影片灵魂。我邀请过他扮演那个拉斯维加斯的角色，但是没指望他会答应，我问他："杰克，这个角色怎么样？或者看看那个？"他说："我两个都演，怎么样？"因为《火星人玩转地球》，我觉得他并不有志于增加他奥斯卡奖收纳袋里的收藏，他可能对罗杰·科尔曼（Roger Corman）① 导演的或者《头》（*Head*，1968）那种风格的电影投入得更多一点。每次他一走进片场，我们都忍不住开"向总统致敬"② 的玩笑。是一个搞音效的家伙先玩起来的，然后杰克就喜欢上了，再然后……就变成必不可少的惯例了。他学总统在片场逛了几圈，迷上了这种玩法。

——和启发了格姆斯灵感的欧文·艾伦的灾难片一样，《火星人玩转地球》的演员堪称全明星阵容，包括皮尔斯·布鲁斯南（Pierce Brosnan）、迈克尔·J·福克斯（Michael J. Fox）、安妮特·贝宁（Annette Bening）、格伦·克洛斯（Glenn Close）、娜塔莉·波特曼

---

① 美国著名独立电影人，有"B级片之王"之称。
② 出自《向总统致敬》（*Hail to the Chief*），美国总统出席各种场合的官方歌曲。

向总统致敬！杰克·尼科尔森扮演美国总统

（Natalie Portman）、帕姆·格里尔（Pam Grier）、罗德·斯泰格尔（Rod Steiger），还有歌手汤姆·琼斯（Tom Jones），当然少不了以往伯顿电影里的熟面孔：在《蝙蝠侠归来》里扮演企鹅人的丹尼·德·维托、《阴间大法师》里阴间的烟枪官员西尔维亚·西德尼（Sylvia Sidney）、《艾德·伍德》里的萨拉·杰西卡·帕凯尔和《剪刀手爱德华》里聒噪的邻居之一奥兰·琼斯（O-lan Jones）。

　　大致上我把演员分成不同的两类：一类是我喜欢的，而另一类，我觉得他们代表着社会文化中更具讽刺意味的某些方面。这挺有意思——这是一个和演员们接触的极好途径，看着不同的演员聚到一起，以不同的风格合作，在《艾德·伍德》里我觉得就做到了。我喜欢搭配着用伟大的演员、方法派演员、一线演员、B级片演员和从来没真正演过戏的演员，我享受这样混搭擦出的火花。这是一件如此超现实的事——我记得我考虑过把所有这些人装在同一间房间里，那会有多么好玩。当你用着一块"好演员调色板"，会和你与时常合作的他们各自拍片时的感觉大不相同。你可以获得更多敏锐的印象。但是他们真的很酷——他们到来，被射线枪打中，然后离开。

——《火星人玩转地球》在美国上映的时间是 1996 年 12 月 13 日，评论褒贬不一，票房不好不坏。市场营销活动对这部电影来说做得比较失败，既没有切中影片表现无政府主义的手法这一要害，也忽略了对儿童市场明显的吸引力。

美国华纳不了解电影拍了些什么，这很正常，总是这样的，某种程度上他们不了解反而更好。后来一直有人走来跟我说营销做得糟透了，但是我不好判断，当你跟一件事太接近了往往反而会看不清。我知道的是，后来我们去欧洲宣传时情况就好多了。依然是华纳，不过换成了他们在欧洲的分公司，似乎他们就运作得更好。我确实感到欧洲观众更能理解这部电影，或者说似乎有更多感触。他们似乎没有美国人那么自以为是，"你有些东西拍得挺好看，不过拍别的可就不一定好看了"。

——另外，在这个暑期档，题材类似的电影《独立日》（*Independence Day*）出乎意料地大获成功，也抢去了不少风头。

这只是个巧合，一开始没人跟我说过这个事情，然后有人说："他们在拍这个电影，和你的同一个类型呢。"我想："哦？从没听到过消息呀。"后来就放映了，最后我在有线电视台看了几眼。果然很相似，我很吃惊，觉得它还是很典型的类型片。《独立日》和《火星人玩转地球》基调完全不一样——每样东西都不一样。这感觉几乎就像我们拍的是《独立日》的《幽默杂志》（*MAD*）^①版。

——这次还是丹尼·艾尔夫曼做的配乐，在拍《艾德·伍德》之前他曾经脱离了伯顿的创作团队。

我想他自从《圣诞夜惊魂》之后就对我抓狂了。《圣诞夜惊魂》拍得不易，因为和丹尼、亨利还有卡罗琳在一起时，我们就像一群孩子那样争吵。起码我这么觉得，我想那就像一种任何关系中都会遇到的情况，我们只是需要分开一阵，这样可能对我们大家都好。丹尼和很多不同的人合作过，所以我觉得应该时不时试试新的东西，我和霍华德合作也很开心。

——等到第四部蝙蝠侠电影《蝙蝠侠与罗宾》（*Batman & Robin*，1997）面世的时候，伯顿已经不再和这个系列有任何瓜葛了。

我看过《永远的蝙蝠侠》，但没看过最后这部。我做不到。我以前从没有过这样的经历，这感觉有点不太真实。有点像你被卷入了某样东西，其实那不是你的东西，但看起来又有几分像你的。就像你觉得已经死了，然后灵魂离开了身体。这是我能做出的最接近我当时感觉的描述了，这种感觉既不是"我讨厌"也不是"我喜欢"，我只是很震惊。

——既然已经成功再现过一部漫画经典，华纳方面觉得伯顿理所当然是新的《超人》电影版的导演人选。尽管华纳自从1978年理查

---

① 创刊于1952年的美国著名讽刺幽默杂志。

德·唐纳（Richard Donner）执导了第一部超人电影之后，已经制作过三部克里斯托弗·里夫（Christopher Reeve）主演的超人电影（第四部是佳能影业［Cannon Film］拍的），但是华纳高层还是不想放过任何让这个超级英雄系列片成为又一个票房炸弹的可能性。身为制作人和漫画迷的凯文·史密斯(Kevin Smith)为《蝙蝠侠》的制作人乔恩·彼得斯在漫画书《蝙蝠侠之死》（*Death of Superman*）的剧情基础上写了两版剧本，奥斯卡最佳男主角尼古拉斯·凯奇（Nicolas Cage）签约要演《钢铁之躯》（*Man of Steel*）。

　　他们来找我，但是《超人》本身并没有很吸引我，因为我觉得这个题材已经被人拍过了——跟《蝙蝠侠》不一样，《蝙蝠侠》尽管已经有过电视系列片，可是我们用了不同的拍法。但是《超人》不久之前已经拍成了电影，而且挺成功。所以你能做什么呢？呈现在我面前的是尼克·凯奇 ① 和拍出一版我们自己的《超人》这个挑战，我想听起来不错嘛，因为我喜欢尼克·凯奇。于是我们见了面，我们的想法是应该把焦点更多放在他是一个外星人这个事实上，也许这是第一次真正去感受身为超人究竟是什么感觉。对于我来说，拍超人存在的问题之一是，他在漫画层面上看起来不错，但是在电影层面，还没人真正把他的蓝衣服、滑稽的黄色腰带和整副行头处理好过。所有的漫画角色里，他是最平面化的一个。对我来说，从来没有真正弄懂超人到底是怎样的，但是对于蝙蝠侠我总是清楚他是一个很操蛋的家伙，有一点能想他所想。所以我们打算尽量分析，想要从"来自外星的人会有什么感受"这个角度上努力深入，他不能告诉任何人他是完全不同的人，必须隐瞒这一点。基本上所有的漫画故事讲的都是两面性的故

① 尼古拉斯·凯奇的昵称。

事——要展示什么，要隐瞒什么。

和尼克合作让我很兴奋，因为我们对超人的想法一致，这会是第一次让你相信没有人能认出克拉克·肯特就是超人——他应该会实实在在地变装，而不是简单地把眼镜摘掉。不用搞化装或者别的，尼克是那种可以通过表演就变成另一个人的演员。我们还讨论了是不是可以找凯文·史派西（Kevin Spacey）演莱克斯·卢瑟——他是完美人选。

所以当时的想法就是你有了出色的演员，让观众可以理解这个角色，吸引我的就是这两点。技术上现在你已经可以提升到一个新的层次——不再需要拉着绳索把这个家伙吊在半空了。在以往那些电影里飞行拍得都很糟糕，甚至在当时看也是——我没在电影里拍过——我要拍了，"我不知道要怎么弄……"。你可以做得更好的，没问题。

电影名字定为《超人复活》（*Superman Lives*），我努力想改成《超人》，我一直讨厌《永远的蝙蝠侠》之类的片名，觉得"《永远的蝙蝠侠》听起来就像有人嗑药嗑嗨的时候给自己搞出来的文身"，或者像是小孩子会在纪念册上写给别人的话。我对这类片名很头疼。

——经过一年的筹备，搜寻了外景地，雇用了长期合作伙伴里克·海因里希斯率领的艺术效果制作团队，让很多个作者改写了史密斯的剧本，包括韦斯利·施特里克（Wesley Strick）和丹·吉尔罗伊（Dan Gilroy），做完这些华纳把这个项目搁置了。

华纳一直在碍手碍脚，我们一会儿换一个时间计划。我一年里都在和他们开剧本讨论会，每次对某个方向进行了修改之后却都没有让剧本变得更好，它变成了筹备组的集体创作。我对此并不十分确定，但对最新一部《蝙蝠侠》他们就是这么干的，我记得他们在讨论时觉得这个故事太棒了，后来电影被观众严重羞辱之后就不吭气了。所以突然之间，华纳好像因为毁掉了这个系列而感到了压力。我想他们是如坐针毡，既然在好莱坞恐惧是最重要的因素——大多数时间决定都是基于恐惧心理而做出的。我觉得他们非常害怕可能会搞砸另一个经典系列。他们看待它的方式是："等到一切准备妥当之前我们还是不想拍。"在准备好之前我也不想陷进去，因为这是《超人》，一个太容易成为众矢之的的目标。

同时，我最初的害怕也变成了现实。我曾经想过："好吧，乔恩·彼得斯是制片人，以前和乔恩一起拍过《蝙蝠侠》，那是个噩梦，但我还是完成了。所以我可能可以再来一次。"但这次不一样了。记得在某个时候我对华纳说："现在你有了三方面的人，你有我，有乔恩·彼得斯，还有华纳兄弟公司。可以想象得出来情况将会像意大利式西部片（Spaghetti Western）里的枪战那样，三个人互瞪二十分钟，因为他们每个人都有不一样的主意。"结果真的说中了。真实情况是，如果当时有机会接着拍，华纳肯定会在我和乔恩两人里除掉一个，然后让另外一个接管电影制作。乔恩有自己的构想，华纳有自己的恐惧，我有自己的思考。而乔恩，就像一股想要掌控天气的龙卷风，很难相处。基本上我就是浪费了一年时间。

这种情况糟糕极了，你觉得自己在做某件事，其实什么都没做，最后才意识到这是一堆垃圾，因为你参加了所有会议，但就像在真空里工作。你做了一件事让事情有了进展，然后下一件事却又成了绊脚石。如果你做成了某件事就会感觉好，而非但做不好，还越做越困难、越做越拖延就是毁灭性的，因为我真心想做好它，而不是去开什么狗屁会议。拍电影的一部分乐趣在于"做"，而我花了这一年在"不做"上。

——伯顿在 1997 年出版了《牡蛎男孩忧郁之死》（*Melancholy Death of Oyster Boy And Other Stories*），二十三个用韵文写成的、长短不一的绘图故事的合集。这些故事（题目包括《木棍男孩与火柴女孩恋爱啦》［*Stick Boy & Match Girl in Love*］、《变成一张床的女孩》［*The Girl Who Turned into a Bed*］和《香瓜大头》［*Melonhead*］等）在内容和风格上都是典型的伯顿式，以一种用欢乐漫画来温和地描述死亡的方式，再次表达了不合群的青春期少年的痛苦与哀伤，对此《纽约时报》（*New York Times*）的评论是"孩子气却又深奥微妙"。

这些都是小玩意儿——给现代人短暂的注意广度准备的，但是对我来说很有趣。算得上幸运的是，我在筹拍《超人》的同时创作了《牡蛎男孩忧郁之死》，所以也就不是完全没有收获吧。我写了很长时间，通过这样一个奇怪的方式表现出了我的想法，所以是对我思想的一瞥。我享受这个过程中所感受到的宁静的禅意。这对让我集中精神有点帮助，因为我哪里都有事操心。那里很多个形象都是"丽莎·玛丽"，各种不同画法，她给我很多灵感。

——污渍男孩（stain boy）是一个儿童版的超级英雄，有两个故事讲述了他的事迹。他的超能力是走到哪里都会留下讨厌的污迹，他还穿着一件披风，胸口有个字母 S 的标识，这影射了一个更著名的超级英雄角色。

污渍男孩是我最喜欢的角色之一，某种程度上他或许也是整个《超人》拍摄经历的完美写照，那一年——说实话《污渍男孩》就是我那时的感受。要是任何人想知道当时是怎么个情形，就看这个吧，这是

sometimes I know it bothers him
that he can't run or swim or fly,
and because of his only power,
his dry cleaning bills' too high.

我知道他为此很是烦恼，
譬如他跑不快，游不快，也飞不高。
一身就这点脏兮兮的本领，
他的干洗账单因此天一样高。

for christmas stain boy
got a new uniform.
it was clean and well pressed,
comfy and warm.

圣诞节到了，
污渍男孩收到一套新制服。
十分干净，还熨烫得整整齐齐，
舒服贴身，还很暖和。

but in a few short minutes,
(no longer than ten)

those wet, greasy stains
started forming again.

可才刚过几分钟，
　（不超过十分钟）
那些湿滑油腻的污渍，
便又一块块出现在他身上。

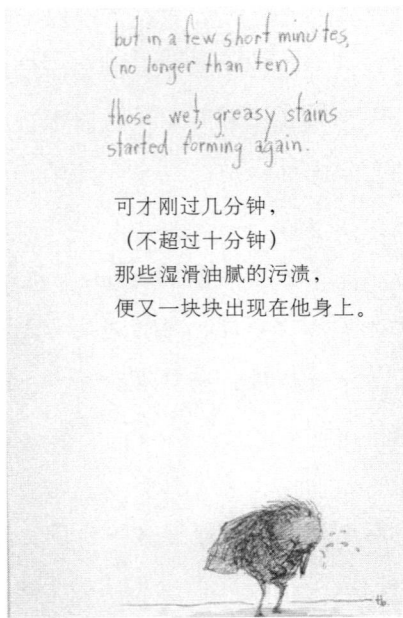

不幸的污渍男孩，代表着《超人》给伯顿带来的悲哀

对那年最好的描述了。

——除了作为一个精湛的画家和插画师，伯顿的兴趣还延伸到摄影。他用各种不同规格的器材来拍，从常规的 35 毫米到 3D 和特大光圈宝丽来相机。

这只是我喜欢的一个用来实践不同想法的工作方式。我喜欢把事物形象化地展示出来，因为这会触及你的潜意识，所以对我来说，这种表达在我脑子里比用文字表述更具有真情实感。我喜欢用画画，或者拍张丽莎·玛丽的照片来试试新构思；这属于视觉概念，与思考相对。

——伯顿大多数的摄影作品拍的都是和他在一起八年的女友丽莎·玛丽。

我遇到她时有一种以前从未有过的感觉，我猜这就是化学反应吧。你知道的，这是多大一种快乐。我们在公路旅行中照相，尽可能地拍出这个世界上最波希米亚风格的照片。在有些照片里，我们扮成奇怪的植物和动物，但是绝大多数时候是她在扮。爱上一个人的感觉真好，和我独自一人走完一生的感觉截然不同。

——伯顿的缪斯，丽莎·玛丽在《艾德·伍德》里出镜扮演了凡派拉；在《火星人玩转地球》里她是嚼着口香糖的没有台词的火星人，顶着硕大的蜂窝式发型，使用诡计进入了白宫；在《断头谷》里又变成了伊卡博德·克兰的母亲。

我们既然已经在一起，当然也会有共同的消遣。这些事我不会和

共同的消遣：伯顿拍
摄的丽莎·玛丽……

别的演员做，因为这更随性。有一个周末我们只是披挂打扮起来玩乐，
不干别的。我记得我们在纽约就这么玩了一整天，戴着一顶廉价的小
假发，去华盛顿拍了些波希米亚风格的照片，为《火星人玩转地球》
寻找灵感。

——丽莎·玛丽在《火星人玩转地球》里的表演是电影最出彩的
时刻之一。她裹在一条伯顿设计的红白裙子里，以一种可怕诡异又神
经兮兮的方式，悄无声息地滑进白宫试图刺杀总统和第一夫人。

上图：马丁·肖特（Martin Short）扮演的杰瑞米·罗思和丽莎·玛丽扮演的充气火星女杀手

下图：伯顿早期给那件裙子画的草图

这是个很有趣的挑战，我觉得她表现得很不错。不说话光有动作，这不好演，我花了很多时间在她的服装上，我们用了一些技术，让她以自己的样子走路，在这个基础上再加上技术特效。这几乎就像编舞，你通过给一种运动造出光的幻觉，形成另外一种动态效果。我们和一个在形体表演上很有造诣的家伙合作，他叫丹·卡明（Dan Kamin），为《卓别林》（*Chaplin*，1992）工作过，我从他那里学到很多。

——喜欢刨细节的粉丝会注意到那只属于萨拉·杰西卡·帕凯尔所演角色的吉娃娃，剧中它的脑袋被嫁接了，现实中它是伯顿和丽莎·玛丽的狗，是玛丽在日本的街道上发现的。

那是在东京一个破破烂烂的酒吧集中区域，我们坐在车里和另外两个人交谈，那里很拥挤吵闹，所有的灯光都像是在拉斯维加斯，丽莎突然说"停下车"，我不知道她是怎么在街上发现一只装在五十米之外的小笼子里的狗的。所以呢，我们从东京把狗带回来了，它叫波比，演戏不错。

——在 1998 年，伯顿给一款叫"好莱坞口香糖"（hollywood gum）的法国口香糖拍了他的第一支电视广告。这个三十秒的短片拍的是一只花园地精（garden gnome）从他后花园的家里跑了出来，在一辆运白菜的卡车上搭了便车，最后和一个看起来很像丽莎·玛丽的美女（不过不是她）在一个魔法森林沼泽的池塘里共浴。

那广告还不错。我不觉得我会粗制滥造出一大波广告。这是在我刚好空档期的时候接下的，拍得很简单，报酬也不少，但是我觉得尝试过就行了。我的问题是，无论做什么，都会像拍电影那样对待。别人也告诉过我:"你拍广告,只是为了拍出来赚点小钱,别太为此烦恼。"
但是我不能不为此烦恼。你知道为什么吗? 和广告客户打交道就像和
制片公司打交道。我都腻了。

……和波比,《火星人玩转
地球》里的狗狗明星

第十二章

《断头谷》
Sleepy Hollow

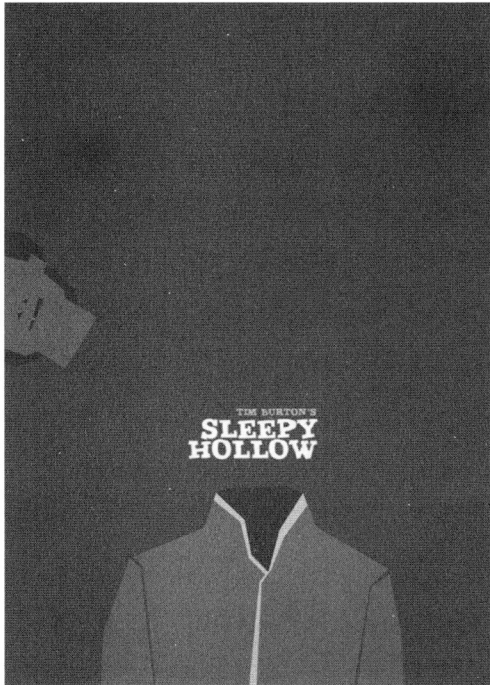

——1994 年，通过执导 HBO 的恐怖电视剧集《地穴传说》（*Tales from the Crypt*）从化装师转行做导演的凯文·雅格（Kevin Yagher，他还为该剧设计打造了食尸鬼主角——地穴守护人的形象）想把华盛顿·欧文（Washington Irving）的短篇小说《睡谷的传说》（*The Legend of Sleepy Hollow*）改编成故事片。他的经纪人给他找来了年轻的编剧安德鲁·凯文·沃克（Andrew Kevin Walker），当时沃克已经写出了惊世之作《七宗罪》（*Seven*, 1995）的剧本，并因此而被好莱坞电影界青睐，不过该片当时还没正式投入制作。雅格和沃克一拍即合，他俩花了几个月时间搞出了故事大纲，然后在影城里四处推销，最后他们和制片人斯科特·鲁丁（Scott Rudin）达成意向，后者又拉来了派拉蒙电影公司的投资。根据约定，雅格负责导演，剧本由沃克来执笔，两人署名故事。由于各种原因，和好莱坞许许多多夭折的影片一样，筹备工作变成了一个烂摊子，到 1998 年夏天，拍摄计划似乎势必要胎死腹中了。此时恰好伯顿和《超人》的制作团队闹翻，于是鲁丁和他的制片搭档亚当·施罗德（Adam Schroeder）请他出手执导，好让沃克的剧本起死回生。

　　从《超人》这个项目退出之后，我不知道接下来干什么，这个时候他们给了我这个剧本，我相当喜欢，这是个很有冲击力的故事。有意思的是，虽然我最爱恐怖片，但还真没有导过恐怖片呢。剧本里描述的画面就是我的菜，大风车啊，死亡之树啊，尽管我对马没有什么偏爱。那是一个使人心醉神迷的故事，一个人人似曾耳闻，但其实没人真正去读的故事。每个人都觉得自己应该看过这本书，包括我自己也是，但其实我读到它也才没多久。小说本身很短，主角是挣扎在温饱边缘的小人物，从某种程度上讲，读起来其实并没有想象中那么吸引人。尽管根源于其他一些神话，但这确实是寥寥无几的真正的美国早期恐怖小说之一。有种说法认为华盛顿·欧文从德国民间故事里汲取了素材，这很有可能，因为故事有那么一股日耳曼风味。即使是这样也很可贵，因为流传下来的美国早期恐怖小说是非常珍稀的。我想人们对它感到似曾相识的原因在于——它具备那些优秀的民间传说和恐怖故事共有的象征意义。

——《睡谷的传说》最早发表于华盛顿·欧文的《见闻札记》（*The Sketch-book of Geoffrey Crayon*， *Gent*，1819–1820）一书中。故事讲述了身材瘦弱又很迷信的中学老师伊卡博德·克兰的遇险经历，当时他正试图和情敌布罗姆·博恩斯争夺卡特里娜·凡·塔塞尔的芳心，据说他遭遇了无头骑士的幽灵，而现场发现的南瓜暗示：对他不利的可不是什么超自然的神秘力量。沃克的剧本（已经由剧作家汤姆·斯托帕德［Tom Stoppard］进行过针对拍摄的修改）里，克兰变成了纽约市警局的一名警官，对新颖的侦破手法和科学技术的崇拜让他惹恼了上级，于是他被外派到北边哈德森山谷中的小镇"睡谷"去检验他的破案理论，该镇发生了一系列谋杀案，死者都被割走了头颅。到达小镇后克兰发现无头骑士尽管看似荒诞不经，但确实是超自然的存在，而不仅仅是现实中的恶作剧。欧文这篇小说之前也已被搬上过银幕，最著名的是1949年的迪士尼动画短片《伊老师与小蟾蜍大历险》

伯顿给无头骑士绘的画稿

（*The Adventures of Ichabod and Mr. Toad*），由平·克劳斯贝（Bing Crosby）担任旁白，以及1980年的一部电视电影，杰夫·戈德布卢姆（Jeff Goldblum）在其中扮演伊卡博德·克兰。

　　我还没看过电视电影的版本，关于这个故事我最熟悉的还是迪士尼改编的卡通片，我记得看时还挺喜欢的。里面追逐的场面让我兴奋，到现在想起来都是这样。实际上，在加州艺术学院读书时，我的一个老师参与了这部动画的制作，那些追逐场面就是他做的背景设计，他还带回一些场景构图给我们看，真是相当精彩。这个场景是让我看到自己兴趣所在的事物之一，也是我后来想为迪士尼工作的原因之一。那些构图、色彩和设计如此美丽。它尽了动画片能有的一切可能去展示场景的生动，捕捉到了纽约州北部乡村的神韵。这部电

Binocular glasses

上图：在伯顿为拍摄而准备的草图里已经展示出……

下图：……他要为伊卡博德·克兰配上一副造型华丽的护目镜的念头

影极好地糅合了幽默感和恐怖感，有一点滑稽，伴随着真切的恐惧，观看时好像它能揪住观众的五脏六腑。这个剧本具备了上面提到的所有特质。但有趣的是，有时你喜欢一个剧本的原因之一恰恰是那些像是雷点的地方——譬如女孩看到父亲被削掉脑袋，而医生说："对于身体系统来说，这一定是颠簸得太厉害了。"诸如此类你在一部劣质恐怖片里会听到的冷笑话——我们在这些地方有一点点过火，但那是个很有趣的画面。还有角色们都有个好名字，伊卡博德·克兰、凡·塔塞尔……

——在伯顿之前执导的大部分影片中，他在塑造主角们时带有的鲜明色彩为影片增色不少，而在《断头谷》里，这种色彩更多来自他个人的感受，纵然在影片里不是很明显。

我觉得自己总是被那些自身有冲突性趣味的角色触动，而伊卡博德这个角色性格挺脱线的，就某种意义来说，他超级聪明，但有时候这又让他有点狭隘。就像有时你想得太多，反而把自己逼进了死胡同。和看卡通片时不一样的感觉是，读剧本的过程中，我最喜欢伊卡博德的地方是他被描述成一个过度地活在自己想法里的人，而与周围世界的状况隔绝开来。所以，安排他和一个无头的角色对峙，就更显出故事的活力了。

——约翰尼·德普扮演的伊卡博德，无论是在睡谷，还是在其所处的职场，都可以被视为一个局外人。

我喜欢的恐怖片演员总是有些共同的特质，像文森特·普赖斯和彼得·库欣（Peter Cushing），他们都有种疏离感，兀自忙他们的事儿。

他们的角色主导着影片，但他们总像在说："离我远点，我有一大堆自己的活儿和自己的研究要做呢。"你看得出他们才华横溢，但是想不出他们身上发生了什么，甚至连身份都有几分神秘。你会觉得他们孤独，似乎不大合群，因为交流障碍而使社交变得像对他们的折磨，他们有点像活在自己脑中的世界里。这就是为什么讲到这类角色会让你想到他们。这种角色性格也是《断头谷》故事的内在特质，是最能吸引我的元素之一。约翰尼·德普很出色，因为他符合我的这些所有想法，以他自己的方式，重现了普赖斯和库欣的特质。

——伯顿很了解这种活在自己脑中世界里的疏离感。

你会经历过想让自己变得更外向开朗的阶段，也会经历觉得自己越来越孤僻的阶段。我想自己正在变得越来越孤僻。为了不变成一个疯狂的厌世者，似乎真正要做的就是找到事情去做，所以拍这部电影对我来说是件大好事——一个有事情去做的机会，我很乐意有件事可以让我集中注意力，这能让你获得活力，身心愉快。投拍以后，我就不再关注什么电影的商业性或者国家大事了。不去为这些事分神，集中精力努力去做想做的事才是最好的。这个行业的一切都变幻无常——这一刻他们想要你，下一刻他们摒弃你，然后又想叫你回来，循环往复。只有在你还是刚起步的无名小卒的时候，人们还不知道你是谁，那时情况还简单些。你只管去做，就像在雷达下面飞行。而现在你被贴上了一些标签，"哦，他喜欢怪异的玩意儿"或者"他很会烧钱"——或者随便什么他们想强加给你的标签。这就是好莱坞——他们喜欢给每个人贴标签，标签内容可能会变，但是会一直粘在你身上，直到再次贴上别的标签。

——对伯顿而言，《断头谷》拍摄地选择的重要性不亚于他对伊卡博德·克兰的塑造。

　　从另一方面说我搬去纽约州北部工作距离现在已经差不多七年了。那时我一直试图让洛杉矶脱离我的生活，只要能离开洛杉矶就能让我过得更开朗些。而在那里待得越久，我就会越自闭。我住到纽约，在北部租了套房子——那里我有几个朋友——而且住的地方离波基普西市很近，艾德·伍德的家就在那儿的一个小农舍。那儿我有一个用来做设计的小工作室，还能时不时走出去，到苹果园漫步，这是很不错的思考时间。这个感觉就像我第一次为了拍《蝙蝠侠》去伦敦。我喜欢那儿的四季，尤其秋天，哈德逊山谷景致迷人，驱车经过山谷能看到几处教堂和小镇。这些风景让我感受强烈，就像故事中的场景浮现。这也是在美国境内寥寥几个让我觉得灵异的地方。我的意思是，你可以在欧洲很多地方感觉到这种阴森氛围，而哈德逊山谷也能带给你强烈的类似感受。

　　——一开始剧组就着意在外景地拍摄《断头谷》，他们把纽约州北部和哈德逊山谷——包括塔里敦城内——甚至远至马萨诸塞州的斯特布里奇的小镇翻了个遍。电影制作者们甚至考虑过重建一些荷兰殖民时期的村庄和古镇，但没有找到可以使用的合适地点，同时纽约州没有现成的空地可以搭建片场，供他们来放置大堆的布景，他们不得不把目光投向更远之处，此时鲁丁建议去英格兰。"在这儿我们能找到一个完全合适的小镇，抱着这样的期望我们来到了英格兰，"制片人亚当·施罗德后来回忆，"然后不管怎样我们都必须着手搭景了。"拍摄开始于 1998 年 11 月 20 日，一直持续到 1999 年 4 月，中间有一个月专门用来拍摄白金汉郡马洛镇附近汉布尔登领地内的椴树谷外景，《断头谷》里的小镇坐落于此。布景绕着一个鸭子池塘搭建起来，美术总监里克·海因里希斯将其称为以苏斯博士的方式来表现的"殖民表现主义"风格。

对于这个故事来说，发生在哪里太重要了，所以移师来英国就显得有点滑稽和怪异。不过在椴树谷搭建拍摄的村景又让我回忆起哈德逊山谷，这感觉挺不错的。在摄影棚的舞台上建起的树林也让我联想到纽约州北郊，虽然我也在不断问自己："这真的看起来像电影中的场景，还是因为我太想在这里拍而产生了某种执念？"我们很久之前就做好了小镇的模型，当实景搭起来时，它又像个模型似的让人看着觉得奇怪，不过能让布景有舞台效果也不错，再喷出点烟雾增加气氛就更棒了。汉默电影公司做过很多这类电影，他们想方设法把外景弄得像舞台，而反过来舞台搭的景又像外景。所有汉默公司的恐怖片都有一种美丽的气氛，这也是我想拍出这部电影的理由之一。

——虽然汉默电影公司在20世纪30年代是作为一家发行公司而建立的，但是使它闻名于世的却是从《弗兰肯斯坦的诅咒》（*The Curse of Frankenstein*，1957）开始的对一系列经典恐怖片角色的重塑，譬如吸血鬼德拉库拉伯爵、科学怪人弗兰肯斯坦、狼人和木乃伊。汉默公司的古装恐怖片充满血腥、诱人的女性肉体和毫不掩饰的性张力，这些电影除了在全世界的票房小赚了一笔之外，还让演员彼得·库欣和克里斯托弗·李（Christopher Lee）名声大噪，后者塑造的最出名的角色就是德拉库拉伯爵。

他们形象恐怖，但又充满勇气，在感情上非常单纯，这很棒。这些影片都有某种乐趣。我观看时就能得到乐趣，然后这种乐趣又被我注入我拍摄的片子里。有趣的是当你现在去看汉默的电影，会发现它们其实到处都是槽点。就像迪士尼电影，要是你现在重看，会觉得没有记忆里那么紧张刺激。这些电影都曾经辉煌过，那些血腥的色彩留给我们恐怖的美感。

——另外一部影响《断头谷》风格的是马里奥·巴瓦（Mario Bava）的《黑色星期天》（*Black Sunday*，1960）[1]，尽管这部片子基本是在摄影棚里拍成的，但是和汉默出品的电影一样不同凡响，让伯顿为之倾倒。里克·海因里希斯负责《断头谷》的美术总监，他也是《超人》和科恩兄弟的两部电影《冰血暴》（*Fargo*，1996）、《谋杀绿脚趾》（*The Big Lebowski*，1998）的美术总监。在美术组马不停蹄地制作大量布景的同时，为了确保最大限度地实现伯顿的构想，剧组决定拍摄有必要在一个完全可控的环境中进行，这意味着除了在椴树谷拍摄的场景和另外一两处镜头较少的风景，所有内景和绝大多数外景都要在位于利维斯登摄影棚的舞台上拍摄。也有些摄制是在谢珀顿完成的，影片里那棵巨大的死亡之树就竖立在那里。总体上，海因里希斯估计总有百分之九十九的镜头是靠布景拍成的。"你不会再看到他们把这么多外景都搭在室内了，因为毕竟这种方式并不真正适合用来表现电影整体的自然主义倾向。不过我们追求的也不是自然主义，而是一种倾向自然的表现主义。"

外景和布景给人的观感是截然不同的，风格上来讲完全是两码事，关键是怎么将两者水乳交融。汉默电影公司的片子经常有这类成功的组合，我始终记得《血溅坟场》（*Dracula Has Risen from the Grave*，

---

① 又名《撒旦的面具》（*The Mask of Satan*）。

上图："恐怖之美"：《血溅坟场》中的克里斯托弗·李
下图：芭芭拉·斯蒂尔，在马里奥·巴瓦的《黑色星期天》里摆造型

伯顿本人拍摄的丽
莎·玛丽，以此向芭
芭拉·斯蒂尔致敬

1967）就是其中的典范。有时从外景到布景的转换很难协调，但在某
种程度上，这有时候也是让影片生动起来的一部分驱动力，我觉得《血
溅坟场》这部电影这点做得相当成功。《黑色星期天》也是这样一部
电影——这种事总是发生在你还是个孩子的时候——影片给你留下了
深刻的印象，而你不必知道为什么会留下这样的印象。你只记得清晰
的画面和设计好的场景，这帮你找到了感觉。这些电影让我意识到电
影可以以不同的层次去表现，并不是只能依靠对电影内容的线性叙述
来表达你的感觉，《黑色星期天》就是个例子。

　　我知道未来采用数字技术制作背景会成为前景，就像新拍的《星球大战》那样，我也知道这样很厉害——数字制作肯定会大有可为。但是在《黑色星期天》这样的电影里，对我而言重要的是实实在在的现场感——在一个确凿存在的世界里，基于舞台内景或是基于场地外景的实在的感觉。在《断头谷》里某些画面可能会让观众觉得拍出来的是模型，譬如对小镇的俯瞰镜头。那看起来不像真的，但其实是真的，这种感觉也很奇妙。

——《断头谷》里用到的不少拍摄技术是基于定格动画——像有些伪透视场景——伯顿和海因里希斯借此能够营造出一个实景拍摄的世界，和现在的观众所见的任何电影都大不相同。

我们有些拍摄场地，但并不大，所以我们还真的是迫不得已要用强行透视法（forced perspective）拍摄。你拍出的画面深度需要比实景看起来更深一层，才好以假乱真，但是这样也不错，因为电影被赋予了一种图形的质感，唤起了对汉默公司电影的怀念，那些电影里他们搭建的场景带来的效果比后期加的特效更为生动。拍摄中受到的限制有时也平添了乐趣，记得有天我们要拍一个角色穿过苹果园，就让人找来一个人偶，十五分钟内，服装部就给它披上了小披风，我们给人偶牵上线让它穿越苹果园。我们时不时会做这种不用本钱的东西，这让你觉得自己真的在创作某些东西，而不仅仅是有样照样地做。对我而言，这样有助于保持创作的活力，那正是我想要拍这些电影的原因。

——行走在《断头谷》场景中，尤其是在椴树镇，感觉就像行走在伯顿脑海之中。

"片场又一道风景"：《断头谷》制作团队

　　这就是我一直以来对表现主义运动的感觉：就像进入某人的脑海，内在状态被外在形式表现。我喜欢所有不同的画家和作品，但是我想很多的印象派画家和表现主义画家尤其让我喜欢。让我看梵·高的某些作品，它们是不够符合现实的，但是其中展现的精神让这些画真实起来，在电影里做到这点真令人兴奋。

　　希望这部电影最终具有它独特的说服力。我对摄影效果很满意，觉得我们做到了梦幻般的效果。当我置身于其中的一些场景时，我也感觉很赞——虽然它们非常风格化，但感觉不错，很符合我到过北纽约州之后一直未曾忘记的那种感觉。你依靠搭景来完成拍摄，这点显而易见，但是你也想做些风格化的东西，同时又不能显得太假。要是它开始显得虚假，那观众肯定不会买账。

　　——负责《断头谷》高度风格化的摄影的是极富才华的墨西哥摄影师埃曼努埃尔·卢内兹基，他之前的作品有《小公主》（*A Little*

"用木雕演绎的痛苦挣扎"：伯顿在视察死亡之树

Princess，1995）、《远大前程》（Great Expectations，1998）和《第六感生死恋》（Meet Joe Black，1998）。

　　并不是说他哪一部电影让我想和他合作，我就是喜欢他的摄影。《小公主》画面拍得漂亮，且他拍的所有东西都不同寻常。说到直觉，他似乎和我很合拍——他能有所创作。设计舞台照明方案花了几个月，但是拍摄时他都照着直觉来。我觉得跟他很有同步性，和别人长期合作从来没这么有趣过。他就像电影里又加入的一个角色。

　　——一开始，他和伯顿谋划着要把电影拍成黑白的，并且采用老式"学院比例"①画幅，而不是宽银幕。被证明这种做法不可行之后，他们选择了几乎是全单色的画面效果，以此来增强童话感，显得如梦似幻。

_____

① 从 20 世纪 20 年代末到 50 年代初，宽银幕出现之前的好莱坞电影画面比例为 1.375∶1，称为"学院比例"（academy ratio）。

伊卡博德（约翰尼·德普饰）在检查无头骑士的可怕杰作

　　我所想要的饱和度高的画面效果没什么大不了的，只不过是将内景和外景拍好一组合自然效果就出来了。如果是纯黑白色调，你拍出来的任何东西融合在一起都会有强烈的视觉效果，我们做的与此不同，没有那么极端，但是在舞台布景和其他搭景之间转换时也生效了。不是怀旧色，也不是单色，我们只是用了略带柔光的色彩滤镜。

　　——关于扮演主角伊卡博德·克兰的人选，伯顿再次挑中了约翰尼·德普。和拍《剪刀手爱德华》时的情况一样，虽然德普是这个角色的首选，但是伯顿还是被制片方要求试试其他可能。

　　拍个片你就得把这个套路走一遍，倒不是说他们（制片商）不喜欢约翰尼，但是只要关系到要掏出大把的钱付片酬，他们总会说："那个谁怎么样啊？"你还得看一遍候选名单，不管你拍什么都是这个名单。不是特意要推荐某个演员，这是一个好莱坞流程——"梅尔·吉布森来演怎么样啊？"

当你和某个人合作过不止一次，彼此之间就会有信任感。这样很好，因为你不用再多费唇舌交代每件事，这就是我喜欢在英国拍片的原因。《断头谷》剧组里的很多人都曾在《蝙蝠侠》剧组里干过，英国的手工艺人很厉害。我太爱那些英国画师了，他们很快就能把故事给你画出来，你都不需要知道他们是怎么做的。如果你跟一个风景画师合作，他就会画出一块漂亮的天空，而这能给我带来新的灵感。和演员合作也一样——关于怎么演绎故事你有一套想法，他们用他们自己的想法来实现，最后一切都是那么契合。这个过程令人兴奋，创造出了一种正能量。约翰尼也很懂得如何体现视觉效果，他懂得如何在镜头中移动，如何一气呵成，这听起来很无趣，但是很重要，做得好拍摄就会变得轻松顺利。从某种意义上说我们在几个月时间里不停在折腾他，我觉得他大概也不会对此甘之如饴，但是他一直保持着干劲，表现出色。

——德普演的伊卡博德兼备了安杰拉·兰斯伯里（Angela Lansbury）和罗迪·麦克多沃尔（Roddy MacDowall）的表演风格，还揉进了一点巴西尔·拉思伯恩（Basil Rathbone）的感觉。当然啦，作为一个演员，他实在不像你们通常认为的典型动作片英雄。

他打人的时候像个姑娘，扔东西的时候像个姑娘，一演起动作戏，要我说，最多也就像个十三岁的姑娘。其实这样也挺好，因为我不是世界最佳动作片导演，他也不是世界最佳动作片明星，所以我们尽量争取做到的是也能拍出相当理想的动作场面，只不过用另外一种不太一样的方式。约翰尼看法可能和我不尽相同，不过我再用彼得·库欣来举个例子，他也不是个动作片明星，但是一旦你交付给他一个需要追逐打斗的角色，他又能演得很棒。其实相对比原著故事，伊卡博德这个角色已经被我们改编，在原著里这个角色是个神经质的、懦弱的家伙。改编后的他虽然活在自己封闭的精神世界里，但也被迫面对这个世界，变得更有行动力，不是因为他想这么做，而是不得不这么做。我们的想法是尝试找到一种动作戏优雅的表现形式，像克里斯托弗·李、彼得·库欣或者文森特·普赖斯做过的那样。我们再次回顾了迪士尼动画电影，试图从里面找到美丽优雅的动作戏。约翰尼挺擅长这个。他打架的时候动作就不像在打架，他表现了其中的雅趣，而不用像跳《王者之舞》（*Lord of the Dance*）① 那样蹦跶。

　　——德普说他照搬了汉默电影里的表演风格："这种表演风格是不会在一部大众化的电影里被接受的；我们这种拍法就像在走钢丝。这几乎可以说是有点糟糕的表演。我当然尽量试着实现这种构想，我觉得这表演可能称得上很糟糕，如果最后只是让人觉得有点糟糕，就可以算成功了，对吧？"但是伯顿，一如既往地，对电影基调的评价惜字如金，不愿多谈。

　　我暂且还不能多说什么。我不会觉得"糟糕"，因为风格对我真的很重要。我要确保这个故事看起来真实自然，这个问题很要紧，不能有举止扭捏造作的角色。同时我觉得好笑的是，任何时候你要是想拍点具有旧时代特征或者恐怖色彩的东西，总会看起来有点荒诞，不是吗？似乎这类电影天然带点这种特质，我也不知道为什么。再一次，我回顾动画片，想看出它们是怎么糅合的。我们不用这点来搞笑胡闹，因为还是想保持恐怖片的精神，但同时也带点诙谐，某种程度上说，是试图找到其中的平衡。最初的剧本有着很严肃的特质，我们并不想

———————

① 爱尔兰著名舞剧，踢踏舞为主，大量融合了世界各地的舞蹈动作。

推翻它，但是我想在此之间我们可以……我不会说"拍得轻松点"，但是我们没打算把它拍成一部麦钱特—艾沃里（Merchant-Ivory）^①式的恐怖电影。我们只是试图给电影加点生活色彩。

——很多人评论过德普演的那些角色都是伯顿的"化身"，《断头谷》的制片人斯科特·鲁丁也是其中一位，他说过："基本上，约翰尼·德普在伯顿执导的所有电影里都在扮演伯顿本人。"

我不这么想也不想这么做。我不喜欢这样来归纳，这会削弱我们之间的工作关系，因为制作一部电影的魅力相当一部分在于某些未曾明说的感觉。你会试图挖掘电影里暗含的每一处神秘的乐趣。如果一个演员能看到我感兴趣的某些东西并投入进去，这当然很美好，因为你们就会默契地去完成一切。我能看出来约翰尼所演的角色们有相似处，但是在其他方面这些角色可是截然不同呢。我喜欢"变色龙"，喜欢做事不重复的人们。我很享受和约翰尼的合作，因为他很容易接受我的想法。你花了几个月和制片方推敲剧本，尽力去分析和考虑里面的每个元素，而当影片出来的时候，你不可能再分解出其中每样独立的东西。这就像段即将展开的旅程，你试图考虑得足够周详，因为这样才能投入进你的构想，但是如果你过分投入，就有可能出现偏差。你可以看看费里尼的某些电影，你能看出来从

---

① 麦钱特-艾沃里（Merchant-Ivory）：英国著名制片伊斯梅尔·麦钱特（Ismil Merchant）和导演詹姆斯·艾沃里（James Ivory）组成的电影公司，主要出品英国小说改编的、以20世纪20年代至30年代英国上流社会为背景的情感压抑的电影，代表作有《看得见风景的房间》（*A Room with a View*，1986）、《莫瑞斯》（*Maurice*，1987）、《霍华德庄园》（*Hawards End*，1992）、《长日将尽》（*The Remains of the Day*，1993）等。海伦娜·邦汉·卡特就是19岁时因演了《看得见风景的房间》一炮而红。

一个角色的两面？伯顿在给约翰尼·德普导戏

某种程度上说他就是这么理解的。在这个过程中你就像有了魔法，你看到那些灯光、布景，还有布景背后那些营造出了整个故事氛围的东西，这是件魔力四射的事，就像……就像要去控制天气一样，似乎你不可能做到。

——如果说《剪刀手爱德华》表现了伯顿少年时的交流障碍，《艾德·伍德》反映了他和文森特·普赖斯的关系，那么伊卡博德这个人物在德普看来是反映了伯顿和好莱坞电影体制，甚至和全世界的一场战役。

他会这么说还真有意思，简单地看还有几分像是真的。实际上，斯科特·鲁丁有次是跟我提过，"你把乔恩·彼得斯代入那个无头骑士了吧！"我当时好像说了"给我一分钟想想再告诉你"，然后我就想了想，对自己说："天哪，你自己没发现吗？他是对的，某种程度上是代入了。"就像我说过的，当我不去有意识地思考拍摄，而是在

坏蛋就在他们中间：迈克尔·甘本、杰弗里·琼斯、迈克尔·高夫、
伊恩·麦克迪尔米德、米兰达·理查德森和克里斯蒂娜·里奇

潜意识里尽可能地想象一番之后就会觉得有把握得多。但是不能太过
沉溺于此，因为我发觉自己很容易陷入思想的黑洞。拍过《火星人玩
转地球》之后的那一年对我产生了极深极深的影响。我想从来没有什
么像那一年那样影响我那么深，所以我才会把那些曾经错投的精力，
带着留下的创伤，重新注入现在这部电影。

　　——为了给德普配戏，伯顿拼贴出了一个演技高手云集的配角阵
容：有来自英国的性格演员，迈克尔·甘本（Michael Gambon）和米
兰达·理查德森（Miranda Richardson）扮演凡·塔塞尔老爷和夫人，
理查德·格里菲斯（Richard Griffith）扮演镇里的行政官菲利普斯，
伊恩·麦克迪尔米德（Ian McDiarmid）扮演兰卡斯特医生；有伯顿的
常备班底，杰弗里·琼斯（《阴间大法师》和《艾德·伍德》）扮演
斯廷威克牧师，克里斯托弗·沃肯（Christopher Walken，《蝙蝠侠归

彼得·洛从未有过的女儿：克里斯蒂娜·里奇扮演卡特里娜·凡·塔塞尔

来》）扮演无头骑士，马丁·兰道客串了一个小角色；还有曾在汉默公司拍片的退休老演员迈克尔·高夫（Michael Gough，饰演过《蝙蝠侠》系列电影里的管家阿尔弗莱德）也被伯顿说服出山扮演公证人哈登布鲁克；外加初次加入阵营的新人，像扮演布罗姆·凡·博恩斯的卡斯珀·范·迪安（Casper Van Dien）。

　　敲定演员时，我们依然想体现适用这部电影的混搭风格，给这些古老传说组建一个富有趣味的演出阵容。让所有这些英国人聚集一堂真是不可思议，光看看他们的脸就会想和他们一起拍个片一定非常有意思。

　　——至于关键角色卡特里娜·凡·塔塞尔，伯顿找了克里斯蒂娜·里奇（Christina Ricci）来演。她擅长扮演《亚当斯一家》（*Addams*

Family）里的"星期三"那样阴冷无情的角色，命中注定要出现在伯顿的电影里。

你知道吗，她的样子让我觉得像彼得·洛（Peter Lorre）[1]的女儿。就像要是彼得·洛和贝蒂·戴维斯（Bette Davis）有过孩子，就该长成克里斯蒂娜那个样子。她有些神秘气质——你盯着她看，就觉得有什么事正在悄悄发生。她像默片时代的演员，观众会喜欢这种感觉，我很开心。

——克里斯托弗·李的客串进一步印证了汉默电影对本片的影响。

我第一次遇到他时坐下来聊了两个小时，我就像在看着德古拉伯爵本人，到现在这感觉都没消散。他对着你说话，你就像被催眠了一样。我要是个演员，就要做个像他这样的。

——伯顿采用了一种几乎原始的方式来进行《断头谷》的拍摄，尽可能避免使用欺骗观众眼睛的后期制作，这么做部分是出于对《火星人玩转地球》里用电脑制作特效的反戈一击。

我想要回归到就靠搭建布景，指导演员，少一点后期人工，少一点电脑化——就像拍一部老式电影那种方式。这是那时最艰难的时光，但是我最喜欢的时光就是花在布景上，那是你营造影片的地方。那里有绝佳的氛围。要是你建得足够好，那么需要后期添加的东西就很少，这样很美妙，因为这带给你更加直接的体验。待在拍摄现场做事是种

_____

[1] 出生在匈牙利的著名演员，曾在弗里茨·朗的杰作《M 就是凶手》中出演谋杀儿童的连环杀手。——编注

伯顿画的"邪恶稻草人"的初期草图

享受，因为片场是你唯一能置身于影片情境里的地方，身边每个角色都带着装，还有烟雾和光影。这些营造出整个故事。因为要规划那么多因素，这种拍法是很困难的。同时看着画好的分镜头脚本来拍也变得困难起来，不能说"就照着来吧！"，因为当你身处布景之中，每件事物都有了各自的存在感，此时和分镜头就不一样了。我会先在分镜头脚本里画出每件事，现在却很少看了。你置身于搭好的小镇，看见一座小桥，在镜头里走过它，就能感觉到有些东西是脚本提供不了的。运动与空间给了你不一样的感觉。不过我还是得用分镜头脚本来做某些事，特别是在指导演员时，分镜头用来让他们知道自己正在干什么就挺合适。

——虽然自从《蝙蝠侠归来》之后伯顿就自己担任制片，不过拍摄《断头谷》时的制片人工作还是交给了斯科特·鲁丁和亚当·施罗德。

斯科特很机灵，我是带着《剪刀手爱德华》去福克斯时遇到他的。他解决问题很在行，既有头脑又有点古怪精灵，你能感受到他真的在意这部电影而且想要拍好它。如果他们具备影响力并且善于推销片子的话，一个优秀而强势的制片人总是能派上很大用场。推销片子的时候你会有点惶恐挣扎，你把所有的时间都花在拍摄上面，这个时候又不相信自己是那个知道怎么把片子好好卖出去的人。这种时候你就需要个多少置身拍摄工作之外的人，他只需要强硬就好。在卖《火星人玩转地球》时我就不幸没找到这样的人——我们自己包揽了这项工作——我有点觉得卖《艾德·伍德》时也没找到好制片人。

——《教父》的导演弗朗西斯·福特·科波拉（Francis Ford Coppola）是《断头谷》的执行制片人之一。而伯顿直到后期剪辑阶段才知道他也参与了影片，当时伯顿收到了影片的预告片，在里面看到了科波拉的名字。

我立刻叫起来："天哪！等一下，克里斯（Chris Lebenzan，电影剪辑），回放！"就像我的剪辑说的，科波拉的名字之所以会出现在这里大概是因为他在70年代时回过我一个电话。这种事常发生，记得从拍《蝙蝠侠》时，我从来没和这些执行制片打过交道。你一两年的时间都花在一部电影上，到了最后，看到的职员名单字幕让你不由纳闷儿："这个家伙哪里冒出来的？"

——1999年11月19日，《断头谷》在美国开始上映，之后收到了一些伯顿电影生涯得到过的最好的评价。

第十三章

《人猿星球》

Planet of the Apes

PLANET OF THE APES

——2000 年 3 月，伯顿去布拉格给天美时的 I-Control 手表拍了两支广告，制作方是设立在洛杉矶的名叫"分离之徒"（A Band Apart）[①] 的广告公司。两支广告都是《黑客帝国》（Matrix）风格，打斗戏由安迪·阿姆斯特朗（Andy Armstrong）设计。第一支叫《功夫》（Kung Fu），内容是一个穿着套装的男人被两个穿着漆皮衣的武艺高强的坏蛋追杀，在投放电视播出之前先在 2000 年 5 月作为电影《碟中谍 2》（Mission：Impossible II）的贴片广告在美国影院里首播。第二支叫《木美人》（Mannequin，和模特假人为同一个词），丽莎·玛丽扮作猫女穿着紧身衣在鹅卵石街道上穿梭，逃避一个戴着拼接面具和墨镜的男子的追逐。片中某个时候她想跳进一个水坑来甩掉追逐者，最后躲进了一个堆满模特假人的仓库。这条广告在 2000 年秋季播映。

这次拍摄过程让我感受到以后还是不要拍广告了，我觉得这一点都不轻松。人们总是说"试试拍广告吧，好玩又省事！"，但是我觉得也没那么省事，相反，挺难的——就像制片方分分钟都在掐着你的脖子。你要顾及客户，基本上拍摄是为产品服务。我为负责制片的分

---

① 昆汀·塔伦蒂诺（Quentin Tarantino）的公司，名字是为了向法国新浪潮电影《法外之徒》（Bande à part，1964）致敬。

伯顿给天美时的 I–Control 手表广告画的速写

离之徒公司工作，影片概念来自他们，不过没有提供角色设定，所以我要多加点东西进去。布拉格之旅和服装制作还算有趣，但是我不想再那样去拍片，不会接任何广告了……

——2000 年 10 月，六集动画片《污渍男孩》（*Stainboy*）的第一集放到了网站 www.shockwave.com 上。剧中角色来自他的《牡蛎男孩忧郁之死》，每集时长三分钟，伯顿担任编剧和导演，圣莫尼卡的弗林齐公司根据伯顿的水彩画来制作。丹尼·艾尔夫曼谱曲，丽莎·玛丽和格伦·沙迪克斯（Glenn Shadix）配音。在最后一集《污渍男孩的诞生》（*The Birth of Stainboy*）中出现了很多新角色，包括干酪男孩、后来和污渍男孩一起出现的眼中插钉子的男孩、毒气男孩和火柴女孩，这些后来成为伯顿和漫画出版商黑马公司合作出品的"悲剧玩偶"中的一部分。

当时在互联网开始迅猛发展的时候这么做是正确的，那真是段有意思的时期，就像淘金热——人们一夜暴富，成为亿万富翁，第二年又都打回原形。但我感到有意思的是，实际上那时候我并没有在工作中大量使用电脑，而所有这些公司都要求我用电脑制作。所以我唯一用电脑的真正理由是有机会试试在新媒体上做东西。事实上，我真正爱对我的动画角色做的事情是把它们更多地定格，直到现在也是，因为定格这种方式似乎能让动画角色更好地表现它们自己。所以我不觉得时新的媒体对塑造这些角色是必需的，但和它们一起尝试本身很有趣，而且值得进一步探索。这不复杂，是非常抽象的动画。弗林齐公司制作实质上的动画，我做些诸如画分镜头、关键画面这类的事情。但是我宁愿——在某种情况下我可能真会这么做——使用定格来制作这些角色。

1968 年，由《桂河大桥》（*Bridge On The River Kwai*）原著作者皮埃尔·布勒（Pierre Boulle）的小说改编的电影《人猿星球》上映了，当时的编剧是迈克尔·威尔逊（Michael Wilson）和罗德·塞林（Rod Serling）。导演是富兰克林·J·沙夫纳（Franklin J. Schaffner），他

《人猿星球》（1968）：扎拉（金·亨特饰）、科纳琉斯（罗迪·麦克道尔［Roddy McDowell］饰）和泰勒（查尔顿·赫斯顿饰）在进行探讨

后来拍出了奥斯卡得奖电影《巴顿将军》（*Patton*，1970），《人猿星球》讲了四个美国宇航员——查尔顿·赫斯顿扮演的泰勒、罗伯特·贡纳（Robert Gunner）扮演的兰顿、杰夫·伯顿（Jeff Burton）扮演的道奇和戴安娜·斯坦利（Dianne Stanley）扮演的斯图尔特——他们的太空船飞进了一个时光隧道，跨越时光进入了未来，降落在一个不知名的星球，那里会说话的人猿是高级智能物种，统治原始的人类，他们在身体和语言上都是低等物种。当他们的太空船沉入一个湖里之后，泰勒、兰顿和道奇（斯图尔特已经死于太空）艰难穿越了一片茫茫沙漠寻找食物，遇到一群正在稻田里采集劳作的人类，而一群持枪骑马的猩猩从树林里冲出来追捕他们。道奇遇害了，兰顿（后来被施行了脑叶切断手术）和泰勒（喉部被枪击，导致失声）被捉住带往一个人

猿城市。最后，泰勒和一对富有同情心的黑猩猩夫妇——金·亨特（Kim Hunter）扮演的科学家扎拉和她丈夫，罗迪·麦克道尔扮演的考古学家科纳琉斯——成为朋友，他们理所当然地被泰勒的语言和能力吸引，假设泰勒可能是人类向灵长类动物进化中丢失的一环，尽管他们的理论被人猿管理委员无视，泰勒被视为一个威胁并被安排做头盖骨手术。在扎拉和科纳琉斯的帮助下，泰勒和琳达·哈里森（Linda Harrison）扮演的女性同伴诺拉，一起逃到星球上的禁区——一个人猿禁足的未探明的区域——试图证明智能人类在人猿之前存在过。在那里他们发现一个撼动所有人的惊天秘密。

　　——《人猿星球》长期以来被视为影坛里程碑、科幻经典，同时也在文化上有深远意义，触动当时社会政治思潮（比较明显的有越南战争、民权运动、种族主义、冷战和核威胁），还催生了四部续集电影、一部播了两季的衍生电视剧和一部电视动画系列片。

　　在伯顿参与之前，二十世纪福克斯萌生重返"人猿星球"、让系列电影回归的念头已经有二十来年了。好几个电影制作人，像奥利弗·斯通（Oliver Stone）、詹姆斯·卡梅隆、克里斯·哥伦布（Chris Columbus）和休斯兄弟（The Hughes Brothers）都曾被传要执导影片。同时像《航越地平线》（*Dead Calm*, 1989）的编剧特里·海斯（Terry Hayes）和《蝙蝠侠》的编剧萨姆·哈姆也都尝试过翻新剧本，不过都失败了。直到 1999 年，《阿波罗 13 号》（*Apollo 13*, 1995）的编剧之一小威廉·布罗伊尔斯（William Broyles Jr.）接受挑战，这个拍摄项目才终于有了运作的动力。为了和老版有所不同，布罗伊尔斯决定不让故事发生在地球上，"为了避免被当作是对第一部的重复"，原来愤世嫉俗的主角也被改写了，老版中主角受尽折磨，对人类心灰意冷，把自己放逐到太空去寻找比人类更美好的事物。相反的，布罗伊尔斯的主角不仅比原来年轻了很多，而且经历的旅程也会变成是对自身的探索。

当伯顿回应了布罗伊尔斯的剧本草稿（当时名叫《探访者》［*The Visitor*］）并在2000年签下导演合约时，福克斯的制片主管汤姆·罗思曼（Tom Rothman）将该片排入了将在2001年夏季档期上映的"快速通道"。"为了给这样一个系列电影来个重启，给一个已经被熟知的题材加入新鲜创意，你需要一个独特的、个人风格明显的、不落俗套的导演，"罗思曼告诉我，"对于如何在电影的商业化和个人的风格化之间保持走钢丝般的平衡，蒂姆具有匪夷所思的能力。"福克斯看中伯顿，与其说是想让他来翻拍原版或者拍个续集，不如说是看中他会"神展开"。

这又是一个他们一直想拍、想拍、想拍……拖了好几年，最后交给我的拍摄项目。我要说这大概是第一次我参与的同时就知道会是个……不能说是个错误，但是风险最大的片子，因为它改自一部我深爱的且伴随我成长的电影。它是个经典，拍电影的第一条法则就是"别试图重现经典。要是你真想重现点什么，就去找部烂片，起码你能拍得比原来好"。但是，我又对这个题材兴致勃勃，我经常会对明知不该染指的电影有着不正常的迷恋。但我的个性就是这样，经常会有这类想法……

显然，如果你拍的影片是基于另一部影片，那就不可避免会成为被比较的对象。现在这方面的压力可能比拍《蝙蝠侠》时还大，因为大家都知道影迷期待值很高。但是拍任何电影都有风险，而我做任何一部电影都尽力把它当作全新的事物对待，如果觉得不能有新意，我便会失去兴趣。

当我是个小孩时看了《人猿星球》，并且喜欢上了它，这部影片对我影响很大。这个系列我看了很多遍，所以我是它的影迷，但是同时我觉得拍个新的版本也不错，这不是翻拍——因为你不可能翻拍这部电影。如果人们都像我一样这么喜欢它，那就应该回去再看一遍——那才是原汁原味的，从某个角度讲你不可能真正打败原版。不过清楚了翻拍是不可能的也有好处——这样你就会专注在题材自身。会说话的人猿本身就很怪异……让我着迷的是这个剧情的创意是如此简明——一个颠覆的世界。我曾经在电影里做出过各种妆容和造型，但是这里主要的就是猿猴和人类两种。看到这些伟大的演员成为猩猩很有意思——有点荒诞但也很经典的造型，仿佛是回归了某种比电影的出现还要古老的化装风格。有时候化装能让人感觉不到原来那个人的存在，但是在这个案例里，带着面目全非的猩猩装，你仍旧可以感觉到那个人还在那儿……

　　——尽管伯顿签约执导的是布罗伊尔斯的剧本——剧本科幻感很强而且前后安排了三场宏大的战役——福克斯还是宣称拍摄的高额花销无法负担。于是在 2000 年 8 月，也就是开拍前两个月，曾经为《尼罗河之宝》（*Jewel of the Nile*，1986）和《无敌大猩猩》（*Mighty Joe Young*，1998）共同执笔过的编剧劳伦斯·康纳（Lawrence Konner）和马克·罗森塔尔（Mark Rosenthal）被雇来对剧本进行从头来过的重写。于是这边布景已经开始搭建，那边剧本还在推翻重写。

　　一个拍摄项目被悬置太久就会碰到类似这样的难题，它会处于一个很尴尬的状态——"是的，我们的确想拍这个电影，现在是时候开始了，就定下来用这个剧本。"你会说："好吧，没问题。"然后你接手了，大概需要八百万美元的预算，这个时候他们又对你说："等一下，这太费钱了……"但是在悲惨的好莱坞运作里这种情况屡见不鲜，影片发行日期定在那里，有个剧本是制片公司中意的，但是预算太高，所以月复一月的时间被花在砍预算，而不是真正的拍摄上。在好莱坞每天都能听到这样的事——我真不知道我为什么就是学不会吸取教训，希望我现在已经学乖了。似乎只有高预算电影才会遇上改剧本的事——拍《蝙蝠侠》时也发生过。

我给自己分析过，我想是这个电影创意本身而非电影本身吸引了我。如果在灵魂深处问问自己，要是得从头开始，我也许会把这部电影拍得截然不同。如果有人再来对我说："你想拍一版你自己的《人猿星球》吗？"那我就会从设计草图开始，那会是一部完全不一样的电影，有着完全不一样的角色。也许吧，我也不知道……

所以这又是一个好莱坞典型事例。有股力量推动这一切，你被这股浪潮卷入之后再想让影片如你所愿地拍起来就会变得艰难。然后我就开启了愤怒模式，因为制片公司老是说"把预算砍下来"，我也不停地回应他们，"伙计们你们是一个制片公司，你们有一个庞大的制片团队，我知道你们在做你们的预算，你们清楚一部电影大概要花多少钱！"所以这种争执一直发生，给电影拍摄带来了负面效果，使之开始发生偏移，演变成了另外一个东西。

我们打算在当年十一月开拍，本来我都以为不能按时开工了，直到计划时间的前一周他们终于给亮了绿灯。这真的让人特别丧气。但走向这样的错误方向是我自己的错，尽管我已经尽了全力。我觉得我正在重蹈《蝙蝠侠》的覆辙，这种想法可不怎么积极。但这样的工作方式真的不好，你最后也没省下多少钱，但是年纪增加了，时间和精力浪费了，身体变差了，所以这真是个难熬的过程。我觉得自己花了如此多时间来与这些冲突战斗，以至于到了开拍前我一直就光干这个了，从某种程度上说，真的是只干这个了。倒不是说我没有每天试图在这个项目中发现些什么，否则我就没法开拍了。但是在那个时候，你觉得自己就像个运动员，在竞赛开始之前先去洗手间解决干净，然后期待着去取得胜利。

我想给影片保持严肃的基调，但是做不到，关键是要拍得有新意。关于怎么设计人猿的行为举止确实值得发挥一番，但是我们还是想严肃一点，而不是一味滑稽搞笑。因为会讲话的猩猩怎么想都是有点荒诞的，所以某种程度上你反而需要更严肃的创作态度。我记得我见过第一部"人猿"电影拍摄时留下的剧照，一只猩猩坐在椅子上看《名利场》之类的杂志。我们在原版形象的基础上做了些发挥，可能会让你觉得是有意增加了搞笑效果，但是也可能更多的是演员们带来的。譬如保罗·吉亚玛提（Paul Giamatti），他天生具有喜剧感，就算是在演正剧的时候，也透着一股幽默。蒂姆·罗斯（Tim Roth）也是这样，他演戏有股激情。倒不是他们特意要搞笑，只是他们有浑然天成的幽默感。

这部电影绝非要拍成一部滑稽片，但我个人还是有点这方面倾向的。我对50年代恐怖电影的热爱输出后就成了《火星人玩转地球》，而不是《独立日》那样的电影。所以我有复古的情怀，但是是什么原因让这种情怀以某种形式体现出来，我也不知道呢。

——《人猿星球》的制片人是理查德·D·扎纳克，他的父亲达里尔·F·扎纳克（Daryl F. Zanuck）是二十世纪福克斯的创建人。作为福克斯60年代的制片主管，小扎纳克当年给老版《人猿星球》批准立了项（当时他还和该片女演员琳达·哈里森结了婚）。后来小扎纳克被他父亲炒了，退出了福克斯，作为一个作品得过奥斯卡奖的独立制片人，他继续干这行，还是经常和他的长期搭档戴维·布朗（David Brown）一起工作。他出品的电影包括《大白鲨》（*Jaws*，1975）、《骗中骗》（*The Sting*，1973）、《魔茧》（*Cocoon*，1985）、《为

伯顿给剧中角色"灵薄"所画的草图，该角色由演员保罗·吉亚玛提扮演

黛西小姐开车》（*Driving Miss Daisy*，1989）、《毁灭之路》（*Road to Perdition*，2002）等。他和伯顿立刻搭上了线，他选择继续在新版里担任制片人。

我爱理查德，他很了不起。有天晚上我边看他父亲的传记边不停地"啧啧啧"惊叹着，我奇怪怎么没人把整本传记拍成电影，这就像哈罗德·罗宾斯（Harold Robbins）小说的现实版。

他令我惊奇。他经历了那么多沉浮，看惯了那么多起落，依然保持着热情，这点我非常欣赏。我就没他那么多热情，要是我也经历过他所经历的一切，都不知道能不能坚持到现在。让我惊叹的是他在面对一些愚蠢的事情时依然保持着纯真的心态，这可能是让他一直坚持的原因之一。这个家伙为他父亲做事，又被他父亲炒掉了，但是他谈到这个时抱着幽默的态度，还拿这件事开玩笑。他对事物有不可思议的洞察力，这样的人很值得你学习。当我第一次遇到文森特·普赖斯时很为能见到曾经名噪一时的人物而开心，而且他们都很友善，对很多事有兴趣，不会对你厌烦——你能从中学到东西，而且应该一直向他们学习，这也让我很开心。我见到过一些制片公司主管，他们甚至不知道剧组里的人都是谁。但是理查德迷人的地方在于他会去收集大量剧组成员的信息，全部都看过。所以如果人们做事投入得不多，那他们也会错失一些东西。

我第一次遇到理查德时，其实对他有几分敬畏，因为他这人很认真。但是当你和他聊起来，他又非常好玩，见识丰富。他拥有不可思议的智慧，以及更不可思议的传奇。这些传奇就像一本本道尽沧桑的书，书里面充满既刻薄又卑鄙的角色。但是他不卑鄙，他的所有传奇里没有一个是用卑鄙书写的，所以这真的很令人赞叹。

他筹建了制片公司，然后又投身剧组之中参与拍摄，而公司的人甚至见到他都不知道他是谁……这很超现实。但是他洞悉一切，所以我觉得他属于现在稀缺的那种人——全力以赴支持导演的制片人。他天天在现场但是不会凑到你眼皮底下。他理解拍摄流程，而对于拍摄这项工作，只有那些懂得流程而且尊重这套流程的人才会为之感到愉悦。在曾是整个电影产业创始人的父亲身边长大，成为一个制片公司的首脑，然后又失业了，之后又成为成功的制片人，跨越了几个时代——他是真的洞悉一切。

——尽管伯顿一开始就对影片有所保留，他还是被电影颠覆性的主题吸引了，在一个颠倒的世界里，人类作为异类闯入外星领地——在他的世界里这样的主题并不陌生。不过这一次，不仅仅是马克·瓦尔伯格（Mark Wahlberg）扮演的航天员队长里奥·戴维森降临到了一个外星星球，还有海伦娜·邦汉·卡特扮演的开明的母猩猩艾瑞，她对人类有着同情倾向，为把他们从压迫和奴役中解放出来而呼喊——他们都可以视为这个星球的异类。

我想这就是我喜欢这部电影的地方——你能看见它在诸多层面上都具有颠覆性。不过我最近都没有重看这部电影，通常我要花上几年才能出戏，而目前还没有走出来。这部会花我更长一点的时间，因为那疼痛的感觉还没消退，我依然处在这部戏的阴影里。但是还是有些东西是我喜欢的，譬如人类和人猿作为星球上的异类而携手并立。但是我也想再深入挖掘下角色的猿类特性，还有他们的行为举止。

——宇航员迫降在一个人猿奴役人类的颠倒世界里，这个剧情核心前提和原版保持一致，尽管人猿星球已经不再是地球了，新剧本里称它为"方石块"（ashlar）——不同的是伯顿坚持他的猩猩应该各方面都更像动物，而沙夫纳的前作里那些猩猩是化了装的毛手毛脚的人类。伯顿的猩猩能够飞跃树丛，爬上墙头，荡出窗口，甚至还能在生气时狂性大发。对表演的要求是百分之八十像猩猩，百分之二十像人类，所以他的演员们每周要在一个特殊的猩猩学校上两三天的课来学习模仿猩猩的举止，这种教学持续了两个多月。

我喜欢演员的表演动物化，或者反之亦然。皮威的表演像动物，阴间大法师、企鹅人、猫女……蝙蝠侠本身就是动物。不知为什么，我喜欢动物化的人类。不知道这算不算感情反应与理性反应的对抗，但是我感觉确实存在着某种很重要的东西，或者某种微妙的联系。动物性是人类原始的、内在的本能，我很乐意在企鹅人和蝙蝠侠身上来表现出这种本能。所以这两者是随着我脑子里对立的思考而共生的，并不需要明确的意识或者文字的说明。

在技术方面，有几样东西我也有兴趣探索一下：做点关于猿猴的研究，以便让角色的行为更像猿猴和人类的奇妙组合，并把这个特点和颠覆性的情节结合起来。你开始不光考虑如何表现颠覆性的世界，还有如何处理猿猴的形象，如何赋予它们人格并让它们同时显得可爱，而实际上它们是挺可怕的——特别是非洲黑猩猩。虽然大多数人觉得大猩猩更吓人，黑猩猩其实更深藏不露——它们某些时候显得率真，但是在一定程度上相当邪恶，反正对我来说它们可怕得多，它们能把你撕成碎片。同时我又觉得它们很迷人。一件我们一开始就讨论的事情是黑猩猩具有让人害怕的特性，因为我们把角色泰德由最初剧本里的大猩猩变成了黑猩猩。

当我们拍摄一些太空飞船的场景时，真的放了一只黑猩猩在那儿，有天它一个劲地拱我——我的脚、胳膊、脸、后背。第二天它又不知道为什么一直朝我吐口水。作为友好的人类，我们对待它们就像对待

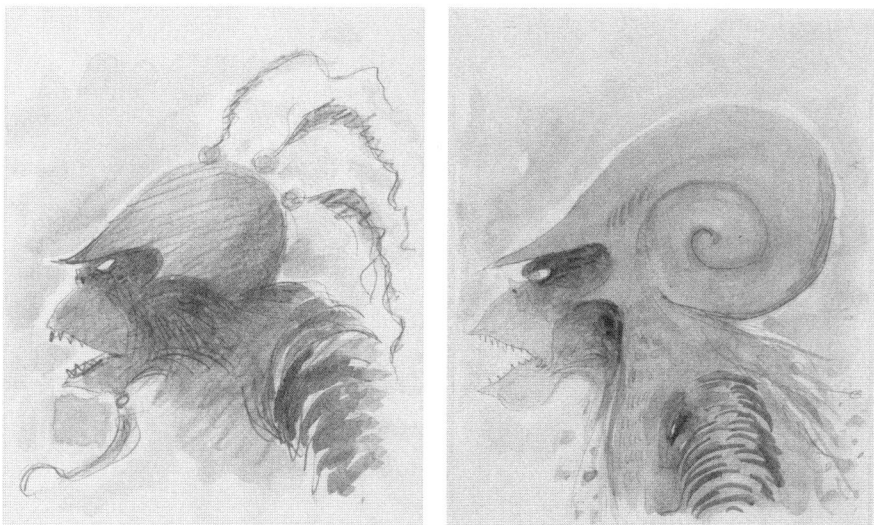

"他们会把你撕成碎片。"——伯顿给猩猩战士做的草图

可爱的会表演的猴子，但是同时它们也可能会杀死你，所以我觉得这很令人不安。蒂姆·罗斯倒真的捕捉到了黑猩猩身上的一些奇怪的力量，他的确在自己身上开发出了让人害怕的特性。

——虽然一开始有过用电脑合成图像技术来绘制猿猴角色的讨论，伯顿还是坚持让演员在里克·贝克的指导下化装造型。里克·贝克被公认为是猴子特效化装之王，多次得过奥斯卡奖，他在《泰山王子》（ Greystoke：The Legend of Tarzan, Lord of the Apes，1984）、《迷雾中的大猩猩》（ Gorillas in the Mist：The Story of Dian Fossey，1988）、《无敌大猩猩》（ Mighty Joe Young，1998）等片里做出过极具真实感的灵长类动物造型，正如在《艾德·伍德》里他还把马丁·兰道变成了贝拉·卢戈希。因为化装大师的声望，伯顿发现对于每天在化装椅上坐上六个钟头，没有演员不愿意的，包括蒂姆·罗斯、海伦娜·邦汉·卡特、保罗·吉亚玛提和迈克尔·克拉克·邓肯（Michael

Clarke Duncan）都是早上两三点钟赶到片场化装，通常要到晚上九点
才收工。

　　初期的想法是应该运用电脑合成，因为这是一种现代化的思路。
但是理查德和我都强烈地觉得这个故事的张力一大部分来自猩猩背后
的优秀演员。你拉来了好演员，把他们藏在面具后面，但那也是表演。
我第一次看到罗迪·麦克道尔（Roddy McDowall）[①]根本不知道他是谁，
但是能感觉到他的气场，他的表演给角色赋予了特别的质感，换了别
人就没有同样的效果。

　　现在我要让新的演员来传递这种效果，这对他们来说不容易，毕
竟每天都像被活埋在那身行头里。我总是尽可能提前判断出演员能不
能吃得消工作，因为这就像酷刑，尽管有些人可能会为造型兴高采烈，
另外一些人则恨死了。想象一下深夜两点起，被三个人围着摆弄你的
脸，真像个噩梦，就像早上两点去看他妈的牙医一样。

　　——伯顿起用了马克·瓦尔伯格来扮演老版里查尔顿·赫斯顿
的角色，瓦尔伯格早期是一个说唱明星，以"马基·马克"（Marky
Mark）这个名字而广为人知，后来转行当了演员，在保罗·托马斯·安
德森（Paul Thomas Anderson）导演的《不羁夜》（*Boogie Nights*，
1997）里有突破性表演，之后又演了《夺金三王》（*Three Kings*，
1999）、《完美风暴》（*The Perfect Storm*，2000）和《摇滚巨星》（*Rock
Star*，2001）。

　　我发现他是因为他演的电影给我留下了深刻的印象，他形象非常

----

① 旧版《人猿星球》系列电影里的演员。

里奥·戴维森队长和埃丝特拉·沃伦（Estella Warren）扮演的达娜

硬朗，当你和人猿交谈时需要的正是一个硬朗的形象……我不知道怎么描述，这是一种很有难度的表演，在表现"到底发生了什么鸟事？"的同时保持坚定和简单的态度，这样才能为接下来遇到更多更怪的鸟事打好基础……

——和原版里的赫斯顿不一样的是，瓦尔伯格演的宇航员很少对身边发生的事进行回应，他在整部电影里一心只想从困境里用尽办法挣脱出去，这似乎反映了伯顿在拍摄期间的个人感受。

有可能……可以这样说吧，我不想否认。因为我确实跟马克交流过这个角色，就像我前面说过的，我一直依据潜意识在工作，当我回看这些电影时，会在里面看到自己的投射，比自己以为的更多。但是我当然和马克交流过，要求他直接明了地表现出"快点把我从这堆破事里弄出去"的状态。他做到了，以史蒂夫·麦奎因（Steve

McQueen）①式的方式直接来给角色抛光增色，这就是我们想要的效果。可能这样表现了我自己的精神问题……

　　——伯顿让查尔顿·赫斯顿客串了一只老人猿，蒂姆·罗斯扮演的黑猩猩泰德的父亲，他在临死前告诉泰德一个阴暗的秘密：在"从前的从前"，人猿才是人类的奴隶。当泰德拒绝相信他的话时，父亲让他打碎一个花瓶，里面放着展示人类力量和科技的证据——一把枪。这一幕除了有深刻的象征意义，还很有讽刺性——赫斯顿本人是美国全国步枪协会②的头头。

　　理查德和我谈论过要请他来客串，但是直到找到合适的角色才付诸现实。我爱查尔顿·赫斯顿，当我还是个小孩时曾被他吓个半死，毕竟我成长在《绿色食品》（*Soylent Green*，1973）和《最后一个人》（*The Ωmega Man*，1971）③的年代。他身上有股气场，我想当你自己还是个小人儿，眼里的银幕就显得比实际大，所以银幕上的他也比现实中块头更大更吓人。我一直对他很着迷，因为他有种宝贵的天赋，这让他能成为一个好演员，而且他很引人注目，表演具有不可思议的说服力。他也有那些我喜欢的演员们（譬如文森特·普赖斯）身上具有的共性——那种饱受折磨的特质，那种平静的内心的创伤。这些演员非常吸引人，因为你能从他们身上吸取能量，并且感受到，有这样一类人，他们魅力长存，有点像超越常人的存在。克里斯托弗·李身上也有这种感觉。他们在银幕上绽放了很久，现在依然很酷，演技也没褪色。

―――――――――

① 好莱坞 20 世纪六七十年代的明星，以扮演硬汉闻名。
② National Rifle Association（NRA），美国最大的枪械持有者组织，反对政府对私人持有枪支进行限制。
③ 查尔顿·赫斯顿主演的两部惊悚片。

——不是每个人都对演员这么痴迷：尤其考虑到蒂姆·伯顿既不是查尔顿·赫斯顿本人的粉丝，也不是他的政治主张的支持者。

和百分之九十的民众一样，我不必支持他们的政治主张，只关心拍电影或者别的任何关于艺术创作的事，这样的好处是事情变得简单。当然我不会和被定罪的凶手一起工作……但是不管怎样我会去找出其中的有利之处。譬如对我来说，他有很大的影响力，这就是我该关注的。至于本片，我想他给影片注入了一股真实的力量感。

——正式开拍在 2000 年 11 月 6 日，洛杉矶是主要拍摄地，使用的摄影棚位于卡尔弗城的索尼公司和市区的洛杉矶中心制片厂，不过也有些场景外景地是在夏威夷的黑岩荒野、加利福尼亚沙漠中里奇克莱斯特城的特罗纳山峰和犹他州与亚利桑那州交界处的珀维尔湖，这个人工湖也曾是 1968 年那版的外景地。因为拍摄跨越多个州，时间表就显得很紧——十七周拍摄，十六周做后期——还有铁打不动的上映日期，伯顿就把摄制组分成几个单位同时工作，他还在片场准备了一个流动剪辑工作室。

某种程度上，我倒宁愿时间紧一些。或者可以的话放假一个月之后回来再看，因为当你越忙越乱的时候，当你想了太多但还是时间不够的时候，这比较像一个折中的办法。所以，某种程度上，快快做完也不是件坏事。因为这些事情前后都持续了几年，所以在这个层面上讲，任何意义上的快节奏都是好事——起码有个动力让你转起来。实际上，拍得越快也就拍得越好，因为演员要在深夜两点化好装，而这种类型的电影每换一次机位要花上一个半小时，搞得你精神涣散，都快崩溃了，因此集中精神快快拍完可能利大于弊。所以我从来没觉得这是妥协，这更像是所有剧组工作人员都想要的结果。我记得《蝙蝠侠》也是这样，不过这也是我在英格兰拍戏更愉快的原因——因为那里有点远离喧嚣。虽然我会给自己戴上一个无形的厚壳不让别人烦到我，但那时我还是注意到大家想快点拍。我知道，电影圈的工作正是因此变得越来越紧张。

——拍摄期间，伯顿的一根肋骨断掉了。

那是在特罗纳拍摄的最后一周。我给别人示范怎么着地，当然示范的方式是正确的，跌断了一根肋骨这点除外……没有别的损伤，我还是幸运的，因为我在走路、攀岩或者下台的时候都不怎么留心。拍电影时要尽量避免这种事发生，有时没有多灾多难都该谢天谢地了。

我跌断肋骨的同时又感冒了，胸口疼得这么厉害我都以为自己得肺炎了，但是不管怎样都要带病坚持。没办法，不可能请假去养病。反正你对此无计可施：你忍上六个礼拜折磨人的疼痛，然后就没事了。

——伯顿不是唯一一个负伤的。瓦尔伯格在做特技表演时被一个火球击中，而扮演猿猴埃塔的迈克尔·克拉克·邓肯，则在奔跑中跌倒受伤。

带着猩猩装奔跑，外面裹着一套盔甲，还是个大块头……我真希望自己当时和他一起上医院，这样就能看到他们用轮椅推着一只人猿，这可能会是拍这部电影遇到的最好玩的事情了。我们应该把它拍下来的。后来，我们不得不给他上整套行头，然后用一把椅子把他在片场搬来搬去，这样总比让他站着好。

迈克尔·克拉克·邓肯扮演埃塔上校

——老版《人猿星球》的结尾——赫斯顿和哈里森在海滩上共同骑马，来到半截入土的自由女神像前，这揭示了这个星球实际上就是地球——给伯顿的新版收尾留下一个难以企及的高度。

这是史上最强的结尾之一，有些人对这个结尾比对《人猿星球》这部电影还熟悉。人们找你来就是想你能超越它，不然就拍个一样的。但是你不能拍个一样的，也不可能超越它，你自己清楚。所以要是你拍了个不一样的，观众就觉得这不是他们想从你这里看到的东西。

所以我们回顾了《人猿星球》整个故事，还有原著，甚至别的相关的电影。在我眼里，这个故事是一个环形结构，终点也就是起点——平行宇宙、时间旅行、人类和猿猴、进化、宗教。我们从哪里来？到哪里去？我们要二次进化吗？我的感觉是想拍一个平行世界，但那里都是人猿，那里有一些我喜欢拍的东西——我脑子里已经有了一个诡异扭曲的平行宇宙的景象。我想象出一个宏大的画面——尽管我才懒得去想要不要有他妈的续集，但是要做这类电影你就会把故事想象得更宏大。所以又重新回到扭曲时间的想法，再次考虑人类和猿猴的并存，回到那个你觉得一切正常但其实已经改变的世界。原先的系列电影尽管奢侈地用好几部电影来铺陈，但它们一直以各种形式讲述的就是这点内容。在当时，我还没打算用三个小时讨论时间旅行的艺术……

——伯顿在整个拍摄期间，发给全剧组的剧本都没有结尾部分，这个秘密作为影片高潮将被保留到最后，这引发了互联网上很多的猜测，还传闻说他拍了好几个不同版本的结局。

我们一开始想到的就是最后拍出来的那样，除了地点是洋基体育场，里面都是人猿——我不知道真拍出来会不会比现在更好。我们也谈过结局和拍摄的多种可能性，最后还是回到一堆预算的破事上。不过我们真没有拍摄五个不同的结局——我们可能讨论过，但没有真的拍出来。

——2001 年 7 月底，伯顿的《人猿星球》在美国的 3500 块银幕上开画，赞美之词胜于批评意见。其在上映首周就成为票房冠军，票房达到 6800 万美元，美国本土最终票房 1.8 亿，全球票房 3.6 亿，但还是被视为票房失利。

开始有些波折但最后还是拍出来了，电影还赚了好多钱。老实说，要是你看看我所有电影的票房，这部还排在前几名呢，可能是最赚钱的之一。至于评论——和往常一样，我从来不去认真看它们，我可以想象和我以往每部电影的评论大同小异，一些说得在理，一些在胡说八道："这是一次对经典的亵渎，一部暑期档好莱坞无脑大片。别把经典当猴耍……”

拍完后有一阵子我都没有去看这部电影，但是我打赌，过个两年再去看，会发现里面依然有有趣的东西吸引着我。如果带着感情回顾，我可以像分析自己的任何创作一样充满激情。和蒂姆·罗斯、查尔顿·赫斯顿一起拍摄对我来说是不可思议的奇妙经历，非常享受，因为这是不同寻常的一幕——让查尔顿·赫斯顿和他扮的大猩猩演出一个与枪有关的场景……那是既超现实又奇妙的一天。所以很多时刻让我乐在其中。这部电影拍得不易，但光是看着猿猴们站在四周交谈，或者猿猴出现在沙漠里……从中就能找到让你坚持下来的东西。这也是我第一次跟理查德和卡特里（Katterli）合作，卡特里此后就当了我的第一助理导演，他可能是我整个职业生涯里唯一一个能让我准时完工和不超预算的人，所以和他合作是件好事。所有的演员也是。不管发生了什么，总是有积极的一面。

我不喜欢的是和制片公司打交道的经历，接连有过几次之后觉得真累。你还在坐着忙拍摄的事，就有一堆海报啦，预告片啦这类的事开始出现在你周围，还有人在对影片高谈阔论，好像电影已经拍完待售似的，这种感觉真不轻松，像是灵魂出窍或者死后还魂。我喜欢的部分是拍摄电影而一切还是未知数的时刻——有点像嗑药的感觉。在一个极其紧凑的计划表上，你不可能彻底完成工作后再交活儿，因为流水线上的其他人已经开始下一步了。我理解这样的操作，但是不喜欢这样“先发制人”。我从来不会假装很懂怎么推销一部电影最好，但是当电影越是涉及更多合作，你就越想尽量保住里面的艺术感。我不想制造“伯顿对抗制片公司”的局面，因为这个不是问题所在。我确实有对这个事上心。电影涉及很多人、很多资金的合作参与，所以我会严肃对待，并且也力求以此态度与别人合作。有时我觉得就像身处军队——有点战战兢兢的。

我觉得这部电影真正的问题在于我拍不出他们认可的剧本，也不知道有没有人能在和我们一样的预算内拍出这样的电影。所以这才是崩塌的开始。上映日期是板上钉钉的，而你要为了预算推翻剧本，整个项目很快就跟着崩塌了。对此我不知道有没有更好的说法。

——《人猿星球》公映后几个月，伯顿和他长期交往的女友丽莎·玛丽分手，移居英格兰。

我一直喜欢英格兰，我第一次去拍《蝙蝠侠》就想居住在那里，还有拍《断头谷》时也是。那里更像我的家，我也不知道为什么这么觉得。我不觉得"搬家"这个说法适用于我，因为我本来就是半流浪的状态——我在纽约有个住所，在洛杉矶反倒没有。但是英格兰一直是个强烈吸引着我、让我想定居的地方。

——他很快开始和海伦娜·邦汉·卡特交往，这个消息衍生出大量的花边新闻。

那可真是段艰难的时光，这是另外一件在《人猿星球》拍摄经历中让我感觉不大好的事，那时我就像被一团个人私事的迷雾缠绕住了。《人猿星球》上映后，到处都是我片场劈腿、移情海伦娜的新闻故事，这完全是胡编乱造，令人厌恶。这么写某种程度上玷污了我的感情，因为这个说法对任何人都不公平。这和电影本身无关，只是围绕电影发生的一件琐事。

第十四章

《大鱼》

Big Fish

——伯顿的父亲比尔在 2000 年 10 月伯顿为《人猿星球》进行前期制作时去世，他的母亲简，在 2002 年 3 月去世。虽然他和父母一直不是很亲近——他很小时便从家里搬了出来——他们的死还是深深地影响了他。此时在专业上，伯顿想回归到更私人化的小制作上去，尤其在《超人》和《人猿星球》两部电影的拍摄中与制片公司有了龃龉之后。和扎纳克一起，他开始准备"另一个更个人化的剧本，故事发生在巴黎，带点奇特的时代背景"。

　　不过，当曾以萨姆·门德斯（Sam Mendes）导演的《美国丽人》（*American Beauty*，1999）摘取过奥斯卡最佳影片的制片人丹·金克斯（Dan Jinks）和布鲁斯·科恩（Bruce Cohen）给伯顿送来《大鱼》的剧本后，伯顿搁置了一开始的想法。剧本来自丹尼尔·华莱士一本名为《大鱼，一部关于神话与现实比例的小说》（*Big Fish: A Novel of Mythic Proportions*）的书，由编剧约翰·奥古斯特改编成剧本。他早在 1999 年就读过小说原稿，当时他正以剧本《前进洛城》（*Go*，1999）声名鹊起，哥伦比亚影业公司给了他一个工作，授权把华莱士的小说修改成可拍摄的剧本。奥古斯特的改编一开始引起了史蒂文·斯皮尔伯格的兴趣，他让奥古斯特悬拟杰克·尼科尔森扮演老年爱德华·布鲁姆，写几页草稿。一年之后，斯皮尔伯格不再关注这件事，奥古斯特保留了写好的大量草稿中的"精华"部分，删掉许多斯皮尔伯格审阅过的内容，然后由金克斯和科恩把剧本给了伯顿，伯顿发现这个素材里正好有他一直寻找的那种个人化的关联。

《大鱼》讲述亚拉巴马州的旅行推销员——一个交游广泛、神奇浪漫的故事讲述者爱德华·布鲁姆极其夸张的冒险经历，现在他进入生命的最后时刻。比利·克留达普（Billy Crudup）扮演的威尔（威廉的昵称）是他唯一的儿子，也马上要成为一名父亲。威尔当记者定居在巴黎，他们父子关系已经疏远。当威尔抱着和垂危的父亲（艾伯特·芬尼［Albert Finney］饰演）重新沟通的希望返回家中，他相信父亲伪饰的外表下有另一个真实的人，他试图和真实的父亲和解。电影透过爱德华的眼睛，在当前的现实情节和伊万·麦克格雷格（Ewan McGregor）扮演的年轻爱德华的神奇经历中切换。通过这些神秘的故事，威廉最后更深切地理解了他的父亲，学会了接受、包容和无条件的爱。

我一直想拍部这样的电影，读到剧本时我觉得非常惊喜。拍一部题材不是耳熟能详的电影也挺好——可能自从《阴间大法师》之后，打个比方，我已经关闭了这方面的雷达，再做感觉挺好，你不必在拿到剧本之前就被告知上映日期，不必被贴上商标，或者被每个知道这部电影的人拿来比来比去。而且做了几年别的东西之后，从某个角度讲，又能重拾起以前做过的，这是另一个让我觉得挺好的地方。

父亲最近去世了，尽管我和他不是非常亲密，这也是个沉重的时刻，让我开始思考和回顾过去。有些事让我去讨论是很难的，但是这个剧本出现了，里面涉及了同样的主题，所以拍这部电影本身就是极好的宣泄——因为你能抒发情感，又不必和治疗师交谈。对于我，这种事总显得不自然和令人多愁善感，难以启齿。这就是为什么我喜欢这个剧本——它能把我说不出口的事情以场景的形式表现出来。当你开始分析和父母的关系时，会觉得复杂别扭，同时又很简单。为什么父亲或者母亲像嬉皮士，孩子却会循规蹈矩？为什么父母都是乏味的会计，孩子却性格狂野？你会觉得父母和子女的关系是你拥有的最奇怪的一种关系。

父亲早年是一个职业棒球手（那时我还未出生），他曾为红雀队（Cardinals）效力，那是一支 3A 球队，记得后来他因伤退役了。然后为伯班克公园和娱乐中心工作，他是市府公务员，同时继续参与体育事业。他很讨人喜欢，个性突出，因为伯班克的体育运动很活跃，他必须和小孩的棒球队、男子和女子的垒球队，还有各种不同体育运动队打交道。当他成为兼职旅行代理后，踏足过很多地方。

我和父母不太亲近，不知道是不是真的有任何可以解释的理由。可能因为我觉得自己已经大了，不愿和他们一起住。我没有和母亲融洽相处过，父亲总是出门，他们总是有诸如此类自己的问题，而我一直和他们比较疏远。我的性格就是这样，这看起来——甚至当我搬去和祖母一起住——不是什么大问题，我只是就这么做到了。当我 15 岁时有了自己的第一个公寓，我更加觉得自己长大了，必须开始自己的生活。为了去加州艺术学院学习，我必须找个工作。父母没有给我支付学费，但我从没有因此对他们生气过。我真切地觉得这可能是件好事，因为我才是该为此想办法的人，而且最终做到了。以超常的角度看，这教会了你独立，我也一直都觉得自己很独立。基本上我觉得自己某种程度上是幸运的，因为我很独立。

当父亲生病时……我自己也开始为此做准备。像我说过的，我和他们没有最亲密的关系，但是当他病倒后，我尝试重新建立沟通。我没有做到比利的角色在《大鱼》的结尾所达到的那种程度，也没有他一开始做的那样糟。我有所改进，开始审视这段关系为何开始的时候如此美好，然后却变得急转直下，某种程度上和电影里颇为相似。我认识到——不管你长多大，父子关系是不会变的，不是单纯的两个人聚到一起。我从来没考虑过父母作为人的感受。他们生了你，然后你长大了，即使你后来意识到他们有自己的感情和生活而觉得和他们不亲近。你可能到了四十五岁还是觉得与父母难以沟通并且关系疏离。他们像走着一个生命的圈，从孩子变成父母，又重新变得像孩子，而你自己的生命也会重复这样一个圈。这是一种独特的、不可抗拒的关系。

我拍任何影片都是对情感的宣泄。对和我父亲关系的思考，是无法和治疗师谈论的，我参加过心理治疗，但是从来没有讨论过父母。而在读这个剧本的时候，我想："就是这样，它把不能传达的意思表现出来了。"所以我非常喜欢这个剧本。通常我不会这样的，除非它对我的触动已经到了这种程度。就像有个婴儿降生了——你在感情上还不能真正地做好准备，它就以最原始的方式狠狠地击中了你。尽管我一直在想父母，也没有想到会找到这样好的宣泄途径。所以，在某种程度上，我觉得这是一个惊喜……

——华莱士的书是爱德华·布鲁姆传奇经历的短篇故事集，而不是单线叙述，而同样刚经历了父亲去世的约翰·奥古斯特第一次读到手稿时，首先要找到办法，把这本内容离散的书改写成情节紧凑的剧本，其中一个手段就是起用不同的旁白者——包括爱德华和威尔——来讲述他的故事，于是旁白讲述的部分比重就和故事本身一样大了。

这部影片并不那么像《罗生门》（*Rashomon*，1950），但是有一些接近的特质，有留白，这也是我中意剧本的原因。它和《艾德·伍德》虽然不是一样的题材，却也有相似之处——这不是一部传统意义上的传记，因为每个角色都有不同的叙述。同样的原因我也喜欢小说《迷魂噩梦》，某个人描述了某件事，而另一个的描述与之矛盾，这样牵引出想探究事实的感觉。你看在英国的电视节目里，历史学家们经常这么说："亨利八世干了这事，还干了那事。"我就想："你他妈的怎么知道是他干的。"

我在拿到剧本之前没有读过《大鱼》的小说，如果先读了，我不知道会不会对它说"yes"。它罗列出很多想法，但缺少某种条理，不过我想这可能让约翰感觉他不必像对待《圣经》那样来处理这部作品。你获得某种程度的许可，择取了小说主题，然后揉进别的东西——把这个主题放到另一种媒体来表现。我觉得约翰做得很好，赋予从小说里截取出的东西合理的结构。这个结构我觉得略奇怪，因为它就像马赛克拼贴画——一件事影响另一件，一开始看觉得过分复杂，再看又觉得过于简单，我觉得这很像我对父子关系的认知。所以我觉得约翰在某种程度上赋予了影片比原著内容更多的东西。

通常情况下，面对制片公司，你必须用一句话概括一部电影，否则他们就不会允许你投拍——这就是制片公司的风格。所以有这样一个我喜欢他们也喜欢，并且没人真的想去改动的剧本简直太好了——因为它如此富有技巧性，在现实和幻想中穿插，你看到一个人在演绎一个老人梦想中的自己，艾伯特和伊万、杰西卡和艾莉森都是俩人扮演同一个角色，场景交替穿插。每件事都像谜一样虚实难辨。制片公司会愿意投拍的——这对我很好，因为不必非要有大明星加入才能把影片推销出去。拥有一个不必让我们边拍边改动的剧本，是种愉快的体验。开拍前我对他们说："这可能在市场上不是很容易推销，因为你说的每句介绍都可能会误导观众，也没有什么卖相。"——因为在别的电影里也有巨人和女巫，出现在更宏大的场面里。但是对他们来说成问题的地方，恰恰就是吸引我来拍的地方。

通常因为预算的关系，还有一些关于剧本的小修改：孩子出生

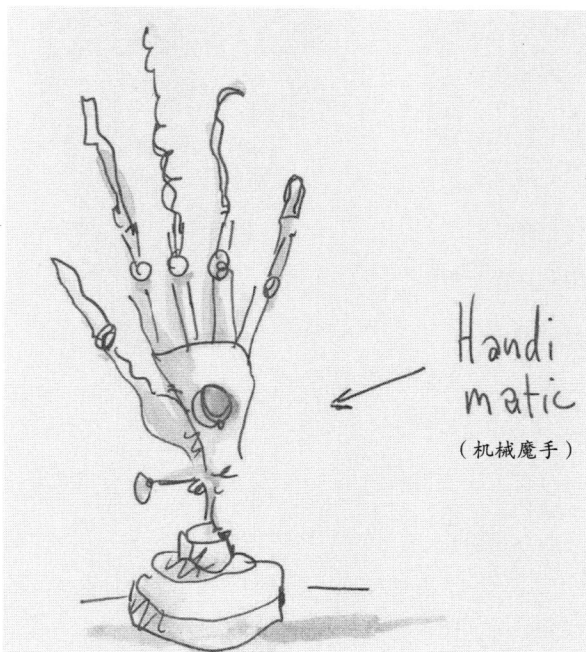

Handi
matic

（机械魔手）

伯顿为《大鱼》里"机
械魔手"做的草图

的场景是后期添加的，因为我们要拍几百个临时演员在山上的大场
面；浴缸戏也是后来加的，因为我们想拍点艾伯特和杰西卡独处时
刻的戏。伊万在黑夜中一场小小的空手道打斗是最后一刻加上的，
因为拍起来很省钱。我们还加了一些细微的元素，像机械魔手，因
为剧本里爱德华是卖螺丝起子的，但是我们想卖个和他的魔幻世界
更般配的东西。这些小玩意儿有些是开拍当天现做的，有些是提前
几天做好的，它们都要把道具部门逼疯了——"帮我们做下这个，我
们三天后拍摄要用的。"但我想做道具的人也很快乐吧，因为和日
复一日按照计划的要求做相比，临时加的道具会带来更多自发的创
造性吧。

　　——拍摄从 2003 年的 1 月持续到 5 月，主要在亚拉巴马州的蒙

哥马利市进行。除了其中一周移师巴黎拍摄，整部电影都是在亚拉巴马拍成的。

这是个不同的地方，让你觉得身处另一个国家，但是我在哪儿都有这种感觉——你在洛杉矶也会这样觉得，特别是现在，在施瓦辛格州长的治理下。

那里曾有很多友善的人，但是这也有反效果——有点过于友善了，反而感觉像戴了面具来掩饰旺盛的敌意……但是人们其实很友好——我只是不习惯而已。我有点神经紧张，那真的只是我自己的问题，不是他们的。这种氛围会传染给你，我想这实际上对电影也有所帮助。

但是好的一面是你就处在故事发生地，所以对演员们来说——因为他们要学会这里的口音——在这个环境对演戏大有好处。这不是那种你想在洛杉矶的摄影棚里拍摄的电影，为我，为演员，为工作人员，为这里的氛围，你必须到这里来——当然你来到一个从未到过的地方会觉得有点怪怪的。说到群众演员，戏份儿不多，你只要让当地人来演他们自己即可，这样挺好，因为你遇到的人都挺有意思，就像那个雇了爱德华来卖机械魔手的人，这和在洛杉矶拍摄大不一样。

但是驻扎在这里也会遇到一些奇怪的影响拍摄的因素，因为这些故事具有跳跃性，所以这里没有主要的外景地，而是一系列各自搭建的外景。因为这个故事的特质和两个演员同饰一角的情况，我们完全不按照顺序拍摄，一天要在两三个场地间拍摄，所以要挪来挪去，很迅速地切换。

我几乎天天照镜子，对着自己说："为什么我会来这里？"记得有天我拿起当地报纸，上面说此地将举行三K党集会，这给我一点点穿越的感觉。这是个奇怪的地方，但正如我说的，我们是为此才到这里来拍的，难道还会再考虑别的地方吗？而在这里拍的另一个好处是，你不会遇到很多围观者——似乎没有人会有闲心逛到亚拉巴马州过周末。

那里的天气可能是我经历过的最极端的，有天我们在马戏团帐篷里拍，但是毫不夸张地说，它被风刮走了。有点像身处《绿野仙踪》（*The Wizard of Oz*）中，大家都不得不疏散。加上龙卷风、涨潮的河水，我们整个马戏团布景被彻底摧毁了。拍摄丹尼·德维托表演的一场戏时，前一天的设施都被水淹了，水足有 1 米多深。真是非常极端的天气。还有一些我见过的最大的昆虫。到了夜间拍摄，听起来就像进入了战争区域。你会听见像炮弹似的什么东西俯冲而下击中照明设施，发出油炸般的声音，还有昆虫被烧着的气味……除此之外，其他都好。

——对伯顿来说，爱德华·布鲁姆的传奇故事里超脱于生活、略显夸张的幻想元素与深刻的情感核心的结合，是《大鱼》对他产生吸引力的原因之一。而他在幻想和现实之间取得的平衡感，也让电影显得如此感人。从剧本到制作设计到演员再到表演风格，整部电影有个统一的基调。伯顿把现实世界拍得"真实"但并不写实——拍现实世界时镜头带着光泽，令人觉得亲切舒适——在魔幻部分一切都更加鲜艳，同时保持人类与类生命的比例。

某种意义上讲，就像同时在拍两部电影。拍魔幻部分我当然轻车熟路，同时我对拍以前没拍过的东西——魔幻之外的部分也很有兴趣。但是影片两面都需要，一面需要拍得像电视剧《急诊室的故事》（*ER*）里的一集，另一面和我以前拍的影片是同类型。所以吸引我的是两种不同元素的并立。

我喜欢这个结构，因为它会慢慢走进你心里，这也是我希望电影完成后具有的效果。当你看到结尾会难以压抑地激动，好像知道为什么而感动，又好像不知道——打动你的东西不是来自眼前所见，而是画面之外内心深处。当我完成影片制作时，我说不出它是怎样一个故事，因为我没有给任何人展示过，而且当我心情极度激动时也无法做出正确判断。但这正是我希望影片给人留下的印象。

　　——正如在父亲弥留之际努力修补父子关系的威尔和伯顿有诸多相通之处，爱德华·布鲁姆和伯顿也有相似之处，因为爱德华做的事也正是伯顿在做的——讲故事。

　　这也是我想拍这部电影的一个原因，因为尽管我非常理解威尔这个角色，但整体上电影父子两边都要刻画。你必须理解并且喜爱角色，我觉得自己和爱德华非常接近。这对我来说很有乐趣，因为我一开始就做到了——喜欢这个角色，也理解其他所有角色，并知道他们如何并存。但是如果我对爱德华·布鲁姆没有强烈的情感，说真的，我想我不能，甚至都不想拍这部电影。

　　——为了给爱德华寻得合适的表演者，伯顿一开始找到了杰克·尼科尔森，他们之前在《蝙蝠侠》和《火星人玩转地球》中已经合作了两次。他想让尼科尔森扮演老年爱德华·布鲁姆，而爱德华年轻时候的戏份儿则通过数字技术将尼科尔森的外貌转变来加以表现。

　　我们进行了讨论——泛泛地探讨下怎样将他变成更年轻的样子，可能还要靠电脑技术吧。讨论很有意思，但是没有真正地付诸实现，这只是个概念，我们不知道有无必要去努力尝试一下。我觉得这只是很多"让人开心一下"的谈话之一，类似于"那个挺好玩，但是可行吗？"，但也可能有和现在不一样的效果。不把同一个演员的样子变来变去，而是找两个演员同饰一角也挺有意思。

——于是伯顿开始考虑安排两个演员扮演的问题。同时布鲁姆的妻子桑德拉也需要一对演员，最终敲定杰西卡·兰格（Jessica Lange）和艾莉森·洛曼（Alison Lohman）。而金克斯和科恩制片公司（Jinks/Cohen Company）正在制作伊万·麦克格雷格主演的《随爱沉沦》（Down with Love，2003），他们提议让麦克格雷格和艾伯特·芬尼这对组合扮演爱德华。

爱德华·布鲁姆的戏份儿难在不能只考虑一个演员，你或许可以想到一个完美的人选来扮演其中一个爱德华，但是除非你也找到了对应的另一个，否则没有用。没有找到一对合适的演员，这个设定便是空中楼阁，因为要是找不到另一个，怎么继续下去？你不能请了艾伯特·芬尼，同时又把本·阿弗莱克（Ben Affleck）拉来。杰西卡和艾莉森也是同样的情况。实际上，对于她们当时我可能有点冒险，因为当我确定请杰西卡时，还不知道另一个桑德拉在哪儿呢。杰西卡能来演是我们的幸运，我喜欢她。

伊万很棒，他就像约翰尼，我喜欢他，因为他很有天赋又非常无畏。我喜欢那些什么都愿意去演，不会自大到去想"这么拍我的形象看起来会怎么样"的演员。他们只管努力演戏，我欣赏由此带来的创作自由。有趣的是，我是分别遇到伊万和艾伯特的，我不知道自己是否考虑过他们之间的关联——他们是完全不一样的——但是他们都有种神韵能让人联想到彼此。他们的样子看起来不是很相似，但是他们的表演中带有这种相似的神韵。

和伊万一起工作每天都像在拍一部不同的电影——这非常、非常让人开心，因为我们有个很紧张的进度表，我想要是我的演员是那种老爱问"现在，我们拍完了没"的，大概我们到现在都没拍完。有一场戏是伊万营救一只狗，他给我留下了深刻的印象。他必须和一只伯纳德犬一起拍，那只狗死活不愿意进到燃烧的房子里去——当然伊万也不愿意——那里浓烟滚滚，狗吓坏了，台阶上结着冰，虽然我们尽量做好安全保障，但是房子已经要烧毁坍塌了。他必须在这个环境里演，这是我见过的最精彩的表演之一。

　　我欣赏的演员不是那种效颦者，伊万就属于我欣赏的有性格的演员，能在镜头前完全变成另一个人。约翰尼也能做到，但表演能做到复杂多变的演员并不多，表演要高于生活，但依然要保持真实感，既要有趣味又要可信。因为爱德华口中的自己是被浪漫夸张的，所以他明显会有一点自问"我真有这样美好吗"，进而产生的不安，但是我觉得伊万的平衡把握得非常、非常好。

　　艾伯特也很棒，此前我从没有见过他，但是他看起来某些地方有点像汤姆·琼斯（Tom Jones）①，他身上有种神韵和魅力与伊万的感觉非常相似。在我们开始考虑这个阵容后，有人给我看了几年前的一本《人物》（People）杂志，上面登出了一组彼此相像的明星，号称看起来像是从小失散什么的。艾伯特的照片和伊万的照片放在一起，这让我们惊叹："天哪，太棒了！"艾伯特具有生命的热情，就像角色一样，他的表演注入了很多自身的东西，而伊万超脱现实，又演得真诚坦率——当演员敞开胸怀去表演时是很美妙的。他以前也是这样表演，他放声歌唱，手舞足蹈，但同时不失真实感。

　　艾莉森也是一样——她站在那儿就像一个默片时代的女演员。一开始拍的戏其中一场要求她静止不动站那儿两分钟，她什么表情动作都没有，但是拍出来充满感情，美丽动人。杰西卡也善于演出人物精髓。因为没人有真正绝对多的戏份儿，所以这就像一个谜，没人确切知道

---

① 1963年版的电影《汤姆·琼斯》正是由艾伯特·芬尼主演的。——编注

上图：伊万·麦克格雷格扮演年轻的爱德华·布鲁姆

下图：艾伯特·芬尼在《大鱼》中出色地扮演了老年爱德华·布鲁姆

一个角色将会如何影响别人，我觉得这样很奇妙，我一直觉得杰西卡的存在有助于艾莉森的表演，艾莉森也有助于杰西卡，伊万和艾伯特也是如此，他们对互相的戏份儿并不知情，我乐于看到这样拍出的效果。

——尽管是麦克格雷格最先进的剧组，但是伯顿选择先把艾伯特·芬尼的戏都拍完。

艾伯特的戏份儿感情都很强烈，伊万的戏份儿需要的情绪完全不一样。伊万一开始就来了，但是我们没有拍很多他的戏，他就待命。他有时是个非常安静的观察者，我们一起讨论，伊万和艾伯特会花上一点时间共处，大家一起吃过几次晚饭。伊万给我的感觉是他思考了很多并且在安静地独自钻研，但是他不想过多地谈论这个，只会一直这样努力钻研着，这种感觉让我觉得他随时准备投入拍摄。我能看到他在默默观察艾伯特的表演，汲取他的长处。

——伯顿起用比利·克鲁德普扮演爱德华·布鲁姆的儿子威廉的角色，他被公认为是这一代演员中最杰出的之一，他曾出演过卡梅伦·克罗（Cameron Crowe）的《几近成名》（*Almost Famous*，2000）和罗伯特·唐尼（Robert Towne）的《永无止境》（*Without Limits*，1998）。

威廉是一个很写实的人物，在寻找着很确切的答案，但是生活里有些事情不会那么确切，那么黑白分明，有时真实和虚幻会同时存在。比利演的是剧中最难演的角色，我觉得他完成得非常非常好，因为他捕捉到了其中微妙的平衡。我始终很同情他，不知道是否是因为我和角色处境相似，处于同样的父子关系中。但角色也带着点冷硬，有着一种内在的矛盾，让我觉得很情绪化，很哀伤，又很真实。这些角色身上都有动人之处。像我提到的，影片里父子关系是动态的，不管你长到多大，都不能摆脱它，我觉得比利演得很好。这是电影的情感核心，是一个人内心最容易也是最难企及的、复杂难懂的所在。我们一直在讨论这一点，因为这关乎电影里情感的走向。我当然也问自己："为什么我要这么拍？我父亲是个伟大的人，每个人都爱他，为什么我和他之间会出现这样的问题？"但这就是生活具有的阴阳两面。

拍医院床边的戏时我心绪起伏，因为从没和父亲经历过这样的时刻，所以这一幕就像我在重现着什么。我得到他去世的消息时，正在夏威夷为《人猿星球》选址。生前最后几次见他时，他看起来病得很重，但没有卧床不起。唯一相同的地方是我经历过的感情。

这些演员都很棒，他们都是能把内心感情戏演得非常细致的好演员。当和剧组工作人员处于日常的忙碌走动中时，我们尽量把动静减到最小，因为演员们正沉浸在他们自己的世界里，这是情绪紧绷的时刻。那些电影里感情激烈的时刻在拍摄时也是需要饱满情绪的，观看拍摄时感觉这很迷人。艾伯特和比利都很出色——选择了正确的人感觉太棒了。压抑的情绪演起来很难，比利和我交流过，我们都担心怎么拿捏感情分寸的问题。但是他把一贯优秀的表演保持到了影片最后一刻，结果非常好。

——配角里有几位是伯顿的常用班底，其中有丹尼·德维托，他扮演马戏团领班阿莫斯·卡洛维。他碰巧也是个狼人，有的地方还需要裸体演出。

说到恐怖场面……丹尼的一大好处是你根本不用费力说服他去

演——他很勇于尝试，所以才那么出色，他不废话就演了。我倒可能比他还要担心蚊子和其他东西……但他尽力完成了。

　　——伯顿的新女友海伦娜·邦汉·卡特有三个角色的戏份儿：爱德华·布鲁姆的朋友詹妮，分成年轻和年老两种扮相，还有独眼女巫，她的玻璃眼珠有魔力，往里看一眼就能预知自己的死亡方式。把邦汉·卡特请来是扎纳克的主意。

　　我在考虑演员时，唯一想到的难题就是艾伯特和伊万、杰西卡和艾莉森如何串联，一旦安排妥当，我发现在选择詹妮这个角色的扮演者时依然有点麻烦，因为她也存在年龄跨度的问题。理查德提出了与其找两个演员，不如让海伦娜来演的想法，我很高兴他提出来，因为我也觉得这个想法更正确。但是让我自己来提名你会觉得有点怪异，虽然她本身是个杰出的演员。于是有她来演我就省心多了。我一开始觉得他的提议是让她演詹妮，但是后来发现女巫也挺适合她。那个不化奇怪的浓装和我一起拍片的女人真的是她吗？

　　——在进入伯顿地盘的新来者中，史蒂夫·布谢米（Steve Buscemi）扮演"诗人"诺什·温斯洛，他和爱德华最初相遇在幽灵镇，后来一不小心成为了银行抢劫犯；身高2.6米的马修·麦格罗里（Matthew McGrory）扮演巨人卡尔，和爱德华初见时他正威胁到爱德华的家乡阿什顿小镇，后来他们结伴旅行。麦格罗里2005年8月由于自然原因去世，当时只有三十二岁。[1]

————————

① 身高2.6米的马修·麦格罗里由于身材过高，身体机能衰竭而自然死亡。——编注

伯顿为独眼女巫画的草图

马修因为拥有世界上最大的脚而被载入吉尼斯世界纪录。他真
令人同情，不管做什么都会被人围观。我们觉得这有点怪异，但确
信他显然已经理解了，理解程度达到了一个我们难以企及的高度。
他很机灵，身上有让我喜欢的魅力。还有史蒂夫，他很杰出，你只
要看他一眼就会觉得很兴奋。他就像巴内·法伊夫（Barney Fife）[①]
的坏蛋兄弟。

**——《大鱼》标志着伯顿电影在基调上的一次突变。当然这是他
迄今最浪漫和最伤感的电影，但又没有流于矫揉造作和无病呻吟。**

我对如何拍摄能显得深情而不矫情一直很有兴趣。我尽力避免大
洒狗血，只保持真实的感觉然后让剧情自然发生——要不然就成《我
们的日子》（*Days of Our Lives*，1965）[②]这样的肥皂剧了。所以我喜
欢加点幽默元素，和剧情融合在一起，从这点来看我找到的演员也是
表现不错。我喜欢选择那些一次表演能传递丰富内容的演员——风趣、
真实、戏剧性，还有感情内涵。这很难做到，尤其还是两人同饰一角，
既要自然又要有技巧性，所以我很幸运，找到的演员都能领会这点。

我也喜欢影片的浪漫气质，因为尽管电影是关于父子的，但也展
示了主角的另外一种生活，以及在那个情境中的男女之间的感情关系。
这个关系并不过分复杂，但是是我喜欢的另一层内容。作为孩子，你
不会去考虑父母有他们自己的生活，尤其当你还很年幼时，当然他们
一定有的。所以我喜欢影片里简单的浪漫。

---

① 20世纪60年代美国喜剧电视片《安迪·格里菲斯秀》（*The Andy Griffith Show*）
里的角色，由唐·诺茨（Don Knotts）扮演，和史蒂夫有几分相似。
② 美国NBC电视台制播的一部日间肥皂剧。世界上少数仍在播放的长寿电视剧，从
1965年11月8日开始每星期播一次。——编注

至于说电影有没有投射出我自己增长的幸福感——我觉得自己从来不曾真正满足过，也不认为任何从事艺术的人会真正满足——那一分钟你感到满足了，那一分钟起时间可能就停滞了，要想做到浪漫，我想总要有渴望、有追求、有些许幻想——渴望的内容和现实中的幸福也许不太一样，它应该是你希望自己能拥有的感情，更加外露、宏大、清晰而又单纯，你明白我说的是什么感觉。

——对于伯顿，《大鱼》的另一个吸引力是跨越了多个年代的丰富的元素。

每天都像在拍一部新电影，我觉得好比一个拼盘，每样都可以尝试。我自从《荒唐小混蛋奇遇记》之后还没有过这种感觉，在一部电影里尝试各种各样的类型风格——这不像花六个月在同一件事上，而像每天都在做不同的事情。"嘿，今天我们拍银行抢劫片！""今天？是狼人片啦。""现在我们拍朝鲜吧。"这很好玩。

先拍完不少现实风格的场景之后，我们再开始拍魔幻的部分，这个转换就像卸下包袱，释放心情。这很有趣，尤其之前拍的感情戏都沉重压抑得难以排解——能切换过来真是太好了。这部分永远不会有乏味的时候，而在南部拍戏是种新体验——太他妈超自然了——我对此真的很享受。你很清楚这里到底有多少东西可以拍进电影里，所以能很快到这里拍片真是让人愉快。偶尔有缺乏兴致的时候这里还能为你创造出精神头和乐趣，比如要是你够幸运，能看到一个人穿银行抢劫犯服装整整穿了一个半小时……

朝鲜战争的内容是后加的，这个情景是伊万跳伞降落，着陆后遇到两个姑娘，但是这对剧情没什么作用。有天我们开玩笑说布置给他一个战斗任务，但是我们没钱也没时间，于是我想出了一个小任务丢给他，再在黑夜里来上一场简陋的空手道格斗，而伊万想一挑二。他说，这是因为他在一部战争片里一直想演这样的戏，而实际上他只演了擦鼻涕——我不知道他指的是哪部电影……

我喜欢那些在电影里讲究历史细节的人们，在宣传期间，我在记者那里遇到很多这样的人——什么？朝鲜战争时候中国汉字和美国歌曲是那样的吗？我对自己说："他们说我是鬼才导演嘛……"这部电影不是对朝鲜战争的准确刻画，我也不会说它是对任何东西的准确刻画——这才是关键。

——在影片中有几处剧情发生在美国南部种族强制隔离制度终结之前，如小爱德华·布鲁姆和黑人小孩一起玩，威尔是由黑人医生接生的，但那时黑人医生是不允许给白人看病的，这样拍的用意是什么？

那是因为每件事情都是根据我给爱德华·布鲁姆做的角色设定，站在他的立场去拍。在我看来，他不是一个种族主义者，永远不会有这些界限。既然每件事都加上他主观的色彩，也就无所谓时间线——他不是种族主义者，不会那样看待事物。当我们驻扎起来拍马戏团的戏时，两个群众演员朝我走过来——两个可怕的家伙，其中一个对我说："你确信这里不会有黑人，对吧？"我说："哎呀，这部电影里会有的呀……"

——《大鱼》既有爱德华·布鲁姆病危时在医院里的沉重现实场景，也有伯顿式的魔幻场景，影片在两者之间取得了美妙的平衡，而后者其实是用非常实在的方法拍摄的。

这样拍的理由有很多，一个是因为故事的题材让我们不想过分依赖 CG 技术。在电影圈里我们这帮人都算是"CG 懒人"。一次我们都在野地里看着一棵树，爱德华的汽车将会出现在那棵树上，有人说："我们不能用 CG 把车弄上去吗？"我当时好像说："不行，我们要把车吊上去。"又或者："我们不能用 CG 加上些花朵吗？""不行，我们要在地里种上全部需要的花，让伊万站到中间，而不是站到该死的蓝幕前面。"所以人工实景的质感还是非常重要的，因为电影的主题就是关于真实和虚幻的界限。显然现实取景要更多些，但是即便如此我们也从不想拍俗套的南方景色，宁可用更诗意的意识流方式拍出南方的哥特式风格。

——《大鱼》捏合了寓言和童话故事，神话和民间传说，掺进了很多典型元素：女巫、美人鱼、巨人、狼人、马戏团、梦幻小镇——所有这些都被伯顿诠释出独特的味道。讽刺的是，那棵阻挡爱德华离开幽灵镇的有生命似的大树很有伯顿式电影的感觉，但实际上那是斯皮尔伯格加到剧本里的。

我们参考了一些经典影片——有些标志性的魔幻元素，拍得有《伊阿宋与阿尔戈英雄》的感觉。很有趣，像我说过的，在每种文化和每个时期，这些标志需要有所改动去适应时代。这就是《美女与野兽》（*Beauty and the Beast*）这个题材被拍了上百次的原因，但每次感觉都不会一样，因为它是世界性的。神话和民间故事也一直很吸引我。如我所说，当人们长大成人，这些故事也会发生改变。人们忘了这样一个事实，这些故事，即使是关于女巫和狼人的，也都具有心理和感情的真实基础。我觉得它们是体现和强调这些心理最自然的方式，每次看到人们随着年纪增长就会遗忘这些，我就觉得不可思议。

　　我又回想了和父亲的关系，就算我们的关系后来这样糟糕，一开始也是很美好的。我记得他戴的假牙其中有两颗很尖，所以月圆之夜他会假装狼人变身——他真的能够移动假牙把我们吓傻，我们可喜欢这样玩了。所以你认识到他还挺神奇的——这很值得怀念，但你可能同样会把这些遗忘。我曾经遗忘了这些事，很长时间都没有回想过。因为我的独立和早早搬出家里，这些童年记忆对我就有很大影响，可能是很美好的影响。这些时刻在记忆中如此超现实，如此美好、鲜明和让人无法忘记。

　　我最感兴趣的主题情景是马戏团——哦，说不出原因，因为我是一直讨厌马戏团的，到现在都讨厌。但是在这里，它很有意思，尤其在北佛罗里达州，演员都打扮成旧时马戏团的人，像还在播出的旧版《泥巴秀》（*Mud Shows*）里那样的。还有些东西提醒我电影这一行的人家庭有多么怪异，你总是在外头和一大堆人一起谋生，这点剧组和马戏团挺像。这些场景拍起来心情愉快，因为你在亚拉巴马州，旁边都是马戏团，剧组的人就像马戏团的人，而马戏团的人就像……马戏团的人。

　　我特别喜欢一只表演自杀的猫——是货真价实的自杀，它已经演了很多场。记得我们拍了这个节目两次，每次都不一样。我第一次看到这个是在佛罗里达的马戏团，我说："我们遇到一个人和他的猫。"他是个俄国人，我记得他背井离乡来到那里，让猫表演从很高的地方跳下来，以此赚了不少钱。如果我不当导演的话，可能会试试这个工作，因为他每天只要工作二十秒钟。我对此印象深刻，一只猫自己不会做这种表演，因为这样违反天性——但我还是忍不住觉得那是当天最喜欢的节目。

　　——《大鱼》有几处就像是对伯顿以往作品的呼应，尤其是爱德

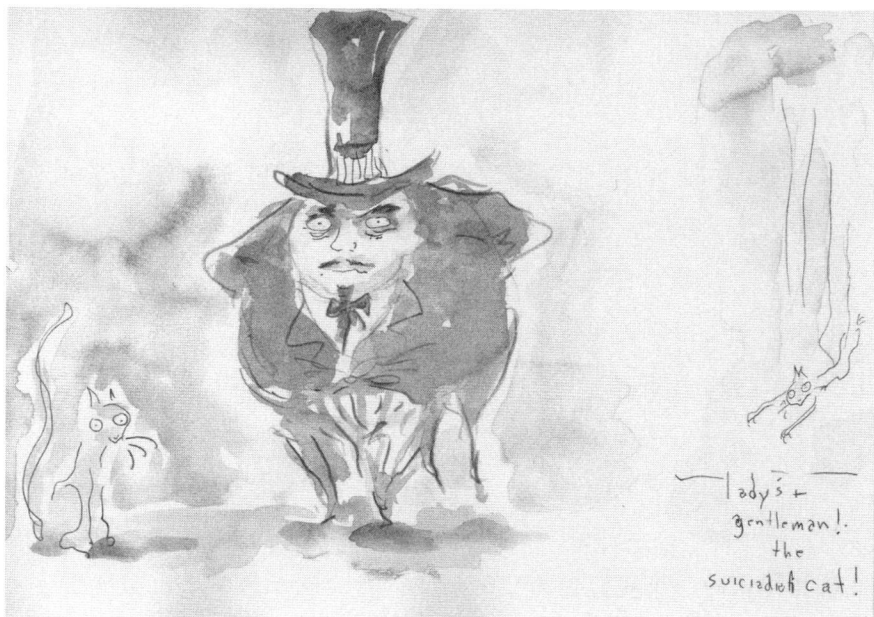

伯顿给阿莫斯·卡洛维和"自杀的猫"做的草图

华·布鲁姆负责给阿什顿镇做园艺的短暂一幕。他照管的乡村草坪和《剪刀手爱德华》里的景色惊人地相似。

坦白地说，我是这么做了，我知道它们的相似，但是一开始不是有意为之。譬如关于风景，我想到的更多来自小时候看到的那些广告画，尤其是一幅叫作《迈克钻石管道》的，像《形象》（Look）杂志上典型 50 年代风格的"精确除草"广告。这更多地是因为我一向喜欢这样拍。所以我能看见这些电影的相似联系，但不是一开始就这样去设计的。

——电影结尾时出现的歌曲叫《时光的男人》（Man of the Hour），是珍珠果酱（Pearl Jam）乐队的埃迪·韦德尔（Eddie Vedder）写的。

这是伯顿让王子为《蝙蝠侠》写歌之后，第一次使用原创歌曲——不同于纯配乐和艾尔夫曼的《圣诞夜惊魂》曲目。

埃迪·韦德尔看过了电影说很喜欢，想要为它写点什么。他很酷，不会给人什么压力，一切都很轻松随意，"如果你不喜欢这首歌，也没有关系"。因为要是我和尊敬的音乐家一起工作，他们的作品我又不中意，怎么拒绝就要好好费一番脑筋。但是他写的歌曲很美，让我引以为荣。我觉得歌曲和电影很贴合，他还有一副迷人的好嗓音。

——《大鱼》公映前不久，海伦娜在 2003 年 10 月 4 日生下儿子比利，伯顿初为人父（讽刺的是，爱德华·布鲁姆的出生作为《大鱼》里最具趣味的一场戏，因为预算削减，精心设计的孩子出生场景被一场相对省事的分娩戏取代）。伯顿目睹了儿子的出生。

伯顿和海伦娜·邦汉·卡特在《大鱼》片场共处的一刻

用美国式的讲法，"震惊和敬畏"得难以置信，我发现《大鱼》有些地方真是未卜先知，还准确得匪夷所思。实际上，要比较哪件事最不可思议的话，就是现实中孩子的出生。

——《大鱼》于 2003 年 11 月在美国公映，获得了非常高的赞誉。很多人觉得电影充满诚意，也有些影评人觉得有点过于煽情。还有一些人说这是伯顿电影风格的巨大偏离，尽管他早期电影里就包含了描绘情感和痛苦的内容，比如马丁·兰道在《艾德·伍德》里以及约翰尼·德普在《剪刀手爱德华》里令人心碎的表演。

所以我总是被这些评论逗笑，"他是个暗黑爱好者，所以这部光明的电影，是他风格的突变"，等等等等，但我不会想太多的。这也是这部电影的主题——人们如何描述事物，哪些是真哪些是假，我觉得《圣诞夜惊魂》里就有忧伤动情的时刻，但是你只会想到里面那些黑暗的诗歌……

第十五章

《查理和巧克力工厂》

Charlie and the Chocolate Factory

——《查理和巧克力工厂》出版于 1964 年，是威尔士出生的作家罗尔德·达尔的第二本实体儿童书，述说了一个叫查理·巴基特的家境贫寒的小男孩，他赢得了一个宝贵的机会，能去隐居的糖果业大亨威利·旺卡的工厂内游览。他的爷爷乔陪着他一起去，同行的还有带着监护人来的竞争优胜者迈克尔·蒂维、维鲁卡·索尔特、维奥莉特·博雷加德和奥古斯塔斯·格鲁普。但是一进入糖果厂的高墙之内，这些孩子就要遵守旺卡的严格而古怪的规则，还有他与众不同的道德感。伯顿在为亨利·塞利克拍《飞天巨桃历险记》时第一次触摸达尔的世界，他从孩提时起就是达尔这本书的书迷。

　　这是在学校时有人读给我们听过的书里的一本，我在早一点的时候知道了苏斯博士，但是罗尔德·达尔可能是在儿童故事里暗含了现代寓言思想的作者——黑暗与光明的混合，不是直截了当地跟小读者说，而是通过政治不正确的幽默感来让孩子自己体会。对此我一直很喜欢，这影响了我所做所想的每件事。

　　——达尔的书第一次被搬上银幕是在 1971 年，名叫《威利·旺卡和巧克力工厂》（*Willy Wonka & the Chocolate Factory*），由梅尔·斯图尔特（Mel Stuart）导演，戴维·沃尔珀（David Wolper）制片，剧本由作者本人改编，部分投资来自桂格燕麦公司（Quaker Oats Company），在德国慕尼黑拍摄。尽管电影在票房上不是很成功，但是后来它开创了一种真正的狂热崇拜——一种致敬，或许是对吉恩·怀尔德诠释的威利·旺卡这个形象，但是更可能是归功于达尔书中的独特想象。

　　我其实不是第一部电影的真爱粉，最准确的说法是，这部影片没有以迷住很多人那样的方式迷住我。这是个奇怪的电影，有着最奇怪的风格。我发现它让人很头疼。他们在小船上的场景就像吃了迷幻药之后拍的。威利·旺卡在影片最后变得友善了，之前毫无征兆。我知道很多人爱的就是这点。这是个会让你印象特别深刻的地方之一，但是要是你回想一下……我好奇那些把这一幕票选为"影史最经典时刻"的人是否投票前回看过这个电影。我对这第一部威利·旺卡影片当然会有不同想法，就像在拍《人猿星球》时那样。我知道接拍《人猿星球》算是自找苦吃，而这一部，我没有感到很大的个人压力，只因为没有觉得原来的那部电影有多好。

　　——随着达尔在1990年去世，他在美国的版权成为了他的遗产，华纳兄弟买下了拍摄新版的版权。达尔的遗孀费莉西蒂·"莉茜"·达尔（Felicity "Liccy" Dahl）管理着遗产，据她所说她一开始并不乐意卖出版权，但是最后还是决定出售，因为华纳承诺编剧、导演和主演阵容一定会经过她认可。一开始尝试进行剧本改编的是《战略高手》（Out of Sight，1998）和《矮子当道》（Get Shorty，1995）的编剧斯科特·弗兰克（Scott Frank）。

　　华纳兄弟打电话问我的意思，他们在过去几年里已经搞出了三四版草稿，我读了其中一部分，觉得从中可以看到他们改编的过程。这

《威利·旺卡和巧克力工厂》：
威利·旺卡（吉恩·怀尔德扮演）
冷眼旁观奥古斯塔斯·格鲁普
的命运

样的事情我以前也看到发生过——这和拍第一部《蝙蝠侠》时的情形
有点像。制片公司已经立项很久了，你可以看到为此做出的各种尝试，
但是我觉得任何人为某件事考虑了太多太久而举足不前时都会发生这
种情况。我觉得斯科特·弗兰克的版本是最好的，可能是脉络最明晰
的，内容最有趣的，但是他们放弃了这一版，这个剧本不幸遭遇了"项
目开发地狱"①的怪圈。

　　具有迷惑性的一点是书的内容看起来如此简单，但它是不一样的
媒介，书里的东西可以看起来像寓言一样言简意赅，但你不可能拍
电影也那样拍，那会显得过于简单。不管怎么样你知道在电影里内容

① developmental hell，一个电影项目冗长的审批过程，其中涉及走马灯似的换人和不
停修改剧本。

应该更充实些，否则角色们从一个场景到另一个场景就会显得沉闷拖沓——你知道，这些都是熊孩子，但是威利·旺卡是什么人？古怪的糖果制作人吗？

我可以在不同的剧本里看出他们构思的历程，现代人的想法是："好吧，这些都是熊孩子，而查理，从电影的角度去看真是很无趣，他什么事情都没做。"对，查理就像我们中间百分之九十的人，是在学校里会消失在背景中的孩子。但是在更早之前的草稿里，他们总是试图让查理做些什么，譬如他是一个神童。"你必须让查理更积极一些，我们必须拿掉父亲的角色，因为威利·旺卡才代表父亲的形象。"你从中可以看到所有剧本讨论会的痕迹：威利·旺卡作为最终的父亲形象出现的想法。我说："不，他才不是！从某种角度看，他比某些孩子还要混乱。"所以我们铲除了这个念头。

我把现有的想法都放到一边，回过头去想："为什么我们要拍这部电影？首先，是因为这本书。所以问问自己，为什么这本书给人感觉这么好呢？为什么我们都会记得它呢？"我想要感受到书的精华是什么，然后我们再尽全力地抓住它，尽可能纯粹地去表现出来——而不是过度复杂化，拍成"查理在和时间赛跑"，或者别的。

我遇到了给《僵尸新娘》写过一版草稿的帕梅拉·派特勒（Pamela Pettler），他试写了一下。然后是约翰·奥古斯特也来试了一下，他写过《大鱼》的剧本。约翰剧本写得不错，故事很鲜活，植根于原著又加了一点心理学基础，所以威利·旺卡不再仅仅是书里描述的"那个人"……

这是关于影片的质地的问题。用简单的话讲：查理的家庭——他们全家人因为吃得太少而看起来营养不良，那就让查理是个非常瘦弱的孩子，不要像那些金色头发、脸蛋像玫瑰花瓣的一看就是刚吃完一顿大餐的小家伙一样；他的祖父祖母——他们很老了，那就让他们看起来确实很老，老得像是下不了床。在原来那部电影里，杰克·艾伯森（Jack Albertson）扮演爷爷乔——要是他还活着，现在正好是扮演这个角色的准确年纪。这部影片要让人感觉到有它自己独特的真实感。

我必须接受的是达尔作品中透露的敏感，并让自己感觉舒服，不过我觉得这和我自己也很相似。我们添加了一些书中没有的新元素，但是我一直觉得本着他的原著精髓改编而来的每样东西都让人感觉很舒服。同时，这是对原著的一次诠释，书中有一些无政府主义精神，所以你需要用点不一样的方式来加以处理。

——在前期准备阶段，伯顿拜访了达尔生前在英国白金汉郡大米森登村的家。莉茜·达尔记得伯顿走进达尔著名的写作小屋时说了句"这就是巴基特家的房屋！"于是她对自己说："谢天谢地，总算有人看出来了。"

能看到这个故事诞生的地方真是太好了。我一直有一点警惕，因为这里是这个人和他生活的地方，所以你想心怀敬意但是不能太沉溺于对他的崇拜。能看到他写作的地方，知道他是怎么写的，有怎样的怪癖，这很有趣。

莉茜给我看了他最初的亲笔手稿，亲眼看到真是不可思议，他所有东西都是用手写的。他的手稿比书里最终呈现出来的还要政治不正确——所有证据都写在这儿呢。最初除查理之外他还写了其他五个小孩，其中一个取名叫"疱疹"。

处理这些内容很难，因为拍摄准备已经做到一半，所以这只能帮助你在感情层面上确认已经知悉的事情——这个家伙有趣、古怪、富有创造力，这就是你喜欢这些故事的原因。他写的就是他自己，所以我们看到的故事才会是这个样子。这些资料做到了一点，那便是展示出当一个人发自内心地写作，他会散发出多大的能量。

——让伯顿来拍摄达尔的故事，就像创造力圣殿里的一次联姻——两个卓尔不群、富有创造力的脑子，对儿童题材有着相似的黑暗的带着死亡气息的趣味。海伦娜·邦汉·卡特回忆道，当她观看一部达尔的纪录片时，惊诧地发现他们两位身上有这些共同点："很多达尔说过的事情蒂姆也会说，事实上，他对我就曾说过一样的话。他的政治不正确、黑色幽默感，都不能更像达尔了。另外一件达尔和蒂姆都说过的事情就是，（孩子都是）小野人。我觉得最能理解蒂姆的一般都是孩子，或者至少是内心是个大孩子的成年人。"

其实也没有那么政治不正确，但是当你是个孩子时，会喜欢危险和可怕的事物。那是照亮你的成长、创造力、观点和创作历程的事物之一。所以孩子们天生是伟大的，但是我们都要去学校，我们都知道没人能比同为小孩子的彼此更可怕了。这是我觉得达尔很棒的原因——其实我也不知道他对孩子抱有的真正想法是什么，但他喜欢或者不喜欢他们都没有关系，因为他无疑能够在孩子的层次上说话。他绝不是降低自己故意装小孩，他自身就有孩子的特性。为什么书里的小孩写得这么可信？为什么它会成为经典？——这是以孩子的语言写的，有孩子的特质。

——和伯顿所有的电影一样，他再次在达尔的书里找到了和自身的相通之处。

在题材上，这和我在《蝙蝠侠》《剪刀手爱德华》或者《艾德·伍德》里发掘出的东西都不一样。一个半反社会倾向的角色，交往中存在沟通困难，有点与世隔绝，住在自己的脑子里，深受小时候遇到的家庭问题的影响——所有这些特性我都能在旺卡这个角色身上找到。他也有剪刀手爱德华身上害怕与别人接触的特性，虽然不是在物理意义上的。

而在查理身上找到的特质，我觉得是重现了我在学校里的感觉，你觉得自己就是作为别人的背景而存在的，当别人回忆校园生活时都想不起你来。但他并没有受此影响，在他身上的开朗和简单是我自己身上也有的。所以查理是我身上的积极面，而威利则是更复杂，也可能是与我自己更贴近的那一面……

——威利·旺卡是糖果界梦想家，伯顿是电影导演，找出他们之间的联系是个很诱人的想法。前者通过在他的工厂里精心构建了一个糖果世界来放纵他的梦想，而伯顿在电影中塑造出了一个丰富多彩、细节生动的幻想世界。

是的，有时是以一种看似很抽象和毫无意义的方式。当然，在以往的工作中，我曾被指责做事漫无目的，所以我对此也颇有体会……

——威利·旺卡身上有孩子似的激情，给人他还没长大的感觉——实际上这点很像艾德·伍德。

是的，我觉得威利也有点像糖果界的"公民凯恩"，或者说是霍华德·休斯（Howard Hughes）——总之是一个很聪明但是精神受过创伤，躲进自己的世界里面的人物。我觉得在很多有创造力的人物身上应该都发生过这样的事。他们有属于自己的激情，无论有没有人和他们同行。

——约翰·奥古斯特在对达尔原著的改编过程中，给了剧本里的旺卡一个心理方面的原因，把他的怪癖归咎于与父亲不融洽的关系。这个议题在伯顿电影里挺常见，在这部里父亲是克里斯托弗·李扮演的一位牙医。

是的，这个情节是对他背景的一点补充，书里原来并没有，是我们后加的。父母的影响总会显现出来的，不是吗？某种程度上我们都是被家庭关系塑造或者定型的某种产品，父母对你的养育和社会对你的教化，每件事都在影响着你，尤其是心灵创伤。现在我们成为了父母，轮到我们自己开始害怕了，"你会在无意中对他们造成什么伤害呢？"

旺卡有着复杂的性格，这是不可更改的，所以我们必须给个原因。虽然书里没有提到，但是在今时今日必须补上这一环，因为让观众有这种印象但又不交代原因的话，他就只是个怪胎的形象，你不能只拍一个异想天开的戴着领结的滑稽家伙。除非你为人物找到心理上的基础，否则我不知道作为一个导演或者一个演员该如何去理解一个角色。

我会假设他在成长过程中受过挫折。记得我和约翰谈过，他非常善于组织材料帮我写出符合我个性的东西。他想给旺卡补上一段经历，于是我们开始讨论旺卡的心路历程，我记得与他谈起了牙医和牙套。

我试过了每种可以想象出来的牙套。这是一种充满疼痛和孤独感的经历，因为我试过一种可以套住脑袋的大号牙套，记得拧紧它时的感觉就仿佛有人在你的脑子里尖叫。这种抽痛就像你在嘴里体验到头疼的感觉。这很有象征性，当你把这个丑陋的东西戴到头上，就已经觉得自己被世界排斥了，你没有很多朋友，不能真正地交流。不管做成什么款式，总有这种效果。那个牙套实实在在就是一个无法和别人

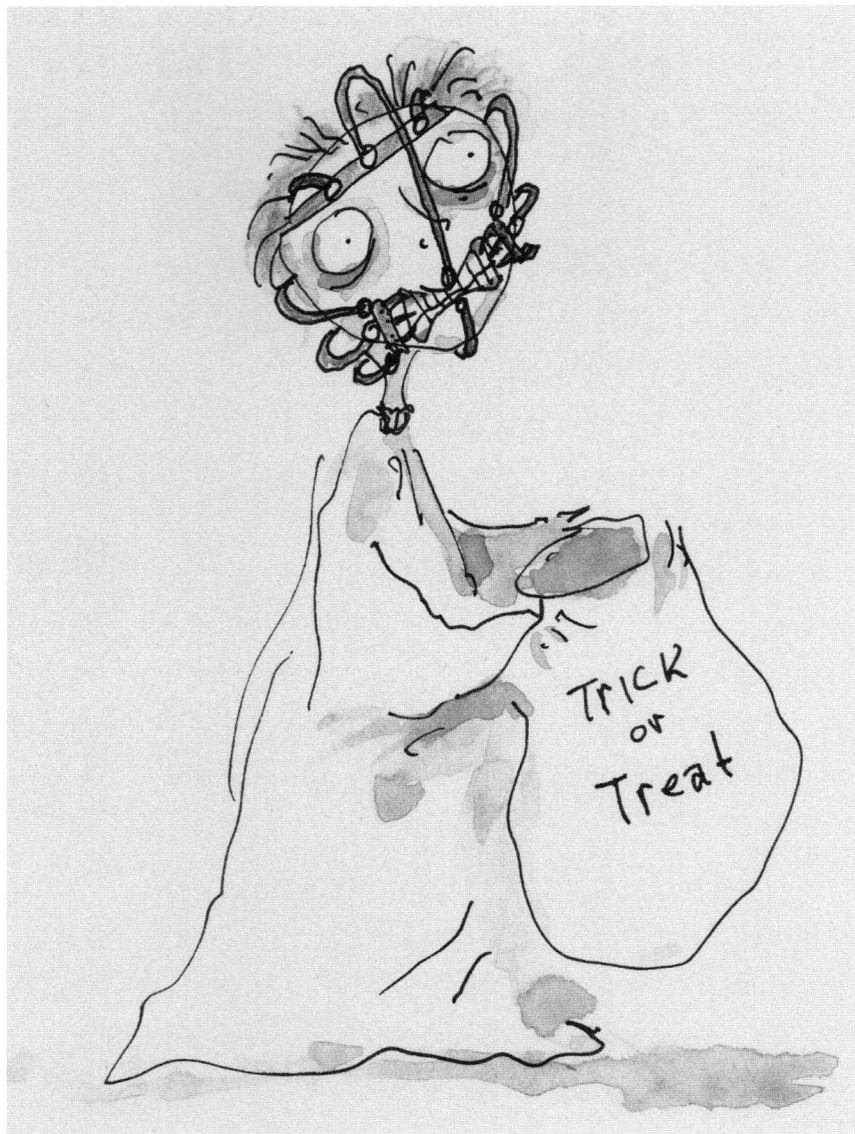

伯顿画的草图，描绘了深受牙齿矫正折磨的幼年旺卡 ①

<hr>

① 图中袋子上写着万圣节的活动"不给糖就捣乱"（trick or treat）。

接触的象征——即使是和自己的床。我记得试过戴着这个大家伙同时在床上躺倒，但碰不到床单——躺在那儿痛苦地流着口水，离床单还有 10 厘米。我记得这种心灵伤痛，还有去看牙医的伤痛。所以你把这个经历和家长联想到一起，就会是一个很骇人的组合……

——关于由谁来扮演旺卡，约翰尼·德普是伯顿唯一的选择，这也是他们第四次合作。和《剪刀手爱德华》与《断头谷》不同，那时他为了让德普来主演不得不和制片公司对抗，而这次德普已经凭着在《加勒比海盗》（*Pirates of the Caribbean*，2003）中的出色表现得到了一个奥斯卡提名，凭借这个他现在是每个人心中的理想选择。

我真的没有考虑别的任何人，也不用被逼着去考虑——这种情况还是第一次发生。这是第一次我想用约翰尼而没有在制片公司那里遇到任何麻烦。我想即使是阿兰·霍恩（Alan Horn，华纳公司主席和COO）也会支持。而通常你不得不经受更多波折，哪怕每个人都知道他是个伟大的演员什么的，这次则是"好吧！"，所以最终一切都妥了，没有那些个不得不进行的斗争了。

我会更多考虑与约翰尼合作是因为他总是想尝试些不同的东西，你需要有愿意这么做的人，且知道他可以胜任。这总是有点冒险，你永远不知道能不能完全达到想要的效果，但我喜欢这样，这让我觉得兴奋。我不把他当作一个普通演员，从来没想过要把他呼来喝去，"接下来拍这个，或者那个"。他实际上是一个伟大的性格演员。

我们的友谊已经持续多年，我觉得从未褪色，对我来讲这实在太好了。和约翰尼一起已经是工作的一个有机部分。我们交流，互相启发，但是从来不照搬现成的事情。不管他还是我提到一个可以借鉴的东西，我们从不会说"哦，就照着做吧"——这仅仅是一个引子，摸

伯顿和约翰尼·德普
在片场讨论

索的过程中系统的一步——这令人兴奋，因为你不确定将会带来什么。
发掘的过程才是乐趣。

　　有趣的是，你对书中内容提及的儿时记忆是鲜明生动的，然后回
头再看却会觉得有点神秘莫测，对角色的诠释浮现出很多可能。我们
开始讨论小时候对儿童节目主持人的印象。在美国，每个村镇、每个
城市，都有奇怪的儿童主持人出现在当地的电视频道里——叉骨先生
（Mr Wishbone）、煎饼人（the Pancake Man）、袋鼠队长（Captain
Kangaroo）和他的搭档绿色牛仔先生（Mr Green Jeans）和达芙妮宝
贝（Baby Daphne），最后这个是怪异的女巫，甚至当你是个孩子时

也会觉得他们是怪人。你几乎觉得这可能是个梦，甚至是个噩梦，因为他们实在太奇怪了。我曾经见过一个家伙戴着牛仔警长帽子，还有一个穿着怪异的休闲外套的家伙，可能是袋鼠队长，这个家伙留着诡异的发型、胡须和鬓角。你回想时会觉得"这他妈都什么乱七八糟的？"，但是他们给你的印象不可磨灭。所以大多数的记忆中总少不了这类形象，所有这些古怪家伙的形象在脑子里以某种奇怪的方式重叠了。

——但是，人们对一部伯顿电影会抱有极高期望，尤其还有约翰尼·德普出演时。

这不是什么好事……反而是个麻烦。在你生涯的早期，需要为了把事情做成而奋斗，但同时也享有迷人的自由，因为不会有被人期望而产生的压力。让人们觉得惊喜总会感觉很好。当人们对你抱着某种期望时，要给他们惊喜就更困难了。随着事情的发展，你会意识到每个人都不一样，他们的期望也不一样；他们抱着各自不同的期望来看你的电影。所以压力也会随之而来，但是你没法准确描述压力到底来自哪里。

——虽然旺卡本质上像个孩子，但也有吓人的一面。

我说过了，这种发自内心的感觉来自那些儿童节目。记得有次生日聚会，忘记我那时几岁了，请来了查克小丑（Chucko the Clown）……他好像是"我操操操"这样说话的……这在我的意识里留下根深蒂固的印象。

——当伯顿照例给他的角色们画草图来设计造型时，旺卡花了他最长时间。

这个特别……我会说某种程度上是我遇到的最大困难，早在做概念时就开始了。你读到书里的角色描写时觉得很有趣，但是按照书上写的在现实里重塑就很难了。这有点抽象，也留下了诠释的空间。滑稽的是，当大多数人想到蝙蝠侠时，通常是指某人看起来像蝙蝠侠——你可以让他激突或者穿一身黑色，但是那还只是符号化的形象。所以我一直想着："要是你现在走到街上搞个民调，他们会说'威利·旺卡，那是谁啊？'，或者会说'哦对，他戴着一顶礼帽，穿着紫色外套和杏色裤子，还有一个领结'。就像吉恩·怀尔德在电影里的样子。所以他们真的有那么在意人物本来的形象吗？"

但是书中的描写还是赋予了角色优雅的特质，那是你想在影片中保留的。对于深紫色，还带着一点点佩斯利涡旋花纹，我有种轻微的60年代迷幻感。你把这些元素都重新搭配了，依然保留了经典形象的一些东西。他就像《歌剧魅影》（*The Phantom of the Opera*）里的人物，隐藏自己，关上心门，住在自己的世界里，所以他永远不用赶时髦和装酷。我们给予他一种有点老式的冗长的语言风格——就像有个人很想取悦小孩子但是方式不太对。

——所以，德普的旺卡保留了怀尔德版的紫外套和礼帽，而伯顿又给他加上一顶奇特的披头士式假发、一嘴耀眼白牙、一副大圆黑框眼镜和一双医用手套。

我的原则是，那些被认为在专业领域内是天才或者领袖的人，一般都会有点疯狂。他们在有些事情上非常聪明，而另一些事对于他们则是巨大的盲点。你经常能看到或遇到的情况是，那些我认为在特定领域富有创造力的人，在别的领域会有巨大的欠缺。当你所有时间都是独自一人，只有许多呜巴鲁巴人（Oompa Loompas）^① 陪伴，你会变得更古怪。

我们一直认为旺卡是糖果界的"公民凯恩"，并且成了一个神话，然后转入地下变成了隐士。他隐藏了起来，不和世人接触。他发型的灵感可能是来自那些早期儿童剧——袋鼠队长或者玉米花生糖盒子男孩（the Boy in Crackerjack Box），或者煎饼人。至于眼镜和其他的特征，那是根据角色的隐藏属性设计的。我们让他戴手套是因为他和人们接触有障碍，那也是他父亲留给他的阴影。

——伯顿挑选了弗雷迪·海默尔（Freddie Highmore）扮演查理·巴基特，他曾经和约翰尼·德普一起出演过《寻找梦幻岛》（*Finding Neverland*，2004）。

我没看过《寻找梦幻岛》，但是肯定向约翰尼问起过他，不过现在想不起来了。我和选角导演苏茜·菲吉斯（Susie Figgis）一起面试他时，觉得他很出色，无疑是正确的选择。我选择他的理由正是华纳对角色感到担心的理由，这个角色需要有质感的表演，关键在于他像我们当中那些百分之九十的你不会记得的人，不会给人什么印象的孩子。但是这不是你可以告诉演员怎么去演的东西，他们要么具备这种素质要么不具备。弗雷迪的表演正好具备这种朴素和灵气，他真的没有演得虚假的时候，因为他不是一个做作的人。他是我合作的最好调教的演员之一，不管什么年纪。因为他……也许这听起来有点荒唐，

---

① 《查理与巧克力工厂》中的角色。——编注

但是他的兴趣在别的事情上，所以不会给人"我是一个演员，我很能演戏"的感觉，我觉得这样的心态对任何人都是有益的。查理和别的孩子不是同一个类型，他们都被描写成简单化、寓言式的人物。他只是需要具备这种特质，而我第一次见到他时就在他身上清楚地看到了。

　　当你同时看到很多孩子时，那场面真是可怕，和其他演员的选角方式完全不同，感觉很古怪，这就像要从中找到合适的类型，即努力发现这些孩子之间谁具备角色的特质，这样他们自己就是角色而不是被迫去演。我觉得在孩子们身上做到真实自然更容易，他们会让影片给人感觉更真实，哪怕是在拍魔幻片。对所有这些入选的小演员，选角导演和我都觉得"没错，就是他们了"。迈克尔·蒂维是最难选的，花了最久的时间，我也不知道为什么……

　　——关于查理应该是英国人还是美国人的难题很快就解决了。

　　我们和孩子们一起测试时，事实上是让他们说美国口音的时候更多点，但是对我来说很明确的一点是——尽管他们中的一些做得不错，弗雷迪做得非常好——美国口音不够简洁利落。因为电影中各种元素组合的效果和我们选择的风格，我觉得英国口音更好些，更纯粹，这与影片风格一致而且也更真实，更能引起感情上的认同。

　　——而对于爷爷乔的角色，伯顿圈定了爱尔兰老戏骨戴维·凯利（David Kelly），他在爱尔兰戏剧界演出过很多精彩角色，不过对英国观众来说更出名的是电视喜剧系列片《罗宾的巢穴》（*Robin's Nest*）和电影《乐翻天》（*Waking Ned Devine*，1998）。

　　他不是我原来就认识的演员，苏茜·菲吉斯给我看了一张他的照

中奖的幸运儿们——查理（弗雷迪·海默尔饰，前排左一）、爷爷乔（大卫·凯利饰，后排左一）——和旺卡（德普饰）共享"美景"

片，我觉得"这个家伙看起来很棒"。然后我和他见了面，发现他是如此迷人。在我眼里他就是爷爷乔该有的样子——老迈、瘦如竹竿，似乎有十二年都没有下过床了。他看起来的确比实际年龄老——他走进来时我都在想"哦天啊，赶紧让他坐下吧……"但是他后来坚持完成了六个月的拍摄。

——查理的母亲虽然戏份儿不多，但是个关键的角色，伯顿再次召来了海伦娜·邦汉·卡特，让她和诺亚·泰勒（Noah Taylor）搭戏，后者扮演查理的父亲，是个有着变色龙般演技的演员，演过《闪亮的风采》（Shine，1996）和《几近成名》。

我曾说过，在之前的几版剧本草稿里你可以看到"我们把父亲的角色删去吧，他是个很没意思的角色"和同时让威利来代表父亲的形象这种想法留下的改编痕迹。但是约翰参与编剧之后，我们觉得"你知道吗？父亲其实是书里不可缺少的一个部分"。我们真幸运，诺亚愿意来演，因为他和他的角色一起给影片带来了一些东西。当你看书时会对里面的父亲产生疑问，但是你看看她，再看看他，看看查理，再看看爷爷，他们就像一个独特的家庭，我在他们中间看到了紧密的亲情纽带。

——1971年的电影是达尔亲自写的剧本，里面父亲的戏份儿被剔除了。

好吧，也许他不喜欢这个父亲吧，我也不知道，但是你说的是对的……也许他们是在他完成剧本之后再把父亲删掉的。我也很好奇。

——2004年6月《查理和巧克力工厂》在英国的松林制片厂开始拍摄，伯顿1998年时曾在那里拍过《蝙蝠侠》，旺卡糖果厂的外部建筑就搭在安东·弗斯特用来搭哥谭市的同一处露天摄影棚。

我喜欢在英格兰工作，我曾经在这里拍过另外两部电影，因此认识很多当地人。同时我想让场景搭建具有更多的艺术根基，而这里有许多出色的雕塑家、画家等艺术家。所以从各个层次上都是很有裨益的。而松林又是一个给我浪漫感觉的片场，因为它还和当年是一个样子，有一个片场该有的感觉。他们把所有的旧电影海报贴满门廊的方式真是太棒了，所有的《大展身手》（*Carry On*）系列电影[①]海报，每天都会让你一边经过一边观赏。

——尽管自从蓝/绿幕和电脑背景制作技术在《星球大战》前传系

[①] 英国导演杰拉德·托马斯（Gerald Thomas）在20世纪60、70年代拍的情色喜剧系列电影。

列、《天空上尉与明日世界》（*Sky Captain and the World of Tomorrow*，2004）和《罪恶之城》（*Sin City*，2005）这些电影里出现之后，就在好莱坞被日趋广泛地使用，但伯顿还是更偏爱传统方法：搭建真实布景，尽可能地避免数字特效，甚至使用了像强行透视、巨型道具和微缩模型这样的教科书式技术。把旺卡的幻想世界带进现实的是制作设计亚历克斯·麦克道尔，他设计署名的电影包括《搏击俱乐部》（*Fight Club*，1999）、《少数派报告》（*Minority Report*，2002）和《幸福终点站》（*The Terminal*，2004），以及伯顿的《僵尸新娘》。

我听到过亚历克斯的光辉事迹——他做了许多优秀的作品，还都是不同类型的。有了一个专门的设计师，你就经常可以出于感情本能来实现设计——这不像我学习别人的作品，而是你邂逅了某人，觉得与他们有默契并对之充满喜爱之情。尤其是对于一段新的合作关系，在真正着手去做之前你永远不会知道你们是否合拍。但是亚历克斯很棒，这是一个真正有趣的挑战，全程没有采用蓝幕技术，而是奢侈地搭建布景。但是依然有很多特别的设计，需要我们独立地去完成，不能依靠任何现成的东西作为参考。

要是有参考的需要，我们就回顾原著中描述的景象，譬如书中说船是维京式样的。但也没有参考太多，放开想象地去考虑如何诠释原著，这已经超越了原著。亚历克斯的一项出色工作是，我们把所有的房间差不多都建成 360 度的视野，这是我第一次这么做，以后还想继续这么做。我们总是会听到这样的争论："造一半吧，这个坚果屋是圆形的，所以造一半就够了。"但是噩梦是……我记得约翰·布尔曼（John Boorman）[①] 说过，在拍《亚瑟王神剑》（*Excalibur*，1981）时

[①] 出生于英国的著名导演和监制。

他建了半张圆桌，结果却多花了五倍时间去拍摄，因为要是拍摄半套布景，可比全套看起来别扭多了。不过我们大部分布景还是实现了完全封闭，这么做很好，因为首先挡住了参观者，第二会让你置身于一个纯粹的环境里而不会面朝工作人员，这对提高真实感很有帮助——尤其不是处在真实背景中时。要是我们只建了一半的布景，可能现在都还在拍摄呢……

——达尔的书中关于故事年代和地点都交代得很含糊，是在美国还是在英国呢？在改编的过程中，伯顿和麦克道尔用了和原著类似的模糊手法来做设计，采用了兼有英美特点的布景——工业化的美国和英格兰北部——糅合了 50 年代和 70 年代的影像特征，以及一种未来主义的感觉，不过这个未来感更像是之于 60 年代的未来。

我和亚历克斯看了一些北英格兰的照片，他亲自勘测过那一带。不过这也让我们想起了宾夕法尼亚州的匹兹堡。所以最后是多种元素的混合，尽量让它成为独此一处的地点，不一定非要能指出"这里是在英国"或者"这里是在美国"。对于旺卡的工厂我们有点想建一个胡佛水坝（Hoover Dam）风格的建筑，有着乐观向上的力量感，但是一旦变暗看起来又有点不祥……

——还有法西斯主义。

是的，有点像糖果界的"公民凯恩"或者霍华德·休斯，他们令人着迷，还带点忧伤和些许危险，但不是坏人，只是性格复杂，有很多不同的面而已。电影里似乎把工厂拍得很可爱，尤其糖果生产中所有那些精细复杂的场面。我对（法西斯）也是有点感触的，因为作为一个电影导演，你在工作指挥中难免带点法西斯主义色彩——不管怎样当然都是在不脱离人性的前提下，或者诸如此类什么的……

——《查理和巧克力工厂》里最大的内景是巧克力河，这是在英国松林制片厂巨大空旷的 007 摄影棚里造出来的，波浪起伏的草地，巧克力碉堡和明亮的彩色大叶子，这个布景看起来很像一个巨大而疯狂的高尔夫球场，回溯起来也能让人追忆起《科学怪狗》的高潮部分。

我是高尔夫球场的超级粉丝。小时候在伯班克时就有高尔夫球场，我还有一本书，里面有世界各地的老式高尔夫球场缩影图。我们的创意是做出一个巨大的场所，可以开采、使用、切割和舀挖，房间基本是巧克力做成的，还特意加上一些碎饼干，这就是最后成型的样子。我和亚历克斯并没有要打造出一个糖果高尔夫球场的模型景观……

在邦德专用摄影棚搭景很好玩，因为这里通常都是潜水艇布景或者哪个天才坏蛋的老巢。有两个人路过，以为我们在拍一部詹姆斯·邦德与坏蛋的电影，他们想"这是什么玩意儿？反派是个拥有一整个高尔夫球场的自大狂吗？"，不过这很有意思……

没有任何东西可以让你参照，可以让你照着做，你无法说"做个像那个样子的"。但是当你使用更多真实的元素就会做得更好，而不是依靠蓝幕，尤其是和孩子们拍戏，他们中好几个都没有演过戏，所以实景比蓝幕更有助于他们融入环境。

对我来说，重要的是我们想给巧克力河一种真正的巧克力感觉，赋予巧克力的质感，而不仅仅是棕色的水。所以我们试用了真正的巧克力替代品，让它动起来有巧克力的形态。我们想制造真正的巧克力瀑布而不是用 CG 做出来的，所以我和亚历克斯以及做特效的乔斯·威廉姆斯（Joss Williams）一起花上了很多时间实验不同液体的

have some shapes like this
for dripping chocolate.

← weird squishy taffy-road

上图：伯顿为巧克力河的置景画的草图
下图：伯顿画的草图，描绘巧克力河里奥古斯塔斯·格鲁普遭遇的高科技虹吸管

《魔鬼大盗》：约翰·菲利普·劳（John Phillip Law）和玛丽莎·梅尔（Marissa Mell）置身在一个典型的 60 年代风格布景中彼此爱抚

黏稠度。

　　然后是挑选合适的假草，因为有纯粹假的草和真正的草做成的假草。我们想让草看起来是有生命的，而不是彻头彻尾的假货——我们有几次想用真正的植物，或者干脆画出来，这样当看起来太假或者太真时，可以进行有效的调和。我们不得不在真实和虚假的中间地带摸索出一个奇怪的平衡点。

　　——作为工厂内部设计的视觉效果的参考作品——包括电视房、坚果房、发明间等地方——伯顿和麦克道尔看的是马里奥·巴瓦（Mario Bava）的连环漫画改编电影《魔鬼大盗》（*Danger: Diabolik*，1968）。

　　只是因为我喜欢那部电影——不管怎样它都值得一看，每个房间都很有个性。书里有提到这些房间的内容和用途，我们努力保持它的原汁原味，至于它的样子，就可以随意发挥了。电视房可以清楚地看出有《2001太空漫游》（*2001：A Space Odyssey*，1968）和《五百年后》（*THX 1138*，1971）的影子，那些"白色"电影。坚果房的平面设计我们很快就想到了，虽然因为各种原因色调搭配考虑了很久。发明间则只是想出了轮廓，然后往里装自然艺术品。我们找到很多零碎奇怪的机器，所以经常会说"哦，我们发现了一个奇怪的搅拌器，也许能派上用场"之类的话。

　　——和伯顿一贯的"求真"风格一致，为了拍摄坚果房中的场景，他选择花五个月的时间训练好四十五只松鼠——给坚果剥壳、攻击维鲁卡和她令人讨厌的父亲——来替代CG技术。最终，这一幕还是用CG和动画松鼠做了些完善，但是在特写和主要镜头中，还是真正的松鼠在演。

　　感觉如今已是《指环王》（*Lord of the Rings*）这种高科技豪华巨制电影的年代了……而《查理和巧克力工厂》完全不属于这类电影，这是一部昂贵的电影，但不是一部动作电影，它不是在这个方面来取悦观众的，所以不用过分依赖科技。我觉得和这些孩子的共事中，得让环境能有助于拍摄，能更快更轻松地去拍。记得当第一次一只真正的松鼠跳到我身上时，我既害怕又惊奇。对于扮演维奥莉特的朱莉娅·温特（Julia Winter）[1]，这就更容易让她做出恰当的反应。就算像詹姆斯·福克斯（James Fox）这样的有极丰富经验的演员，

---

[1]　朱莉娅·温特扮演的是维鲁卡，这里应该是伯顿口误。

上图：伯顿给旺卡工厂里吓人的松鼠们画的草图
下图：伯顿早期做的草图中构想的呜巴鲁巴四重奏

伯顿在纸上画出的一个呜巴鲁巴，他被分到工厂电视房工作

也喜欢在真实的环境里和真实的事物一起拍摄，这能帮助他们更快入戏。而且要是你计算下拍摄所需长度的 CG 画面的开销，再和训练一只松鼠踢人屁股的开销相比，会发现后者更省钱，虽然只省了一点点。

动物训练师迈克·亚历山大（Mike Alexander）觉得这是可行的，虽然我觉得他们以前可能没怎么训练过松鼠。我和他一起合作了，他是个好人，对工作非常上心。你可能会反对说电影中根本不应该使用动物，但是我发现迈克对动物非常小心翼翼，温柔体贴。他也总是很实际，从来不说"好吧没问题"，而总是一脸类似"嗯，再看看……"的表情，他说："我们可以让它们做到这个，但是我认为它们做不到那个。所以可以把这两个动作结合到一个动作里。"

——从当年 6 月到 12 月，《查理和巧克力工厂》的拍摄持续了六个月，根据英国平衡法，儿童每天只能工作四个半小时。

我们尽量安排好时间表，一直没有闲暇，但是我们没有一天拍上十八个小时，大部分时候只是把工作日排满。幸运的是我发现所有的孩子都没有被演艺圈搞得厌烦——因为他们中一些人以前没有任何表演经历，我发现从某个角度讲这反而变成了一件好事。

实际上拍摄进行得很快，我们还比原定计划稍微早些完成。我们尽可能拍得快一些，好像等到拍完还不到六个月——这是最后期限。有时我们会分成三个单元的人马同时进行，其中有一个单元专拍呜巴鲁巴。一直有各种事情要忙，我们尽量加快进度。某种程度上这种忙碌反而是有益的，最后好像拍了不到六个月。

——片子里的呜巴鲁巴，是旺卡工厂里的小矮人居民，在怀尔德的电影里他们是由戴着绿色假发、脸涂成橘色的侏儒们扮演的，在电影和书中他们都是给每个离场的孩子提供背景音乐伴奏（和道德训诫）的。伯顿则是让 1.3 米高的迪普·罗伊（Deep Roy）扮演了这个角色，他也曾出演过《人猿星球》和《大鱼》，伯顿让他一个人扮演了所有的呜巴鲁巴。

这是个有趣的挑战，我们花了很多时间在研究呜巴们的身高上。我觉得在书里他们和正常人的膝盖差不多高。我不想像其他电影里那些常规的小人儿那样，小矮人什么的——这不是我的方式。我也不想用 CG，而是想要真人表演。呜巴们需要有正常人类的感觉，至少我想要拍出来的是这样。为此我们做了很多不同尺寸的造型和简易塑像来比较效果，因为我想要找到最合适的高度，有点古怪的，不是像《反斗神偷》(*The Borrowers*, 1997)里特别迷你的小人，但也不是小矮人——在两者之间。

我以前和迪普合作过，一直觉得他长得很有意思，你看不出他是哪里人，也看不出他的年纪，他还有一种奇特的高贵感，让我觉得他就是呜巴鲁巴的正确人选。既然他是小个子，我们就可以不用特效，而用正常的镜头来拍他。这既是一种有趣的拍摄方式，也能拍出更多趣味，因为他的很多镜头都可以在实际布景中来拍摄。

——在《查理和巧克力工厂》的结尾，旺卡和他的父亲和解，并且被巴基特一家接纳。这个情节在达尔的原著里并没有提到，当然这是和《大鱼》共用了一个相似的主题。

我不能替约翰回答，但是显然在某种程度上这个主题对他而言也是很重要的。就像我提过的，我们都曾被父母深深影响。记得在某个时候我曾试图和父母和解，但是没有什么用，当我想做得再深入一点时，却发现有点太晚了。我觉得所有的艺术创作都是释放情感的渠道，一种疗伤的方式，一种奇妙的解脱。所以我会选择这种方法解决感情问题。

记得制片公司说过："你难道不应该在结尾时拍到旺卡父亲吗？"我想，"不，不能拍得那么理想化和简单化"。我和约翰都觉得，"不，我们不会让克里斯托弗·李坐到桌边说'把火鸡递过来好吗'之类的话……"这也是一种结尾的方式，尽管觉得什么问题都没真正得到解决，但是你得到了表面上解决了问题的印象。所以这么拍很重要，我觉得这样很自然，感觉很对。

记得和海伦娜聊的时候，她确实提到了我们在我母亲去世前去拜访她的事，其实我也想到了。我和她的关系也不是非常亲密，但是我们去她在太浩湖的小屋看她，发现她搜集了我所拍电影的海报。这在某种程度上震撼了我——我们没有什么真正的联系，但是同时她一直留意着我在做什么。某种程度上，任何这类事都会让你在电影中更容易表达出这种感情。

——尽管在说到黑暗与否的问题上，伯顿经常与分级制度和制片公司有分歧，但他说这次华纳兄弟既没有操心过《查理和巧克力工厂》的基调是不是太黑暗，也没有过问过德普的表演对一部 PG 级别电影是不是过于怪异或者可怕。

大多数的讨论都发生在开拍之前，提到要注意这个注意那个的，没有什么实质性问题。我记得旺卡有句台词是这样说的，"最不讨厌的孩子赢到了最后"。他们担心这句政治不够正确，尽管某种程度上这是原著的核心思想。其他讨论也都是这种小事，但是基本上没什么可担心的，他们非常支持。等观众来判断可不可怕吧。记得看《蝙蝠侠归来》时，有一半的人觉得比第一部光明一点，另一半的人觉得更黑暗了，各占百分之五十。我觉得这很奇怪，这反映的更多的是人们的主观想法，而不是实际上你做了什么。

我们拍的每件事都是书里有的：书里的描写可能更富暗示性或者更严重。或许有人会说松鼠那一幕太吓人了，但是你知道吗，我们拍的松鼠戏就是书里写的那个样子——甚至你可以去看看最初的插图，就会发现松鼠把她倒进一个洞里。

我一直搞不定分级……似乎分级制度对我有着双重标准。在有些电影里你能砍掉某人的脑袋，在别的电影里又不能，你知道我的意思吗？我似乎总是处在双重标准中比较吃亏的那一端。从《科学怪狗》开始我就一直觉得，他们老是觉得我在"图谋不轨"，所以他们老是把我归入"要留心"的那类，"他没有真的'图谋不轨'，但是他可能会这么干……"

第十六章

《僵尸新娘》

Corpse Bride

——自从《圣诞夜惊魂》之后，伯顿一直在积极寻找另一个可以运用定格动画的项目。但是在这几年间，动画电影领域已经发生了翻天覆地的变化，尤其是电脑图形的制作日趋成熟之后。处于这项技术前沿的是皮克斯动画制作公司（Pixar Animation Studios），它是由约翰·拉塞特（John Lasseter）、史蒂夫·乔布斯（Steve Jobs）和艾德·卡特摩尔博士（Dr. Ed Catmull）在 1986 年共同组建的，它的最初六部电影——由拉塞特执导的《玩具总动员》（*Toy Story*，1995）、《虫虫危机》（*A Bug's Life*，1998）和《玩具总动员 2》（*Toy Story 2*，1999），以及《怪兽电力公司》（*Monsters, Inc.*，2001）、《海底总动员》（*Finding Nemo*，2003）和布拉德·伯德（Brad Bird）执导的获得奥斯卡最佳动画长片奖的《超人总动员》（*The Incredibles*，2004）——不仅在全球揽到累计超过 30 亿美元的票房，还让好莱坞的关注点更加地远离传统赛璐珞动画。

这很有意思，人们谈论着电脑技术，但其实谈的都是皮克斯——他们代表的电脑技术，本质上是因为他们用电脑拍出了好电影。我觉得这不仅仅是就媒介而言，也不仅仅是就电脑本身而言，而是因为皮克斯拍出了人们爱看的精彩电影。我在学校里见过这些家伙中的好几个，像约翰（拉塞特）和布拉德（伯德）。他们是艺术家，一直努力创新，做出些不同的东西。我觉得他们现在做得更好了。我不是大部分电脑制作动画片的超级粉丝，因为我觉得其中很多都看着不够吸引人。而皮克斯他们至少知道怎么做得让影片魅力非凡，他们的角色设计比别的公司更迷人一点。不过这只是基于我的个人口味。

这很不幸，我不知道是谁宣布的赛璐珞动画已死——卡岑伯格①还是迪士尼。我觉得这很荒谬，因为有人可能会在将来某个时候又再次做出伟大的赛璐珞动画电影。布拉德·伯德导演的《钢铁巨人》(*The Iron Giant*，1999) 是一部好电影，但是营销糟糕——或者说根本没有营销。但是如果这部电影获得了巨大成功，你就不会听到赛璐珞动画已死之类的言论……

——《圣诞夜惊魂》的灵感来自伯顿在拍完《文森特》之后所写的一首诗歌。《僵尸新娘》的萌芽则源自他人：乔·兰夫特 (Joe Ranft)，一个极有天分的故事开发者和动画片分镜艺术家。他的副业还开拓到配音艺术领域而且做得很有特色。(从《美女与野兽》里的烛台先生到《圣诞夜惊魂》里的伊戈尔，再到《玩具总动员 2》里的企鹅吱吱) 在 70 年代后期，兰夫特也在加州艺术学院学习 (在那里他遇到了伯顿和约翰·拉塞特)，之后进了迪士尼。学习期间，他进入了迪士尼出品的《美女与野兽》和《狮子王》(*The Lion King*，1994) 的制作班底，他后来也是《圣诞夜惊魂》和《飞天巨桃历险记》的分镜监制，最后投身皮克斯，找到了合适的位置。兰夫特在 2005 年死于一场车祸悲剧，年仅 45 岁。

早在拍《圣诞夜惊魂》期间，兰夫特偶然发现了一个 19 世纪欧洲民间传说，说的是一个年轻人回乡和未婚妻完婚途中发生的事情。

① 指杰弗里·卡岑伯格 (Jeffrey Katzenberg)，梦工厂的 CEO。

他的婚戒套在了一个被谋杀的女孩子的手指骨骸上，于是她从坟墓中返回人世，坚称现在她是这个年轻人的合法妻子。因此年轻人必须去阴间处理好这件事，而他的未婚妻还留在活人的世界，痴痴等他归来。

乔是最伟大的故事家之一，这是皮克斯获得巨大成功的原因之一。乔听到了一个小故事，差不多就是一小段，只是一则古老寓言的摘录——我甚至不知道是来自哪个国家，我的回忆中它没有一个特定的起源地。乔只是觉得我会喜欢它——他说"这个听起来很能吸引你"。

这大约发生在拍《圣诞夜惊魂》期间，我当时一直寻找同样可以用定格动画拍摄的东西——为这种形式选择合适的题材——乔刚好在这个时候跟我提起了它，感觉是可以用定格动画拍的故事，它的情节风格与之匹配。

我在拍《圣诞夜惊魂》中特别喜欢的一个地方，是莎莉这个角色展示出的感情力量，这是我很喜欢的东西。在动画中表现出感情是件很棒的事。同时我也在考虑该把我的女性角色拓宽一下了。所以拍《僵尸新娘》的考虑，是出于我想要尝试拍出动画片里有质感的感情戏。

我决定把《僵尸新娘》拍成定格动画是出于这么一些理由：这些角色是绘制出来或者是用电脑制作出来的，对我来说感觉是不一样的。我发现定格动画的某些特质，使它具有传递感情的作用——不知道为什么，我猜那是因为人们可以用手触摸模型，可触摸到实物带来的质感。就像雷·哈里豪森的电影——他的电影里那些怪兽总有种奇特的感情特质让你无法忘怀，尽管那只是怪兽而已，他也能神奇地做到这点。这是你在赛璐珞动画和电脑动画里得不到的感觉，因为定格动画里有更自然、更有根基的感情特质，只要没出现差错。

不管怎样，我给《僵尸新娘》作了一些画，但是之后又反复考虑了很长一段时间……

伯顿的草图，僵尸新娘从坟墓里爬出来

《僵尸新娘》里的三角恋，伯顿一开始所做的设计素描

——那"很长一段时间"是伯顿在《飞天巨桃历险记》和《火星人玩转地球》之间十年里的黄金时间，他一直没放弃发展这个项目的努力。尽管《圣诞夜惊魂》是由迪士尼发行的，《僵尸新娘》却是花落在华纳兄弟公司。

我不知道为什么《圣诞夜惊魂》花了那么久的时间才能面世，但是他们在有所行动之前，似乎花了十年时间来酝酿。

在迪士尼和《圣诞夜惊魂》之间发生的事情似乎是这样：我给华纳拍《僵尸新娘》是因为我们有商业协议在先，所以这是没有改动余地的事。所以我也不想再来一次把自己钉死在某个交易里的拍摄，从某个角度看会觉得这有积极的一面，换个角度看就很消极。至于《圣诞夜惊魂》，我就觉得迪士尼不适合拍它，我希望他们没有想拍的愿望，但是你一旦想从某人那里取走什么，就会使他们又不想就这么放手了。并不是因为他们喜欢这个项目，而是他们想要这个项目，"也许吧……以防万一比较好"。但这不是制作一部电影的理由。

把《圣诞夜惊魂》的团队一直留着是不可能的，我没奢望过，因为我不觉得《圣诞夜惊魂》被认为很成功。当我遇到华纳兄弟，我们合作了《火星人玩转地球》，也想一起做定格动画——我不觉得这些制片公司以前对这类东西有所了解。在他们眼里，这不是一部有卖相的动画片。

而动画片领域的现状是观众被电脑和别的东西分流和吞噬了……所以除非你趁热打铁，否则就很难再遇到时机了。

《僵尸新娘》立项通过得比《查理和巧克力工厂》稍早一点，还没有剧本，也没有任何东西就通过了。在起步阶段，我稍稍效仿了《圣诞夜惊魂》的模式。这不是个很好的模式……《圣诞夜惊魂》的开发几乎就像旧日在迪士尼那时候似的，只是根据故事的走向来开发——他们知道他们打算拍《白雪公主》，但是没有剧本，所以只是按照故事来。这并不一定是最好的方式，但是他们说"yes"的时候你会不得不跟上，并且竭力以这种方式推进。

我有已经写好的剧本，它是很多人努力的成果。卡罗琳·汤普森写了一版，但是我们对这个剧本有争议，互不赞成也不能互相说服，不过那不是坏事。帕梅拉·派特勒（Pamela Pettler）和约翰·奥古斯特也上了船。帕梅拉对剧本帮助很大，因为她为剧本找到了多年来一直迷失的方向。然后是约翰，我喜欢他给《大鱼》写的剧本，也喜欢和他一起工作，他会一直给你惊喜。他让剧本找到了最终的焦点，我觉得是这样。

但是找到正确的平衡方式也是相当困难的——在情感和幽默之间正确的平衡，因为这是一个三角恋故事，有时在三角关系中，总有一

个角色要遭受不幸。所以这个故事是偏向僵尸新娘多一点，还是维克
托，或者是维多利亚多一点，这其中的平衡总是无法把握得非常准确。
重要的是他们三个的立场你都要有考虑。你绝不会想让维克托给人感
觉是个渣男，也不会让女孩们像小贱人。我们采用了能想到的所有的
方法试图找到这种平衡，最后我觉得我们还是把握住了。你考虑到了
卷入这场三角恋的每个人的感受。你为维多利亚感到难受，也同样为
维克托难过，双方都为了自己在周旋，但是你能理解他们的做法。

——迈克·约翰逊曾经先后在《圣诞夜惊魂》和《飞天巨桃历险
记》里担任过动画师，之后自己执导了短片《恶魔降临乔治亚》（*The
Devil Went Down to Georgia*，1996）和埃迪·墨菲（Eddie Murphy）配
音的电视系列片 *The P.J.s*（1999）中的一集。伯顿看中他在作品中表
现出的实力，把他列为了《僵尸新娘》的联合导演。

能做这项工作的只有少数人，我想你必须熟悉这个世界——不可
能半路开始突然做这行，你必须有作品和经验。我和迈克其实不熟，
但是他被好几个人推荐了。我看过他的一些动画小片段，他也做过导
演，做过电视节目，显示出他能做好这个工作的能力。以这样的方式
选择似乎有点跟着感觉走，但是他似乎也挺喜欢这个电影，又具备足
够资历，所以他能选上也不能说没有经过任何考评。

——威尔·文顿（Will Vinton）的文顿工作室（Vinton studios）
是黏土动画的先锋，在广告界取得了巨大成功，利用他们自己发明的
称为 foamation 的新技术制作了 *The P. J. s*。文顿工作室一度要加入《僵
尸新娘》，并提出应该在他们俄勒冈州波特兰的总部制作。但是与他
们的合作中途终止了。

我们没能完成合作，合作给好多事情带来了化学反应，但不能说是好的反应，也不会走向正确的合作道路。他们的技术水平无法否认，他们的工作很出色，有很多厉害的人才——这很有意思，有些人你能找到共鸣，而有些不能。

所以我主动终止了合作，后来幸运地找到了艾莉森·阿巴特，她也参与过《圣诞夜惊魂》，还是《钢铁巨人》的制片人之一。所以她也有做动画的资历，也运营着一个工作室。

——伯顿亲自给角色画了图，然后交给西班牙的角色造型师卡洛斯·格兰吉尔（Carlos Grangel），他是梦工厂一位颇受器重的副导演，第一个被广为人知的作品是《埃及王子》（*The Prince of Egypt*，1995），特别值得一提的作品是《鲨鱼黑帮》（*Shark Tale*，2004）。至于最终确定的角色风格，伯顿作品的狂热关注者可能会察觉到《僵尸新娘》的男主角维克托身上有文森特长大后的影子。

那并非对我没有影响。我当然也感觉到了这个事实，也自问了很多次。每个拍摄项目你总想掺杂进私人感情，这是你塑造那些人物角色的情感胚芽。我的第一张草图画的是维克托，第二张是维多利亚的父母菲尼斯和玛德琳。一旦我们敲定了最初几个形象，其他的事情也变得更为清晰。卡洛斯把我的画拿去，将人物改得丰满鲜活，但是他做得最好的事是他很在意保留人物的神韵。他的方式很对，他是让我实现把角色从勾勒出线条到做成玩偶之间的桥梁——麦金农与桑德斯公司（McKinnon & Saunders）在曼彻斯特制作了所有的玩偶，我以前和他们合作过，他们给《火星人玩转地球》做过玩偶，也给《圣诞夜惊魂》做了一些漂亮的作品。关键就是找到对的人，尤其在定格动画这种艺术行当，因为在继续做着这项工作的人已经不多了。

菲尼斯和玛德琳

——也许从僵尸新娘这个角色身上能看到影片中的另一个致敬之处，她的形象就像《科学怪人的新娘》里埃尔莎·兰彻斯特的一个远房表姐妹，这又把我们带回到《科学怪狗》的世界。

　　这在两个层面上给我带来灵感——首先是在角色设计层面，虽然不明显，但在动画形象上给了我灵感——它给我的影响比表现出的要深刻。关于定格动画一件很棒的事情是它和"科学怪人"很接近，都是你能把原本不会动的东西变成活生生的。所以这几乎可以算是贯穿始终的主题。也许你可以试试分析自己为什么会喜欢这些，是什么让你钟情一种动画形式而不是其他。你有了一个小模型，就能做出自己的定格动画电影。我认识到我喜欢它的一个理由就是，对于一个孩子，"科学怪人"是一个如此能让他们释放被压抑的童年情绪的故事。这就是你喜欢定格动画的真正原因，这是你与这一主题的纽带。

　　——《僵尸新娘》具有死人和活人双重世界，是一部典型的伯顿作品，而且不同以往，片子里活人的世界是死气沉沉的灰色，它反而把亡灵之地衬托得更为色彩缤纷。

　　这个一直存在的主题是通过两个世界并列产生的对比带来的，活人的世界比亡灵的世界更"死气沉沉"——记得我很早就有这种意识了，可以追溯到我的童年：我记得那种感觉，人们称为"正常"的其实一点都不正常，他们称为"不正常"的其实很正常。所以我一直对怪人角色和怪兽情有独钟，还有另类的文化，像墨西哥文化以及他们的亡灵节（day of the dead），因为我总是觉得这些才更有活力……我在清教徒式的乡村生活中长大，在那里死亡被视为黑暗和消极的事情。但这是每个人都会发生的事，所以那些倾向于把死亡视为生活一部分的文化让我更有好感。

　　——伯顿能够召集一批杰出的演员来配音，以复活僵尸新娘的故事：其中约翰尼·德普配维克托·凡·多特，埃米莉·沃森（Emily

Watson）配维克托的未婚妻维多利亚，海伦娜·邦汉·卡特配僵尸新娘，艾伯特·芬尼和乔安娜·拉姆利（Joanna Lumley）配维多利亚的父母，还有克里斯托弗·李、理查德·E·格兰特（Richard E. Grant）、简·霍罗克斯（Jane Horrocks）和保罗·怀特豪斯（Paul Whitehouse），最后这位对于英国观众来说最出名的是他的喜剧系列片《快快秀》（*The Fast Show*），约翰尼·德普就自称是这部剧的粉丝。

正常的腿　　　　　　　　　　　　　骷髅腿

在草图中僵尸新娘的两种形象，端庄的和魅力惊人的

　　我很幸运，因为这不是一部广受瞩目的高成本大片，所以能让这些人为了电影本身而来真是太好了——我真心感谢他们，这有点像倒退回拿不到高报酬的苦日子。他们这次因为电影本身的魅力，而不是为了一桩商业项目而来，所以我真的非常感谢。这些配音演员不用去选拔，因为我熟悉他们，只要在他们中间为角色挑到合适的人就行了。艾伯特的声音加到角色上很棒，乔安娜·拉姆利也是，埃米莉的声音

维克托·凡·多特最终出现在银幕上的形象，由约翰尼·德普配音

很有质感。保罗·怀特豪斯，他是这么才华横溢，太棒了，他简直是
过于出色了。

　　他们使我拥有了棒极了的配音效果，他们中没有人故作滑稽，然
而都奉献了真正优秀的表演。我们在他们录音的现场放下一个不起眼
的小摄影机，拍下他们录音时的样子——这挺有用，一些演员感情会
流露得更强烈。要是说表演对动画有什么提升，这就是。

　　——不同于《圣诞夜惊魂》的一个典型的美国传说，《僵尸新娘》
更多地植根于欧洲风情，尤其是和古典哥特及维多利亚风格的英格兰
联系紧密。

　　我完全不想把故事的地点圈死在某个地方，对这个传说真正起源
于哪个民族也并不真的很感兴趣，因为吸引我的是寓言式的意蕴。但
是多少还是带了点维多利亚时代的感觉，活人的世界要表现出维多利

亚时代特有的压抑感。我能理解这点。伯班克不是维多利亚式的，但是你能体会到那种严格的社会结构，不同的人们之间泾渭分明，和维多利亚时代同样等级森严。《僵尸新娘》可能这种意味更浓一些，因为我们也是在英格兰拍的，用了很多英国演员——尽管我已经尽量注意了，不要出现太英式的声音，所以混合之后就不会显出太明确的地点设定和时代设定。约翰尼给维克托加了一点英国口音，但也是为了和配角们的口音搭配得更好些。

——尽管伯顿极力颂扬相对"低保真"的定格动画及其自然的质感，但自从《圣诞夜惊魂》——采用了效果卓越的数字静态摄影机取代胶片摄影机并且采用了更为复杂精密的玩偶——之后，技术的革新的确给实现电影制作者的想象带来了大爆炸。

科技有利有弊，事实就是这样。我们尽量少用高科技拍摄，保持定格动画的纯粹。拍《圣诞夜惊魂》时和现在不同的是，我们当时用了大量供互相替换的玩偶脑袋，而这次精细多了。《圣诞夜惊魂》里也有精美的动画，我觉得唯一真正的不同之处就是这次用的玩偶脑袋的复杂和精致。但这也引起了问题，因为可替换的玩偶脑袋在某些时候可以看得更清晰。这对我来说是个挑战——玩偶的精致会带来更多难题。《圣诞夜惊魂》更容易拍是因为里面都是面貌奇特的角色，而在定格动画里塑造人类角色真是件难事。把次要角色做进定格动画的世界更容易一点，但是通常情况下定格动画的人类角色看起来总有点奇怪。效果看起来行不行往往只有一步之差，但是你不会想弄到需要问自己何苦要做成定格动画的程度。一旦我们发现了对人类角色的合适的设计，一旦我们找准了，就会觉得非常好。

　　背景人物也是很棒的，因为你们只要看一眼就能体会到他们的身份，这很不错。蛆虫的形象基本是按着彼得·洛来的。我一直喜欢那些华纳兄弟出品的老动画片，那里面就有他，那就是他的漫画形象。我从来都对他一无所知，并没看过彼得·洛的电影，但是你看到这个奇怪的小角色就会想"我喜欢他"。这是我们想极力做到的效果，哪怕这些小角色只有一点点戏份儿。他们是以这样的方式出现在电影里的——即使你以前没有机会了解这些角色，也能得到足够多的信息。所以只要搞定了设计，就有助于对角色整体的塑造。

　　——维克托去世的小狗斯嗝皮就是这样一个角色——在亡灵之地它已经是一副狗骷髅。这像很多其他意象一样，可以看作是伯顿自己童年的一个投射。

　　我小时候有过几条狗，对我来说，和它们的关系一直是很重要的。我觉得大多数孩子都会在人生之初有这样的友谊。从某种角度说，这个关系通常是最单纯的，人和狗的感情是不掺杂质的、纯粹的爱。在你的人际交往中，努力记得这种纯净的感觉总是很重要。我的第一条狗叫皮皮，记得那时我两岁或者三岁。它是一只杂种狗，患有犬瘟热，估计活不了几年。过了一阵它变瘸了，但是它顽强地活了很久。我还记得它大大的眼睛，还有我们的感情，如此单纯美好……

　　——这一次，眼光老辣的伯顿爱好者们依然可以从《僵尸新娘》里看到那些影响过以往作品的主题元素和风格。就像在《圣诞夜惊魂》里致敬过卡伯·卡洛维（Cab Calloway），《僵尸新娘》也通过里面啷当骨这个角色向小萨米·戴维斯致意。还有不管维克托还是维多利亚，他们都和父母相处得不好。同时，电影的设定、基调和三角恋元

盛装的僵尸新娘，海伦娜·邦汉·卡特配音

素又和《断头谷》有所相似，这个故事的迪士尼动画版本也是伯顿早年所爱之一。

生活中有些事情会离你而去，有些会一直徘徊不去。所以我们都爱看电影——那些电影能引起你的感触，触发你的思考。迪士尼那部动画片能带给你感情上深深的共鸣，所以某种程度上，这实际已经成为你感情的一个组成部分。我不是有意识地去这样做，它的感染力本身就显而易见：因为这是我最早看的动画片之一，它混合了幽默、黑暗、发自内心的力量，以及音乐。

而关于萨米·戴维斯什么的，好吧，从某种程度看，他的音乐和骷髅的形象似乎还挺有化学反应的，这当然给这个角色带来灵感。

和父母相处得不好，哦，这是相当普遍的事吧，我觉得百分之九十的孩子都会这么觉得。而且这也与何为"正常"，何为光明或者黑暗的主题一样，对我来说总是有些沉重。

mr. bone jangles（哐当骨先生）

  ——皮克斯出品的一个显著特征是他们大多数时候会避免使用歌曲，这点他们和迪士尼的传统动画片不太一样。《僵尸新娘》像《圣诞夜惊魂》一样有丹尼·艾尔夫曼所作的歌曲，代表了一种对迪士尼老传统的持续的喜爱。

  这部影片跟《圣诞夜惊魂》并非十分相似。《圣诞夜惊魂》更像歌剧，《僵尸新娘》不一样，它也有音乐，但我不会说它是"一部音乐歌舞片"。音乐只是电影一个有机部分。这种类型的故事，要像迪士尼做的那样，让音乐只是作为角色的辅助才会让人觉得是适宜的。

伯顿为嘟当骨画的草图，这个角色是为了向小萨米·戴维斯致敬

我不是那些为了歌曲而歌曲的影片的粉丝——我是说，要是歌曲抢戏，给人的感觉就不好了，所以我在嗅到有这种苗头的时候就尽量避免。我们也有歌曲，但没打算请席琳·迪翁（Celine Dion）来唱……

* * *

——2005 年，伯顿处在职业生涯一个很有趣的十字路口，上映的两部电影，一部反映了他长期以来关注的方向，一部则指向了未来，虽然并不那么明显。同时他个人的身份也变了，开始为人父母，但是被问到他的育儿经历是否会对他的作品带来影响这个显而易见的问题时，他回答得非常谨慎。

现在这个时候，我还完全没有觉得为人父对我有什么影响，除了现实生活的改变。有些人对这个问题的问法更简单，"是不是因为你是个父亲了才拍了《查理和巧克力工厂》？你打算去给小孩拍电影吗？"而我现在的感觉是："绝对不会。"我更倾向于拍一部恐怖片或者情色片……显然，成为父亲是新的感情经历，也是很美好的经历，这影响了你的生活，占用了你精神上和现实中的时间。但是我不认为它会在任何方面都改变我，左右我想拍何种电影。实际上，从某种角度讲，我会更严格地选片……

可笑的是，我的每部电影都是和制片公司合作的，我还要继续忍受这种噩梦般的事情，每次都要问自己这是为什么。这是我熟悉的世界，但不是我特别喜欢的世界。没有什么理由说我不应该或者不能够拍一部真正的恐怖电影，我很愿意的。但是因为我还没有拍过，这就有点像以某种可笑的方式去学习一门新语言——尽管听起来似乎应该挺简单的。

我学到的教训是，你应该悄悄做起来，而不要告诉任何人。有那么两次我真正试过这么做。记得拍《艾德·伍德》和《剪刀手爱德华》时，我试图以低预算来制作，而且几乎感觉要这样拍就得隐姓埋名地干——我必须换个名字，摆脱制片公司来做。别人对你的成见给你带来了许多障碍。人们觉得你赚了大钱，你是好莱坞大导演，所以要是不给某些人一大笔钱你就是在剥削他们，诸如此类。这些诡异的想法让事情更加难做。

但是我打算花点时间，做个深呼吸，休整一下，因为我不想再次陷到同样的处境里。面对这个世界刻板冷酷的一面，我不能……我觉得因为很多不同的理由，那些日子绝对已经过去了。我不会再做这种事，至少不会接下来马上去做。还有些事情需要我去做，我不确信它们是什么，或者要怎样去做，但是我知道需要去做。至于下次我会以怎样的方式去做，这对我将会至关重要。我几乎就像个古怪的瘾君子，得先停下脚步，回过头来审视一下自己都做了些什么。

蒂姆·伯顿作品一览

1982 年

《文森特》（*Vincent*）

片长 5 分钟，16 毫米

制片：蒂姆·伯顿，导演：蒂姆·伯顿，编剧：蒂姆·伯顿，摄影（黑白）：维克托·阿布达洛夫

演员：旁白——文森特·普赖斯

梗概：

七岁男孩文森特·马尔洛伊幻想成为文森特·普赖斯。

《韩赛尔与格蕾特》（*Hansel and Gretel*）

片长 45 分钟，16 毫米

执行制片：朱莉·希克森，导演：蒂姆·伯顿，编剧：朱莉·希克森

演员：迈克尔·山（Michael Yama）、吉姆·石田（Jim Ishida）

梗概：

故事改编自格林童话，全部由亚洲演员出演。

《科学怪狗》（*Frankenweenie*）

出品公司：华特·迪士尼。片长 25 分钟，35 毫米

制片：朱莉·希克森，导演：蒂姆·伯顿，编剧：莱昂纳德·里普斯、

蒂姆·伯顿，摄影（黑白）：托马斯·艾克曼，剪辑：欧内斯特·米拉诺（Ernest Milano）、A. C. E.，配乐：迈克尔·孔韦尔蒂诺、戴维·纽曼，美术指导：约翰·B·曼斯布里奇（John B. Mansbridge）

演员：

苏珊·弗兰肯斯坦——谢利·杜瓦尔饰

本·弗兰肯斯坦——丹尼尔·斯特恩饰

维克托·弗兰肯斯坦——巴雷特·奥利弗饰

钱伯斯先生——约瑟夫·马厄（Joseph Maher）饰

爱泼斯坦夫人——罗兹·布雷弗曼（Roz Braverman）饰

韦尔斯先生——保罗·巴特尔饰

安·钱伯斯——多米尼诺（Domino）饰

弗兰克·维尔——杰森·赫维（Jason Hervey）饰

迈克·安德森——保罗·C·斯科特（Paul C. Scott）饰

柯蒂斯夫人——海伦·贝尔（Helen Bell）饰

梗概：

维克托·弗兰肯斯坦的狗斯巴奇，在追球玩的时候跑到路中央被车撞死。当维克托的老师韦尔斯先生在课堂上展示了如何用电激活一只死去的青蛙之后，维克托把他心爱的宠物从本地宠物公墓里挖了出来。他复活了斯巴奇，把它养在阁楼里。然而斯巴奇溜了出来，吓坏了邻居们。弗兰肯斯坦发现了儿子的秘密，决定邀请所有的邻居来到家里，把斯巴奇重新介绍给大家。夜晚的聚会开始喧闹起来，斯巴奇跑了出去，来到当地的小高尔夫球场。维克托和狂暴的邻居们跟着也来了。斯巴奇将维克托从着火的木屋救出，自己却死去了。邻居们聚拢起来，连接他们汽车的电池发电救活了小狗。复活的小狗和一只贵宾犬谈起了恋爱。

1984 年

《阿拉丁神灯》（*Aladdin and His Wonderful Lamp*）

出品公司：鸭嘴兽（Platypus）与狮门（Lion Gate）联合出品。片长 47 分钟，彩色

执行制片：谢利·杜瓦尔，制片：布里奇特·特里（Bridget Terry）、弗雷德里克·S·富克斯（Fredric S. Fuchs），导演：蒂姆·伯顿，编剧：马克·柯蒂斯、罗德·阿什（Rod Ash），配乐：迈克尔·孔韦尔蒂诺、戴维·纽曼，美术总监：迈克尔·埃勒（Michael Erler）

演员：

萨巴利娜公主——瓦莱丽·贝尔蒂内莉（Valerie Bertinelli）饰

阿拉丁——罗伯特·卡拉丹（Robert Carradine）饰

灯神和戒指之神——詹姆斯·厄尔·琼斯饰

坏魔法师——莱昂纳德·尼莫伊饰

大维齐——雷·夏基（Ray Sharkey）饰

阿拉丁母亲——雷·艾伦（Rae Allen）饰

苏丹——约瑟夫·马厄饰

哈比贝——杰伊·阿布拉莫维茨（Jay Abramowitz）饰

女仆——玛莎·韦莱兹（Martha Velez）饰

绿衣三女——邦妮·杰弗里斯（Bonnie Jefferies）、桑迪·伦兹（Sandy Lenz）和马西娅·戈贝尔（Marcia Gobel）饰

仆人——约翰·萨拉查（John Salazar）饰

梗概：

为电视系列片《谢利·杜瓦尔欧洲童话真人剧场》而拍的经典神话。

1985 年

《荒唐小混蛋奇遇记》（*Pee-wee's Big Adventure*）

出品公司：白杨电影（Aspen Film Society-Shapiro）和华纳兄弟（Warner Bros）。片长 90 分钟，35 毫米

执行制片：威廉·E·麦克尤恩（William E. McEuen），制片：罗伯特·夏皮罗（Robert Shapiro）、理查德·吉尔伯特·艾布拉姆森（Richard Gilbert Abramson），导演：蒂姆·伯顿，编剧：菲尔·哈特曼、保罗·鲁本斯、迈克尔·凡霍尔，摄影（彩色）：维克托·J·坎伯、A.S.C.，剪辑：比利·韦伯（Billy Webber），配乐：丹尼·艾尔夫曼，美术指导：戴维·L·斯奈德（David L. Snyder）

演员：

皮威——皮威·埃尔曼饰

多蒂——伊丽莎白·戴利（Elizabeth Daily）饰

弗朗西斯——马克·霍尔顿（Mark Holton）饰

西蒙妮——黛安妮·塞林杰（Diane Salinger）饰

米奇——贾德·欧曼（Judd Omen）饰

邻居——欧文·赫尔曼（Irving Hellman）饰

马里奥——蒙特·兰迪斯（Monte Landis）饰

薯条——达蒙·马丁（Damon Martin）饰

参加自行车比赛的小孩——戴维·格拉瑟（David Glasser）、乔治·布朗（Gregory Brown）、马克·埃弗里特（Mark Everett）饰

查克——达里尔·罗奇（Daryl Roach）饰

警察——比尔·凯布尔（Bill Cable）、彼得·卢尼（Peter Looney）饰

扮演皮威的演员——詹姆斯·布罗林（James Brolin）饰

扮演多蒂的演员——摩根·费尔柴尔德（Morgan Fairchild）饰

梗概：

一天吃完早饭，皮威·埃尔曼拿出心爱的红白自行车，富家小孩弗朗西斯看到了就想把自行车买下来，却遭拒绝。皮威骑车到当地的玩笑商店，给爱车选了个新喇叭，当他返回停车的地方，发现车被盗了。求助警察无果，皮威去找算命的咨询，后者错误地告诉他车在阿拉莫的一个地窖里。

他出发去寻车，一路搭车，先遇到了一个逃犯，然后遇到了肥玛吉，及一年前就已死去的幽灵卡车司机。他在一个路边的小餐馆下车，在这里和梦想去巴黎的女服务员西蒙妮交上了朋友。他鼓励西蒙妮去实现梦想，之后被她嫉妒的男友追杀，最后一路逃到了阿拉莫，然而可怕的是那里根本没有地窖。之后，他骑着一头野牛，来到一间聚满自行车手的酒吧，喝下热情如火的龙舌兰酒，发生了意外，最后进了医院，在那里他在电视里看到他的自行车被用来和一个童星一起拍电影。于是他冲进电影公司，找到拍那部电影的场地，偷回自行车，并在不同的摄影棚间逃避追逐。

逃出来后，他看到一家宠物店着火了，便停下来去拯救火中的动物们，结果在晕倒在店门前时被捕了。但是，一个制片厂的主管相信皮威的故事能拍成一部精彩电影，于是根据他的故事改编出了一部 007 风格的惊险片，皮威在里面的角色是一个酒店门童。后来，皮威一路上遇到的每个人都出现在举办电影全球首映礼的露天汽车影院里。

《罐子》（*The Jar*）

片长 23 分钟

导演：蒂姆·伯顿，编剧：迈克尔·麦克道尔，改编自雷·布莱伯利的电视剧，配乐：丹尼·艾尔夫曼

演员：格里芬·邓恩、 保罗·巴特尔

梗概：

电视系列片《希区柯克悬念故事集》（*Alfred Hitchcock Presents*）中的一集。

《家中狗》（*Family Dog*）

安布林公司出品的卡通电视系列片，伯顿担任执行制片和设计顾问。

1988 年

《阴间大法师》（*Beetlejuice*）

出品公司：格芬。片长 91 分钟， 35 毫米

制片：迈克尔·本德（Michael Bender）、拉里·威尔逊、理查德·桥本（Richard Hashimoto）， 导演：蒂姆·伯顿，编剧：迈克尔·麦克道尔、沃伦·斯卡伦、拉里·威尔逊，摄影（彩色）：托马斯·艾克曼，剪辑：简·库森（Jane Kurson），配乐：丹尼·艾尔夫曼，美术总监：波·韦尔奇

演员：

亚当·梅特兰德——亚历克·鲍德温饰

芭芭拉·梅特兰德——吉娜·戴维斯饰

查尔斯·迪兹——杰弗里·琼斯饰

迪莉娅·迪兹——凯瑟琳·奥哈拉饰

丽迪亚·迪兹——薇诺娜·赖德饰

朱诺——西尔维娅·西德尼饰

迈克西·迪恩——罗伯特·吉利特（Robert Goulet）饰

奥赛罗——格伦·夏迪斯饰

伯纳德——迪克·卡韦特（Dick Cavett）饰

简——安妮·麦肯罗（Annie McEnroe）饰

彼特尔朱伊斯——迈克尔·基顿饰

接待员——帕特里夏·马丁内斯（Patricia Martinez）饰

门警——西米·鲍（Simmy Bow）饰

厄尼——莫里斯·佩奇（Maurice Page）饰

梗概：

　　幸福的夫妻俩亚当和芭芭拉决定在假期装潢他们在新英格兰的田园式房屋。从镇上开车回来的路上，亚当为了避开一条狗而急转弯，结果因为车掉进河里而夫妻身亡。他们返回家中，看到一本名为《新亡灵手册》的书，明白了自己的处境。虽然他们已经是新鬼魂，还是可以留在自己家里，而一旦离开，他们会来到另一个维度，一个大量沙虫居住的沙漠。

　　他们的宁静很快被打碎了，房屋被卖掉，新房主从纽约搬来。迪兹一家——惧内的查尔斯，自称为雕塑家的迪莉娅和他们内向的女儿丽迪亚——在肥胖的室内设计师奥赛罗的指导下，开始动手把房子变成可怕的现代艺术品。梅特兰德夫妇向他们死后的社工朱诺求助，被告知他们必须在房子里待满 125 年，要是想让迪兹一家离开，能做的就是吓走他们。但是梅特兰德夫妇在他们房间里的闹鬼尝试以失败告终。虽然梅特兰德夫妇对查理和迪莉娅保持隐身，但丽迪亚却能够看到他们，并和他们交上了朋友。

　　违背了朱诺的建议，梅特兰德夫妇联系上了邪恶灵媒法师彼特尔朱伊斯，希望他来吓走迪兹一家，但是彼特尔朱伊斯对和丽迪亚结婚、重回现实世界更有兴趣，这促使梅特兰德夫妇和丽迪亚联合起来对抗彼特尔朱伊斯，逼迫他留在死人的世界。于是梅特兰德夫妇和迪兹一家决定和谐共处下去。

1989 年

《蝙蝠侠》（*Batman*）

出品公司：华纳兄弟。片长 126 分钟，35 毫米

执行制片：本杰明·梅尔尼克、迈克尔·奥斯兰，制片：乔恩·彼得斯、彼得·丘伯尔、克里斯·肯尼（Chris Kenney），导演：蒂姆·伯顿，编剧：萨姆·哈姆、沃伦·斯卡伦，故事：萨姆·哈姆，根据鲍勃·凯恩的原创角色蝙蝠侠创造，摄影（彩色）：罗杰·普拉特（Roger Pratt），剪辑：雷·洛夫乔伊（Ray Lovejoy），配乐：丹尼·艾尔夫曼，美术总监：安东·弗斯特

演员：

小丑 / 杰克·纳皮尔——杰克·尼科尔森饰

蝙蝠侠 / 布鲁斯·韦恩——迈克尔·基顿饰

薇姬·维尔——金·贝辛杰饰

亚历山大·诺克斯——罗伯特·乌尔（Robert Wuhl）饰

戈登警官——帕特·亨格尔（Pat Hingle）饰

哈维·丹特——比利·迪伊·威廉姆斯（Billy Dee Williams）饰

阿尔弗雷德——迈克尔·高夫饰

卡尔·格里森——杰克·帕兰切（Jack Palance）饰

艾丽西娅——杰里·霍尔（Jerry Hall）饰

梗概：

在哥谭市，黑帮老大卡尔·格里森一手遮天，而传说最黑暗的角落有一个像蝙蝠一样的影子令城里的罪犯们心惊胆战，记者亚历山

大·诺克斯和女摄影记者薇姬·威尔开始调查这背后的真相。

　　威尔和诺克斯来到百万富翁布鲁斯·韦恩的宅第参加了慈善晚会，薇姬的魅力迷住了主人。同时在这个晚上，格里森的第二把手杰克·纳皮尔正图谋袭击一家化工厂。警察赶到时，纳皮尔意识到自己被老大算计了，原因是他和格里森女儿有暧昧关系。在枪击的混战中，蝙蝠侠赶到了，纳皮尔被扔进化学槽，出来后毁容变成了"小丑"——嘴永远扭曲成为一个笑面人，脸色死白，头发发绿。

　　"小丑"杀死了格里森，接管了黑道，利用把日常卫生产品替换成化学药品来操控全城，于是使用这些产品的市民纷纷死去。蝙蝠侠，即布鲁斯·韦恩的另一个身份，想要歼灭"小丑"。"小丑"对薇姬·威尔有了兴趣，他还是在蝙蝠侠小时候杀死他父母的仇人。"小丑"策划了一场贯穿哥谭的大游行，通过散发钞票引诱市民们来到街道，企图用致命毒气屠杀他们。蝙蝠侠挫败了"小丑"的阴谋，但是"小丑"绑架了薇姬，把她带到哥谭大教堂楼顶。和蝙蝠侠决战后，"小丑"被从钟楼扔下，但是他的尸体神秘地从地面消失了。

《阴间大法师》（*Beetlejuice*）动画系列片

　　伯顿担任执行制片人。

1990 年

《剪刀手爱德华》（*Edward Scissorhands*）

　　出品公司：二十世纪福克斯。

　　执行制片：理查德·桥本，制片：丹尼斯·迪·诺维、蒂姆·伯顿，导演：蒂姆·伯顿，编剧：卡罗琳·汤普森、蒂姆·伯顿，摄影（彩色）：斯特凡·扎普斯基（Stefan Czapsky），剪辑：理查德·哈尔西

（Richard Halsey）、A. C. E.，配乐：丹尼·艾尔夫曼，美术总监：波·韦尔奇，特效化装和剪刀手特效：斯坦·温斯顿工作室

演员：

剪刀手爱德华——约翰尼·德普饰

金——薇诺娜·赖德饰

佩格——黛安妮·韦斯特饰

吉姆——安东尼·迈克尔·霍尔饰

乔伊斯——凯西·贝克（Kathy Baker）饰

凯文——罗伯特·奥利韦里（Robert Oliveri）饰

海伦——康查塔·费雷尔（Conchara Ferrell）饰

玛吉——卡罗琳·阿龙（Caroline Aaron）饰

艾伦警官——迪克·安东尼·威廉姆斯（Dick Anthony Williams）饰

埃斯梅拉达——奥兰·琼斯饰

发明家——文森特·普赖斯饰

比尔——艾伦·阿金饰

梗概：

在一个可以俯瞰山下水彩画般小镇的巨大哥特式城堡里，雅芳女士佩格·博格斯发现了独自生活的剪刀手爱德华。他是一个发明家未完成的作品，发明家在完全造好他之前因心脏病突发去世，爱德华具有正常人类应该具有的一切，除了他的双手被一双危险的大剪刀代替。出于对爱德华的同情，佩格把他带回镇上的家里，和全家住在一起。

爱德华展示了自己在园艺和剪头发上的天赋，很快被邻居们接受了。他被佩格的啦啦队长女儿金吸引了，但是金的注意力都在她粗鲁的男友吉姆身上，直到吉姆设计让爱德华帮他偷盗了邻居的房屋。爱

德华被捕，被投进了监狱。

当爱德华拒绝给花痴女乔伊斯提供便利后，她煽动整个社区和他对立，最终，爱德华逃回了他一开始居住的大房子，在那里他和吉姆打了起来，并杀死了他。金说服每个人相信爱德华也死了，再次把他一个人留在城堡里。

《与文森特对话》（*Conversations with Vincent*，暂定名称）

伯顿执导的关于文森特·普赖斯的纪录片。

1992 年

《蝙蝠侠归来》（*Batman Returns*）

出品公司：华纳兄弟。片长 126 分钟，35 毫米

执行制片：乔恩·彼得斯、彼得·丘伯尔、本杰明·梅尔尼克、迈克尔·奥斯兰，制片：丹尼斯·迪·诺维、蒂姆·伯顿，导演：蒂姆·伯顿，编剧：丹尼尔·沃特斯、萨姆·哈姆、鲍勃·凯恩原创角色，摄影（彩色）：斯特凡·扎普斯基，剪辑：克利斯·莱本森（Chris Lebenzon），配乐：丹尼·艾尔夫曼，美术总监：波·韦尔奇

演员：

蝙蝠侠 / 布鲁斯·韦恩——迈克尔·基顿饰

企鹅人——丹尼·德维托饰

猫女 / 西莉娅·凯尔——米歇尔·菲佛饰

马克斯·史莱克——克里斯托弗·沃肯饰

阿尔弗雷德——迈克尔·高夫饰

市长——迈克尔·墨菲（Michael Murphy）饰

冰公主——克里斯蒂·康韦（Cristi Conway）饰

薯条——安德鲁·布莱尼亚斯基（Andrew Bryniarsk）饰

戈登警官——帕特·亨格尔饰

手风琴师——文森特·斯基亚韦利（Vincent Schiavelli）饰

乔什——史蒂夫·威廷（Steve Witting）饰

简——简·胡克斯饰

吞剑者——约翰·斯特朗（John Strong）饰

文身汉——里克·朱姆沃尔特（Rick Zumwalt）饰

贵宾犬女士——安娜·卡塔琳娜（Anna Katarina）饰

企鹅人的父亲——保罗·鲁本饰

企鹅人的母亲——黛安妮·沙林杰饰

梗概：

一个畸形的男婴吓坏了父母，被扔进了哥谭的河流。三十三年之后，这个孩子长成了可怕的企鹅人，他的犯罪团伙毁坏了哥谭圣诞树的节日灯光，还绑架了百万企业家马克斯·史莱克。因为握有大量史莱克作奸犯科的证据，企鹅人迫使其帮忙找到亲生父母。

当企鹅人的遭遇成为新闻之后，他出马竞选市长并成功了。蝙蝠侠没有被企鹅人蒙蔽，他相信企鹅人和他的团伙要为几起杀害儿童的案件负责。与此同时，史莱克迷糊的秘书西莉娅·凯尔发现了他建立一个超级电厂来耗尽哥谭市电力的阴谋，却也因此被他从公司大楼的顶上推了下去。

西莉娅被一群猫救起之后，返回家中，做了套衣服，以猫女的身份重新出现，同时，她还和蝙蝠侠的另一个身份布鲁斯·韦恩有了浪漫关系。当猫女加入企鹅人要在哥谭铲除蝙蝠侠的计划之后，情况变得复杂了。蝙蝠侠发现了企鹅人邪恶肮脏的幕后，便借此破坏他的政治生涯，而企鹅人准备发起一轮攻击，将哥谭市内的第一胎都杀光。

蝙蝠侠挫败了他的计划，猫女杀掉了史莱克之后逃走了，继续她的冒险生活。

《单身贵族》（*Singles*）

卡梅伦·克罗自编自导的电影，伯顿在其中扮演布赖恩，一个交友中介的录像导演。

1993 年

《圣诞夜惊魂》（*Tim Burton's the Nightmare Before Christmas*）

出品公司：试金石。片长 76 分钟，35 毫米

制片：蒂姆·伯顿、丹尼斯·迪·诺维，导演：亨利·塞利克，编剧：卡罗琳·汤普森、蒂姆·伯顿、迈克尔·麦克道尔，摄影（彩色）：彼得·柯扎奇克（Pete Kozachik），剪辑：斯坦·韦伯（Stan Webb），歌曲和配乐：丹尼·艾尔夫曼，美术术指导：迪恩·泰勒（Deane Taylor）

演员（配音）：

骷髅杰克——丹尼·艾尔夫曼歌声配音

骷髅杰克——克里斯·萨兰登（Chris Sarandon）对白配音

莎莉——凯瑟琳·奥哈拉

邪恶科学家——威廉·希基（William Hickey）

市长——格伦·夏迪斯

洛克——保罗·鲁本斯

夏克——凯瑟琳·奥哈拉

巴瑞尔——丹尼·艾尔夫曼

巫奇·布基——肯·佩奇（Ken Page）

圣诞老人——埃德·艾沃里（Ed Ivory）

梗概：

万圣节镇的南瓜王骷髅杰克厌烦了万圣节，他发现了森林里有条路通向圣诞节镇。杰克迷上了在那里见到的东西，决定第二年过圣诞节，派淘气的三人组洛克、夏克和巴瑞尔绑架了圣诞老人。当圣诞节降临时，杰克驾着骷髅麋鹿拉的雪橇，出发去派发万圣节镇居民们制作的圣诞礼物，但是这些礼物没有取悦全世界的小孩们，反而吓到了他们。最后，杰克的雪橇被警察击落，他返回了万圣节镇。圣诞老人重获自由，世界恢复原样。

《臭屁小子》（*Cabin Boy*）

试金石公司出品的喜剧，亚当·雷斯尼克导演，伯顿和丹尼斯·迪·诺维担任制片。

1994 年

《艾德·伍德》（*Ed Wood*）

出品公司：试金石

执行制片：迈克·莱曼，制片：蒂姆·伯顿、丹尼斯·迪·诺维，导演：蒂姆·伯顿，编剧：拉里·卡拉斯泽斯基、斯科特·亚历山大，摄影（黑白）：斯特凡·扎普斯基，剪辑：克利斯·莱本森，配乐：霍华德·肖，美术总监：汤姆·达菲尔德（Tom Duffield）

演员：

艾德·伍德——约翰尼·德普饰

贝拉·卢戈希——马丁·兰道饰

黛伯莉丝·富勒——萨拉·杰茜卡·帕凯尔饰

凯西·奥哈拉——帕特丽夏·阿奎特饰

克里斯威尔——杰弗里·琼斯饰

莱蒙教士——G. D. 斯普拉德林（G. D. Spradlin）饰

奥逊·威尔斯——文森特·德奥诺弗里奥（Vincent D'Onofrio）饰

邦尼·布雷肯里奇——比尔·默瑞饰

乔吉·韦斯——迈克·斯塔尔（Mike Starr）饰

保罗·马克——马克斯·卡塞拉（Max Casella）饰

康拉德·布鲁克斯——布伦特·欣克利饰

凡派拉——丽莎·玛丽饰

托·约翰逊——乔治·"野兽"·斯蒂尔饰

洛丽塔·金——朱丽叶·兰道（Juliet Landau）饰

艾德·雷诺兹——克莱夫·罗森格伦（Clive Rosengren）饰

摄影师比尔——诺曼·阿尔登（Norman Alden）饰

化妆师哈利——莱昂纳德·泰尔莫（Leonard Termo）饰

汤姆·马森医生——内德·贝拉米（Ned Bellamy）饰

梗概：

1952年的好莱坞，志向远大的导演艾德·伍德白天在一家为好莱坞片厂服务的植物商店工作，晚上则和他的电影团队——轻松电影公司一起排戏。有天，在为一个导演工作面试后回家的途中，他遇到了他的偶像，前大银幕恐怖片明星贝拉·卢戈希，卢戈希在一个殡仪馆里从一口棺材里爬出。艾德说服一个剥削电影（exploitation movie）制片人让他写一个关于性别转换的剧本并亲自导演，他的新朋友贝拉·卢戈希会在里面客串。当电影《忽男忽女》（*Glen or Glenda*）——实际内容是一个男人（伍德扮演）喜欢穿女人衣服——遭遇失败，艾德和他的朋友们不得不自筹资金来拍下一部电影《魔鬼新娘》，贝拉·卢戈希会继续参演。

一天深夜，艾德接到贝拉的求助电话，他赶到时发现他的朋友躺在家中的地板上。艾德把贝拉送到医院检查，帮他戒掉吗啡瘾，但是当医院发现贝拉没有保险来支付医疗费用时，就让他出院了。

贝拉去世前夕，艾德拍摄了一小段他离开家门的影片。后来艾德把这段片子用到另一部电影《外太空第九计划》里面。为了拍摄这部电影，他通过比佛利山的浸信会筹款。艾德带着他的未婚妻凯西，和《外太空第九计划》的剧组参加了首映礼。放映一结束，他俩立刻去拉斯维加斯结婚了，艾德深信《外太空第九计划》会让他影史留名。

《飞天巨桃历险记》（*James and the Giant Peach*）

试金石公司的真人动画电影，改编自罗尔德·达尔的儿童小说，亨利·塞利克导演，伯顿和丹尼斯·迪·诺维担任制片。

1995 年

《永远的蝙蝠侠》（*Batman Forever*）

出品公司：华纳兄弟

制片：乔尔·舒马赫、蒂伯顿和彼得·麦格雷戈·斯科特（Peter MacGregor Scott）

演员：

蝙蝠侠 / 布鲁斯·韦恩——瓦尔·基尔默（Val Kilmer）饰

谜语侠——金·凯瑞（Jim Carrey）饰

双面人——汤米·李·琼斯（Tommy Lee Jones）饰

梗概：

蝙蝠侠系列电影的第三部。

1996 年

《火星人玩转地球》（*Mars Attacks!*）

出品公司：华纳兄弟

制片：蒂姆·伯顿、拉里·佛朗哥（Larry Franco），导演：蒂姆·伯顿，编剧：乔纳森·格姆斯，摄影（彩色）：彼得·奥斯维辛（Peter Suschitzy），剪辑：克利斯·莱本森，配乐：丹尼·艾尔夫曼，美术总监：温·托马斯（Wynn Thomas）

演员：

维尔总统 / 亚特·兰德——杰克·尼科尔森饰

玛莎·维尔——格伦·克洛斯饰

芭芭拉·兰德——安妮特·贝宁饰

唐纳德·凯斯勒——皮尔斯·布鲁斯南饰

路德·坎博勒——丹尼·德维托饰

杰瑞米·罗思——马丁·肖特饰

娜塔丽·雷克——萨拉·杰茜卡·帕凯尔饰

杰森·斯通——迈克尔·J·福克斯饰

戴柯尔将军——罗德·斯泰格尔饰

汤姆·琼斯——汤姆·琼斯饰

里奇·诺里斯——卢卡斯·哈斯饰

泰菲·维尔——娜塔莉·波特曼饰

拜伦·威廉姆斯——吉姆·布朗（Jim Brown）饰

火星女人——丽莎·玛丽饰

诺里斯奶奶——西尔维亚·西德尼饰

梗概：

5 月 9 日星期二傍晚 6 点 57 分，肯塔基州洛克加的外围，一群燃烧的牛在狂奔，揭开了火星人入侵地球的序幕。次日早上，美国总统维尔被顾问们告知火星人的飞碟已集结在地球周围，他向世界公布了这一重大事件。三天后，火星人降临在内华达沙漠，消灭了人类派出的欢迎委员会，发动了一场要扫荡地球上所有国家的世界级入侵战争。尽管美国军队尽了最大努力，但是最后是堪萨斯州身份低微的甜甜圈商店雇员里奇·诺里斯，和他年迈的奶奶无意中发现斯利姆·惠特曼的歌声可以杀死火星人，这才将地球从彻底灭亡中拯救出来。

1998 年

《好莱坞口香糖》（*Hollywood Gum*）

法国口香糖电视广告。

1999 年

《断头谷》（*Sleepy Hollow*）

出品公司：派拉蒙、斯科特·鲁丁、曼德勒

执行制片：拉里·佛朗哥、弗朗西斯·福特·科波拉，制片：斯科特·鲁丁、亚当·施罗德，导演：蒂姆·伯顿，编剧：安德鲁·凯文·沃克，摄影（彩色）：曼努尔·卢贝兹基，剪辑：克利斯·莱本森，配乐：丹尼·艾尔夫曼，美术总监：里克·海因里希斯

演员：

伊卡博德·克兰——约翰尼·德普饰

卡特里娜·凡·塔塞尔——克里斯蒂娜·里奇饰

布罗姆·凡·博恩斯——卡斯珀·范·迪安饰

凡·塔塞尔夫人——米兰达·理查德森饰

凡·塔塞尔老爷——迈克尔·甘本饰

小玛斯白斯——马克·皮克林（Marc Pickering）饰

无头骑士——克里斯托弗·沃肯饰

哈登布鲁克——迈克尔·高夫饰

市长——克里斯托弗·李饰

斯廷威克牧师——杰弗里·琼斯饰

克兰夫人——丽莎·玛丽饰

菲利普斯——理查德·格里菲斯饰

兰卡斯特医生——伊恩·麦克迪尔米德饰

基利安——史蒂文·沃丁顿（Steven Waddington）饰

梗概：

1799 年的纽约，警察伊卡博德·克兰被上司派到北部一个名叫睡谷的小镇，那里离纽约城有两天的路程。沉睡谷发生了一系列残忍的凶杀案，受害者都被斩头，并且头颅都被掳走，克兰奉命去侦破。克兰是指纹甄别和尸体解剖这些新技术的支持者，尽管当时这些新技术还没获得承认。

他去沉睡谷时带上了一袋子的科学设备，而村里的长者们告诉他凶手不是血肉之躯，而是一个无头的鬼骑士，会在夜晚骑着黑色大马从坟墓里出来。克兰不相信这些话，开始了自己的调查，直到他面对面地遇到了无头骑士本人。

克兰住在镇上最富有的凡·塔塞尔先生家里，尽管他被儿时目睹的母亲遭受的残忍折磨困扰，会做噩梦，他还是吸引了主人具有神秘气息的女儿卡特里娜。孤儿小玛斯白斯的父亲死于无头骑士之手，在他的协助下，克兰深入离奇的案情，发现西边的树林是无头骑士进入活人世界的入口，而一棵枝蔓横生的死亡之树就是他的坟墓，但是他的头骨不见了。凶杀继续进行，直到克兰发现了一个牵扯复仇和土地财产的黑暗阴谋，卡特里娜的继母，凡·塔塞尔夫人控制了无头骑士，她利用他为自己杀人。经过一场在当地风车房的打斗，和穿越树林的马车追逐，克兰最后战胜了凡·塔塞尔夫人，把头骨还给了骑士，骑士安回了头，带着凡·塔塞尔夫人回了地下。克兰在沉睡谷的任务完成，他带着卡特里娜和小玛斯白斯回到纽约，一起迎接世纪之交。

2000 年

《功夫》《木美人》（*Kung Fu/Mannequin*）

伯顿给天美时的 I-Control 手表导演的两支广告，分离之徒出品。

《污渍男孩》（*Stainboy*）

伯顿给网站 shockwave.com 导演的六集动画片，角色来自《牡蛎男孩忧郁之死》。

2001 年

《人猿星球》（*Planet of the Apes*）

出品公司：二十世纪福克斯、扎纳克（Zanuck）。片长 119/120 分钟，35 毫米

执行制片：拉尔夫·温特（Ralph Winter），制片：理查德·D·扎纳克，导演：蒂姆·伯顿，编剧：小威廉·布罗伊尔斯、劳伦斯·康纳、马克·罗森塔尔，摄影（彩色）：菲利普·鲁斯洛（Philippe Rousselot），剪辑：克利斯·莱本森，配乐：丹尼·艾尔夫曼，美术总监：里克·海因里希斯

演员：

队长里奥·戴维森——马克·瓦尔伯格饰

泰德——蒂姆·罗斯饰

艾瑞——海伦娜·邦汉·卡特饰

埃塔——迈克尔·克拉克·邓肯饰

灵薄——保罗·吉亚玛提饰

卡卢比——克里斯·克里斯托佛森（Kris Kristofferson）饰

达娜——埃丝特拉·沃伦饰

柯鲁尔——田川洋行（Cary-Hiroyuki）饰

桑达——戴维·沃纳（David Warner）饰

泰瓦尔——埃里克·阿瓦里（Erick Avari）饰

伯恩——卢克·埃贝尔（Luke Eberl）饰

贡纳——埃文·德克斯特·帕克（Evan Dexter Parke）饰

纳多长老——格伦·夏迪斯饰

诺娃——丽莎·玛丽饰

泰德的父亲——查尔顿·赫斯顿扮演

梗概：

公元 2029 年，在天卫四上的美国空军研究站，黑猩猩取代人类飞行员执行检测任务。当航天员里奥·戴维森的宠物猩猩伯里克利在观测电磁风暴时失去联系，里奥违抗上级命令前往太空去搭救，但是遇上强大的电磁干扰，飞船跨越了几百年的时空，迫降在一个未知星球的沼泽里。他几乎立刻就在一场覆盖森林的对人类的搜捕中被抓获，只是实施抓捕的并非人类，而是骑在马上的穿着全身盔甲的人猿。

里奥被捕后和十几个其他人类被押往人猿之城，在那里他和一位女性达娜一起被猩猩奴隶贩子灵薄卖给了富有同情心的母猿艾瑞。艾瑞的父亲桑达正打算把她嫁给邪恶的人猿——猿猴军队的头目泰德。在一次晚宴上，艾瑞说出一套假设人类也有灵魂的理论，之后里奥和达娜逃跑了，找到了灵薄的奴隶市场释放了达娜的父亲、兄弟和妹妹，以及其他一些人。他们在艾瑞和人猿柯鲁尔的帮助下，通过秘密路线逃离了城市，出发去寻找里奥被击落的飞船。找到后里奥恢复了通信设备，逐渐收到了天卫四发出的信号。

天卫四的信号源位于沙漠禁区深处的人猿圣地卡利玛，传说这是第一只人猿赛莫斯将会归来的地方。在那里里奥发现了他的飞船，但发现它被掩埋在沙漠中已经有几千年了。同时，泰德已经说服人猿元老院宣布戒严，带着人猿军队，聚集在沙漠里，准备和在卡利玛加入里奥的几百个人开战。双方战斗中，一艘飞船从天而降，驾驶的是伯里克利，它被误认为是重返的赛莫斯，人猿们为此放下了武器。里奥潜进了飞船，泰德也跟了进来，结果被里奥在船桥上捕获。

在飞船外面，埃塔宣布从此人和猿平等地生活一起。里奥告别大家，在伯里克利的导航仪上找到了发生电磁风暴的地方和太阳系，确定开往地球的路线。当他降落在华盛顿林肯纪念碑的前面后，警察赶到了，然而他们并不是人类而是猿猴，林肯纪念碑的脸不再是那位前美国总统，而是泰德的脸。

2003 年

《大鱼》（*Big Fish*）

出品公司：哥伦比亚影业公司（Columbia Pictures）、金克斯和科恩、扎纳克。片长 125 分钟，35 毫米

执行制片：阿恩·L·施密特（Arne L. Schmidt），制片：理查德·D·扎

纳克、丹·金克斯、布鲁斯·科恩，导演：蒂姆·伯顿，编剧：丹尼尔·华莱士小说原著、约翰·奥古斯特改编剧本，摄影（彩色）：菲利普·鲁斯洛特，剪辑：克利斯·莱本森，配乐：丹尼·艾尔夫曼，美术总监：丹尼斯·加斯纳（Dennis Gassner）

演员：

青年爱德华·布鲁姆——伊万·麦克格雷格饰

老年爱德华·布鲁姆——艾伯特·芬尼饰

威廉·布鲁姆——比利·克留达普饰

老年桑德拉·布鲁姆——杰西卡·兰格饰

詹妮和女巫——海伦娜·邦汉·卡特饰

青年桑德拉·布鲁姆——艾莉森·洛曼饰

老年班内特医生——罗伯特·纪尧姆（Robert Guillaume）饰

约瑟芬——玛丽昂·科蒂亚尔（Marion Cotillard）饰

巨人卡尔——马修·麦格罗里饰

唐·普瑞斯——戴维·登曼（David Denman）饰

米尔德雷德——米西·派尔（Missi Pyle）饰

比门——兰道·温赖特（Loundon Wainwright）饰

萍——埃达·泰（Ada Tai）饰

茎——阿琳·泰（Arlene Tai）饰

诺什·温斯洛——史蒂夫·布谢米饰

阿莫斯·卡洛维——丹尼·德维托饰

梗概：

威廉·布鲁姆是在巴黎工作的美国记者，有天他接到母亲桑德拉打来的电话，说他已经疏远很久的父亲爱德华病重。威尔（威廉昵称）和怀孕的法国妻子约瑟芬回到其所熟悉的位于亚拉巴马州阿什顿的家中，被迫面对关系疏离的父亲——一个前旅行推销员和故事家，他们已经多年没有交流了。威廉尴尬地进行和解，试图找出父亲讲述的故事背后的真相，很多爱德华·布鲁姆夸夸其谈的神秘冒险经历——威廉在童年时听过的一个女巫，她的玻璃眼球能预见人的死亡；他和吃羊的巨人之间的友谊；他绕路去了幽灵镇，遇到了先是诗人后改行当银行抢劫犯最后成为华尔街大亨的诺什·温斯洛；他在马戏团的时光；他和妻子桑德拉的相遇；他参加了朝鲜战争解救了卖场的暹罗姐妹花——被他当作事实讲给媳妇和儿子听，儿子质疑它们的真实性。爱德华垂危之际，威尔开始处理父亲生前事宜，挖掘他曾经的活动和交往过的人物，发现老布鲁姆的夸夸其谈里有比他认为的更多的事实，其实有时故事里听起来最梦幻的那部分才更接近事实。

2005 年

《查理和巧克力工厂》（*Charlie and the Chocolate Factory*）

出品公司：华纳兄弟、威秀（Village Roadshow）、扎纳克、B 计划（Plan B）。片长 115 分钟，35 毫米

执行制片：帕特里克·麦考密克（Patrick McCormick）、费莉西蒂·达尔、迈克尔·西格尔（Michael Siegel）、格雷厄姆·伯克（Graham Burke）、布鲁斯·柏曼（Bruce Berman），制片：理查德·扎纳克、布拉德·格雷（Brad Grey），导演：蒂姆·伯顿，编剧：约翰·奥古斯特根据罗尔德·达尔的原著改编，摄影（彩色）：菲利普·鲁斯洛特，剪辑：克利斯·莱本森，配乐：丹尼·艾尔夫曼，美术总监：亚历克斯·麦克道尔

演员：

威利·旺卡——约翰尼·德普饰

查理·巴基特——弗雷迪·海默尔饰

爷爷乔——戴维·凯利饰

巴克特夫人——海伦娜·邦汉·卡特饰

巴克特先生——诺亚·泰勒饰

博雷加德夫人——米西·派尔饰

索尔特先生——詹姆斯·福克斯饰

呜巴——迪普·罗伊饰

旺卡先生——克里斯托弗·李饰

迈克尔·蒂维——乔丹·弗里（Jordan Fry）饰

维奥莉特·博雷加德——安娜·索菲亚·罗伯（Anna Sophia Robb）饰

维鲁卡·索尔特——朱莉娅·温特饰

奥古斯塔斯·格鲁普——菲利普·韦格拉茨（Philip Wiegratz）饰

梗概：

10 岁的查理·巴基特和他贫寒的父母、祖父母、外祖父母一起住在一间破旧的房屋内，就在古怪的糖果界天才威利·旺卡的工厂隔壁。为了养家糊口，父亲巴基特先生每天在当地的牙膏厂工作很长时间，主要的伙食只有一点点白菜汤。尽管生活艰辛，他们还是很关注隐居的糖果界天才威利·旺卡的新闻。已经很多年没有人见过旺卡了，他在五块巧克力条里秘密地塞进了五张金券，发现它们的幸运儿将有幸赢得一次参观他的巧克力工厂的机会。

查理在每年的生日，都能得到一块旺卡巧克力条作为生日礼物，但是在里面他并没有发现金券，虽然可以理解，但他觉得失望，尤其当世界各地传来金券开始被找到的消息时更是如此。有一天，查理在街上捡到一点钱，出于极度的饥饿而不是别的目的，他给自己买了一块旺卡巧克力条。然后又买了一条。当查理打开第二条巧克力的包装时，发现有什么东西在闪着金光——那是第五张，也是最后一张金券。他加入了其他几个找到金券的孩子，维鲁卡·索尔特、迈克尔·蒂维、奥古斯塔斯·格鲁普、维奥莉特·博雷加德，他们正携带着自己的父母和保镖前来。

　　进入旺卡的工厂后，孩子们一个接一个被淘汰，只有查理一个人留了下来。有感于查理的善良，旺卡将工厂的钥匙交给了他，并且任命他为自己的继承人。但旺卡坚持要查理离开自己的家人，独自搬进工厂。查理拒绝了旺卡的赠予，并告诉他，家人才是他的一切。后来，旺卡来访，查理令他想起去看望自己疏远的父亲牙医威尔伯·旺卡。于是他们达成一致：旺卡同意查理将自己的家人一起带进工厂的提议。从此他们幸福地生活在了一起……

《僵尸新娘》（*Corpse Bride*）

　　出品公司：华纳兄弟。片长 77 分钟，佳能数码静态摄影机

　　执行制片：乔·兰夫特、杰弗里·奥尔巴克（Jeffrey Auerbach），制片：蒂姆·伯顿、艾利森·阿巴特，导演：蒂姆·伯顿、迈克·约翰逊，编剧：卡罗琳·汤普森、帕梅拉·派特勒、约翰·奥古斯特，摄影（彩色）：彼得·柯扎奇克，剪辑：乔纳森·卢卡斯（Jonathan Lucas），配乐：丹尼·艾尔夫曼，美术总监：亚历克斯·麦克道威尔，美术总监：纳尔逊·劳里（Nelson Lowry），角色造型设计：卡洛斯·格兰吉尔

　　演员（配音）：

　　僵尸新娘——海伦娜·邦汉·卡特

　　维克托·凡·多特——约翰尼·德普

　　维多利亚·埃弗格洛特——埃米莉·沃森

奈尔·凡·多特——特蕾西·厄尔曼（Tracey Ullman）

威廉·凡·多特——保罗·怀特豪斯

玛德琳·埃弗格洛特——乔安娜·拉姆利

菲尼斯·埃弗格洛特——艾伯特·芬尼

巴基斯·比滕——理查德·E·格兰特

高尔斯维尔牧师——克里斯托弗·李

古耐克特长老——迈克尔·高夫

黑寡妇——简·霍罗克斯

马格特——埃恩·赖特尔（Enn Reitel）

侍者领班保罗——保罗·怀特豪斯

拿破仑·波拿巴——迪普·罗伊

梗概：

在 19 世纪一个欧洲的小村庄里，害羞的维克托·凡·多特是威廉·凡·多特和奈尔·凡·多特的独生子，凡·多特渔业的继承人，他正要和来自镇上最古老家庭的菲尼斯·埃弗格洛特和玛德琳·埃弗格洛特的女儿维多利亚结婚她是新郎和新娘从没见过面，他们是一场包办婚姻的人质，他们的父母希望通过安排这门婚姻来从对方得到财富或者名望上的好处。因为在婚礼排练上记不住誓词，维克托来到树林里独自练习，还把婚戒插到一节枯树枝上，但他以为的树枝其实是僵尸新娘的手指，她从地下突然出现，穿着一件褴褛的婚纱，宣布他们已经完婚了。

她劫走了维克托，把他带到亡灵之地，在那里维克托发现僵尸新娘真正的名字叫埃米莉，她在婚礼的当天被强盗拦路杀害。与此同时，在活人的世界，维多利亚的父母已经为她找了一个新求婚者，卑鄙小人巴基斯·比滕，他同意替代维克托和她结婚。维克托欺骗了僵尸新娘，答应让他回到活人的世界，之后他会马上回来，但是僵尸新娘和维多利亚在地上相遇了。凡·多特渔业新近死去的司机梅休在亡灵之地突然出现，告诉了维克托关于维多利亚的结婚计划，让他觉得很难受。他答应和埃米莉履行婚约，即使这意味着他必须喝下一杯魔法毒药，让心脏永远停止跳动而死去。在亡灵世界他们决定把婚礼搬到楼上，结果地下世界的庆祝搅乱了巴基斯和维多利亚的婚宴。僵尸新娘认出了巴基斯是几年前杀害她并偷走她婚戒的人。巴基斯在和维克托决斗之后，喝下了给维克托准备的毒酒，死了。尽管维克托仍然准备完成婚礼，僵尸新娘却不愿意看到他为自己而死，她离开了，让维克托和维多利亚自由地结婚。

2006 年

《美国名导短片集》（*Cinema16：American Short Films*）

出品公司：莫马克（Momac）。片长 209 分钟

制片：卢克·莫里斯（Luke Morris）、本·莱德曼（Ben Lederman）

该片为 16 位导演的短片合集，伯顿拍的短片是《文森特》。

2007 年

《理发师陶德》（*Sweeney Todd：The Demon Barber of Fleet Street*）

出品公司：华纳兄弟、梦工厂、帕克斯／麦当劳（Parkes/MacDonald）、随想国度（Image Nation）。片长 116 分钟

制片：卡特里·弗劳恩费尔德（Katterli Frauenfelder）、约翰·洛甘（John Logan）、劳里·麦当劳（Laurie MacDonald）、沃尔特·帕克斯（Walter Parkes）、理查德·D·扎纳克，执行制片：帕特里克·麦

考米克，导演：蒂姆·伯顿，编剧：约翰·洛根（John Logan）

2009 年

《机器人 9 号》（*9*）

伯顿担任制片。

2010 年

《爱丽丝梦游仙境》（*Alice in Wonderland*）

出品公司：迪士尼、罗斯影业（Roth Films）、托德团队（Team Todd），片长 108 分钟

制片：卡特里·弗劳恩费尔德、克利斯·莱本森、汤姆·C·佩兹曼（Tom C. Peitzman）、乔·罗思（Joe Roth）、詹妮弗·托德（Jennifer Todd）、苏珊娜·托德（Suzanne Todd）、理查德·D·扎纳克，执行制片：彼得·M·托比亚森（Peter M. Tobyansen），导演：蒂姆·伯顿，编剧：琳达·伍尔弗顿（Linda Woolverton）、路易斯·卡罗尔（Lewis Carroll）

2012 年

《黑暗阴影》（*Dark Shadows*）

出品公司：华纳兄弟、威秀、Infinitum Nihil。片长 113 分钟

执行制片：布鲁斯·伯曼（Bruce Berman）、奈杰尔·戈斯特罗（Nigel Gostelow）、蒂姆·黑丁顿（Tim Headington）、克利斯·莱本森，制片：克里斯汀·戴博罗斯基（Kristen Dembrowski）、约翰尼·德普、卡特里·弗

劳恩费尔德、戴维·肯尼迪（David Kennedy）、格雷厄姆·金（Graham King）、理查德·D·扎纳克，导演：蒂姆·伯顿，编剧：赛思·格雷厄姆－史密斯（Seth Grahame-Smith）、丹·柯蒂斯（Dan Curtis）

《黑衣人3》（*Men in Black III*）

　　伯顿担任演员。

《蝙蝠车》（*The Batmobile*）

　　伯顿担任演员。

《吸血鬼猎人林肯》（*Abraham Lincoln：Vampire Hunter*）

　　伯顿担任制片。

《科学怪狗》（*Frankenweenie*）

　　出品公司：迪士尼、蒂姆·伯顿制片公司。片长87分钟

　　制片：艾莉森·阿巴特、蒂姆·伯顿、德里克·弗雷，执行制片：唐·哈恩（Don Hahn），导演：蒂姆·伯顿，编剧：约翰·奥古斯特、蒂姆·伯顿

2013年

《船长斯巴基与飞碟》（*Captain Sparky vs. The Flying Saucers*）

　　伯顿担任制片。

2014年

《大眼睛》（*Big Eyes*）

　　出品公司：温斯坦影业（Weinstein Company）、锡尔弗伍德影业（The Silverwood Films）、蒂姆·伯顿制片公司。片长106分钟

制片：斯科特·亚历山大、蒂姆·伯顿、拉里·卡拉切夫斯基（Larry Karaszewski）、琳内特·豪厄尔·泰勒（Lynette Howell Taylor），执行制片：卡特里·弗劳恩费尔德、德里克·弗雷、杰米·帕特里克夫（Jamie Patricof）、鲍勃·温斯坦（Bob Weinstein）、哈维·温斯坦（Harvey Weinstein），导演：蒂姆·伯顿，编剧：斯科特·亚历山大、拉里·卡拉斯泽斯基

2015 年

《〈超人复活〉夭折记》（ *The Death of "Superman Lives"：What Happened？* ）

伯顿担任演员。

2016 年

《爱丽丝梦游仙境 2：镜中奇遇记》（ *Alice Through the Looking Glass* ）

伯顿担任制片。

《佩小姐的奇幻城堡》（ *Miss Peregrine's Home for Peculiar Children* ）

出品公司：Bulletproof Cupid、查宁娱乐（Chernin Entertainment）、Scope Pictures

制片：彼德·彻宁（Peter Chernin）、伊凡娜·隆巴尔迪（Ivana Lombardi）、詹诺·托平（Jenno Topping），执行制片：卡特里·弗劳恩费尔德、德里克·弗雷、奈杰尔·戈斯特罗，导演：蒂姆·伯顿，编剧：琳达·伍尔弗顿、路易斯·卡罗尔

参考文献

The Motion Picture Annual, 1986, 1989, 1991, 1993, Cine Books Inc.

精选访谈与文章

Cinefex, no. 34, 1989
Premiere, vol. 2, no. 11, July 1989
Cinefantastique, vol. 20, no. 1/2, November 1989
Cinefex, no. 41, February 1990
Starburst, no. 155, July 1991
Cinefantastique, vol. 22, no. 2 October 1991
Cinefex, no. 51, August 1992
GQ (US), November 1993
Cinefantastique, vol. 28, no. 7, January 1996
Premiere, January 1997
Karen R. Jones, *Mars Attacks! The Art of the Movie,* Ballantine
    Books (US)/Titan Books (UK), 1996

出版后记

蒂姆·伯顿被称为好莱坞鬼才，因其作品视角独特，风格鲜明。蜘蛛、蝙蝠、骷髅、头骨和园艺修剪等元素经常出现在伯顿的电影里，十足的前卫、黑暗、哥特风格，主人公又大多是形象与性格有着错位反差的怪人，他们造型怪异，看似离群索居、茕茕孑立，却又大多有着金子般的赤诚内心。《文森特》里的文森特、《科学怪狗》里的维克托、《蝙蝠侠》里的小丑、《剪刀手爱德华》里的爱德华，乃至根据真人改编的故事《艾德·伍德》里的艾德，无不如此。他们常常被误解，却也因此让影片有了细腻而感伤的调子。伯顿好似在为世界上所有孤独的怪人正名，用一部又一部电影告诉大家，他们内心的真诚。恰恰是这些，让伯顿在全世界拥有了大量拥趸，他本人也成了当代好莱坞最炙手可热的导演之一。

从这些角色身上似乎都可以找到伯顿自己的影子，这影子既是伯顿童年记忆的投射，又是其在好莱坞处境的缩影。因为影片风格怪异，伯顿显得与好莱坞格格不入，甚至被分级制度划入"要留心"的队伍中，大家一直觉得他随时要"图谋不轨"。鉴于此种尴尬处境，我们将此次中文版的书名定为"在好莱坞图谋不轨"。

作者马克·索尔兹伯里自1988年跟随伯顿做采访，历时17年，话题既包括伯顿个人成长的经历，又包括其每部电影创作的幕后过程，以及伯顿与偶像文森特、最佳拍档约翰尼·德普、旧爱海伦娜等人的合作细节。因而本书是迄今为止全球范围内最权威的伯顿访谈录，也是了解伯顿及其作品的第一手资料。本书译者是伯顿的影迷，其译文风格比较活泼生动，在尊重原文的基础上，我们尽量保留了此种文风。

除百余幅伯顿手稿外，全书还附有伯顿作品年表，既包括其参与创作（编剧、导演、制片、顾问等）的电影、短片，也包括电视剧、广告，每一作品有详细的演职人员表，还有出品公司、片长、胶片或数字摄影的拍摄规格等信息。这些皆是了解和研究伯顿作品的重要资料。原书的作品信息更新到 2005 年，考虑到中文版的出版发行已是 2016 年，我们做了些许简单的补充，将年表更新至 2016 年。

祝您阅读愉快。

服务热线：133-6631-2326　188-1142-1266

服务信箱：reader@hinabook.com

"电影学院"编辑部

拍电影网（www.pmovie.com）

后浪出版公司

2016 年 8 月

图书在版编目（CIP）数据

在好莱坞图谋不轨：伯顿谈伯顿 /（美）蒂姆·伯顿口述；（英）马克·索尔兹伯里整理；
胡旭申译 . —北京：北京联合出版公司 , 2016.6
ISBN 978-7-5502-8051-9
Ⅰ . ①在… Ⅱ . ①蒂… ②马… ③胡… Ⅲ . ①伯顿，T. —访问记 Ⅳ . ① K837.125.78
中国版本图书馆 CIP 数据核字 (2016) 第 148003 号

在好莱坞图谋不轨： 伯顿谈伯顿

作　　者：〔美〕蒂姆·伯顿（口述）
　　　　　〔英〕马克·索尔兹伯里（整理）
译　　者：胡旭申
选题策划：后浪出版公司
出版统筹：吴兴元
编辑统筹：陈草心
责任编辑：李　伟
特约编辑：曹　佳　赵丽娜
营销推广：ONEBOOK
装帧制造：墨白空间·黄　海

北京联合出版公司出版
（北京市西城区德外大街 83 号楼 9 层　100088）
北京京都六环印刷厂印刷　新华书店经销
字数 349 千字　690 毫米 ×960 毫米　1/16　25 印张
2016 年 10 月第 1 版　2016 年 10 月第 1 次印刷
ISBN 978-7-5502-8051-9
定价：49.80 元